马洪文集

第十二卷

中国社会科学出版社

作者像

作者简历

马洪，1920年5月18日出生于山西省定襄县待阳村。原名牛仁权，1938年春在延安时改名马洪。曾用名牛黄、牛中黄。

他出身贫寒，13岁时被当地小学聘为教员，开始自食其力。他自学中学课程，并协助当地著名爱国人士、族人牛诚修先生修订《定襄县志》。从那时起，他阅读了大量书籍，开始接触进步思想。九一八事变和一二·八事变爆发后，他参加了学生的抗日示威游行和集会，爱国思想日益浓厚。1936年年初，马洪经人介绍到太原同蒲铁路管理处（局）工作，先当录事（即文书），后考入同蒲铁路车务人员训练班（半工半读）。在此期间，他当过售票员、行李员、运转员等。他努力自修学业，阅读进步书刊，不断开阔眼界。

1936年冬，马洪参加了"牺盟会"，积极参与同蒲铁路职工的抗日救亡工作。1937年冬，太原失守，他跟随同蒲铁路局迁到侯马。11月，在侯马加入中国共产党，时年17岁。由于他工作努力，具有出众的组织才能，被推选为同蒲铁路总工会的负责人之一。他在同蒲铁路沿线的各段站建立和发展工会组织，展开对敌斗争，并参与统一战线的工作。

1938年，马洪到延安，先后在中央党校和马列学院学习和工作。抗日战争胜利后，马洪从延安被派往东北，在中共中央东北局工作。新中国成立以后，曾任东北局委员、副秘书长。后调任国家计划委员会委员兼秘书长。因受"高饶事件"的牵连，被下放到北京市第一和第三建筑公司工作。后又担任国家经济委员会政策研究室负责人。

1978年后，历任中国社会科学院工业经济研究所所长、中国社会科学院副院长。

1982年后，任中国社会科学院院长、国务院副秘书长、国务院技术经济研究中心总干事。同时兼任国家机械工业委员会副主任、国家计划委员会和国家经济体制改革委员会顾问、国家建委基本建设经济研究所所长。

1985年，任国务院经济技术社会发展研究中心（后更名为国务院发展研究中心）主任。1993年改任名誉主任。并任中国社会科学院研究生院教授、博士生导师，被北京大学、清华大学、中国人民大学、复旦大学、南开大学等学校聘为教授及上海交通大学聘为名誉教授。

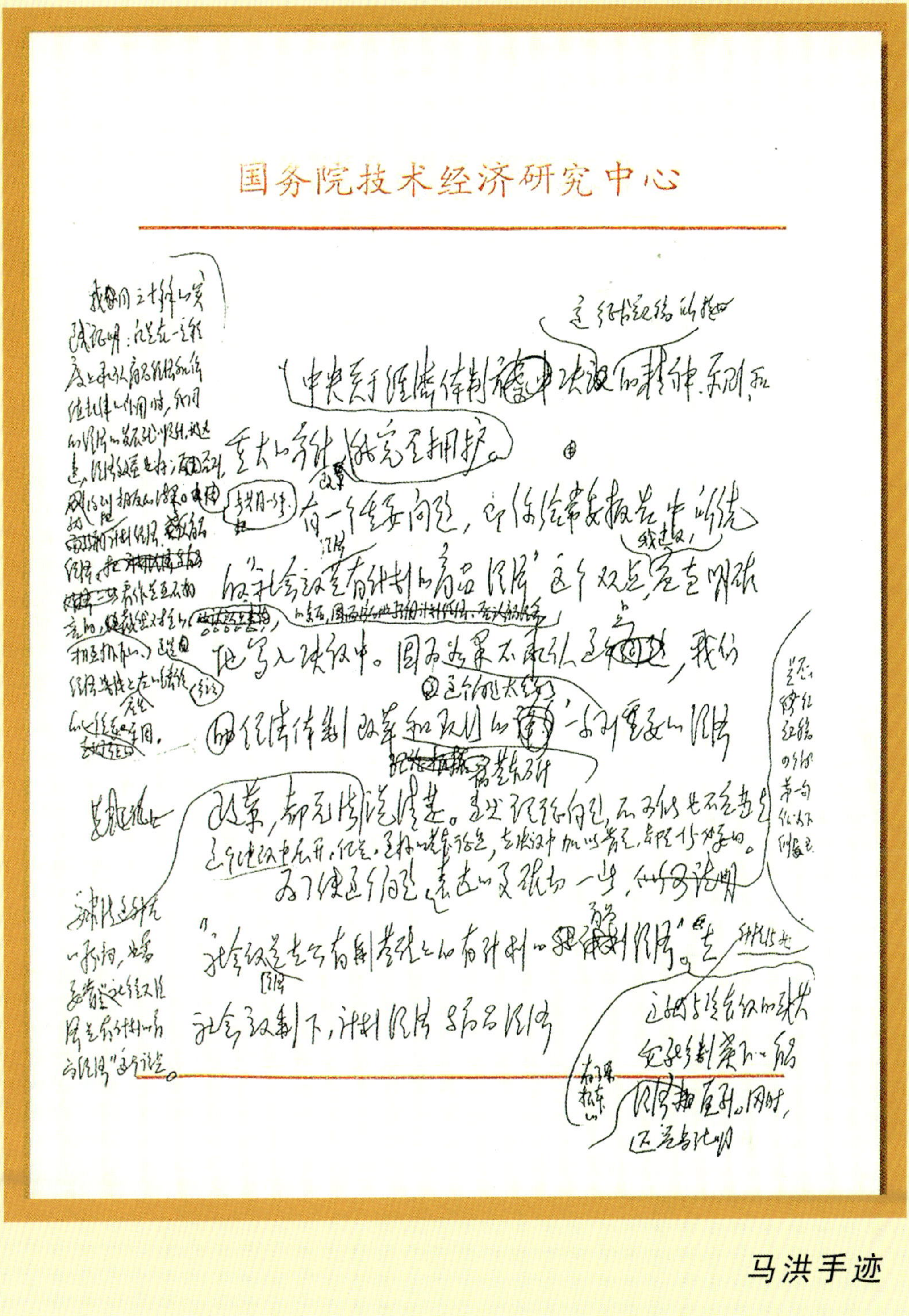

马洪手迹

目　录

第十四章
社会主义工业企业劳动
管理的主要任务

——提高劳动生产率

劳动管理，是社会主义工业企业管理的一个重要方面。

任何生产，都是由人来进行的。人的劳动，在生产中起着决定性的作用。机器设备和原料、材料、燃料等生产资料，只有靠人的操纵和使用，才能发挥作用。如果没有人们有组织的劳动，即使有再好的机器设备和原料、材料、燃料，也不能生产出产品来。所以，做好劳动管理工作，充分发挥劳动者的积极性、创造性，合理地组织劳动，对于保证工业企业生产的正常进行和迅速发展，具有十分重要的意义。

社会主义工业企业的劳动管理，是指企业中有关劳动方面的组织工作和计划工作，它主要包括对职工群众的思想政治工作、劳动定额和定员、劳动组织、劳动竞赛、劳动保护、工资奖励和职工的文化技术教育等工作。劳动管理的各项工作，要保证工业企业不断地提高劳动生产率。

为了叙述方便，有关劳动管理的问题，将分成六章来讨论（关于政治工作问题，将在本书第二十七章专门讨论）。这一章讨论社会主义工业企业劳动管理的主要任务——提高劳动生产率的问题。分以下三节来说：

一、提高劳动生产率的意义；

二、提高劳动生产率的途径；

三、提高劳动生产率的计划工作。

第一节 提高劳动生产率的意义

劳动生产率，是指人们在生产中的劳动效率，是劳动者所生产的产品，与所消耗的劳动时间之比。劳动生产率可以用人们在单位时间内所生产的质量合格的产品数量来表示，也可以用生产单位产品所消耗的劳动时间来表示。劳动生产率的提高，意味着劳动时间的节约，意味着用同样的劳动，可以生产出更多更好的产品。

不断地提高劳动生产率，是社会主义工业企业发展生产的一个重要保证。前面说过，社会主义工业企业的根本任务，是要全面完成和超额完成国家计划，增加社会产品，扩大社会主义积累。工业企业要完成这个任务，是主要地依靠增加职工人数，还是主要地依靠提高劳动生产率呢？回答是：不断地提高劳动生产率，是工业企业多快好省地发展生产的最有效的、最重要的方法。

这是因为，依靠增加职工人数来发展生产，总是有限的；而随着科学技术的不断进步，提高劳动生产率的潜力，却是无穷无尽的。只有主要依靠不断地提高劳动生产率，才能保证工业企业的生产持久地高速度地发展。

这还因为，提高劳动生产率是节约人力和降低产品成本的一个最重要的途径。劳动生产率的提高，可以减少产品生产的劳动消耗，因而能够在保证职工生活得到逐步改善的条件下，降低单位产品成本中的工资支出。劳动生产率的提高，还可以大大减少分摊到单位产品上的固定费用，促进产品成本的降低。因此，工业企业只有不断地提高劳动生产率，才能为国家提供更多的积累，才能为在生产发展的基础上逐步改善职工的生活创造条件。

一个工业企业如此，整个工业生产也是如此。

工业是国民经济中一个重要的物质生产部门。工业的发展，同农业的发展有密切的关系。工业是主导，农业是基础。工业的发展必须以农业为基础。这就是说，一方面，工业必须为农业服务，积极地支援农业的发展；另一方面，工业发展所需要的劳动力，必须同农业生产能够提供的商品粮食和其他必需的生活资料相适应。在一定时期，在农业生产提供一定数量的商品粮食和其他必需的生活资料的条件下，工业生产的发展速度能不能更快一些，生产的规模能不能更大一些呢？

回答是：也可能，也不可能。这里关键在于我们采用什么方法来发展工业生产。

如果工业生产的增长，工业发展规模的扩大，主要地或者全部地依靠增加劳动力，那就不可能。因为工业发展所需要的劳动力，绝大部分是从农业方面转移过来的。职工人数的增加，当然要受到农业能够提供的商品粮食和其他必需的生活资料的制约。如果职工人数的增加，超过了农业生产提供商品粮食和其他必需的生活资料的可能，那么，工业的发展，就会脱离以农业为基础的轨道，在这种情况下，工业要很快地前进，当然是不可能的。

相反，如果工业生产的增长，工业发展规模的扩大，主要地不是依靠增加劳动力，而是主要地或者全部地依靠提高劳动生产率，那就完全有可能。因为同样数量的工业劳动力，消费同样多的商品粮食和其他必需的生活资料，而由于劳动生产率的高低不同，工业的增长速度也就会有快有慢，工业的发展规模，也就会有大有小。

道理很明白，如果劳动生产率提高了，一个职工的劳动成果，可以等于一个半人，或者等于两个人，甚至好几个人，这样，同样数量的职工，就可以生产出更多的工业产品，提供更多的资金积累，因而在相同的农业生产的基础上，工业生产的发展，就可以快一些；工业生产的规模，就可以大一些。工业的发展加快了，就能够给农业和国民经济的其他部门提供更多的技术装备和生产资料，促进农业和整个国民经济更迅速地发展，反过来，又会给更快地发展工业提供良好的条件。

由此可见，整个工业生产的发展，也必须主要采用提高劳动生产率的方法。特别是现在我国农业生产的技术水平还比较低的条件下，要加快工业的增长速度，扩大工业的发展规模，如果主要依靠或者全部依靠增加劳动力，那是比较困难的，但是，如果用提高劳动生产率的办法，却大有可为。而工业劳动生产率的提高，要靠每个工业企业的努力，只有每个工业企业不断地提高劳动生产率，工业生产才能够大踏步地向前发展。

工业企业劳动生产率的提高，工业生产的迅速发展，对于提高整个社会的劳动生产率，具有特别重要的意义。这不仅是因为，工业是一个重要的物质生产部门，工业劳动生产率的提高，本身就能够相应地提高整个社会的劳动生产率，而且，更重要的是因为，工业是提供技术装备的部门，是对国民经济各个部门进行技术改造的物质基础。因此，工业劳动生产率的高低，对于国民经济其他各部门的劳动生产率的提高，对于整个社会的劳动生产率的提高，起着极其重要的作用。

社会劳动生产率的高低，是生产力发展水平的一个重要标志。不断地提高劳动生产率，是实现社会扩大再生产的重要条件。劳动生产率高，同样的劳动力在同样的时间内，就能够生产出更多的物质财富，为社会提供更多的生产资料和生活资料，整个社会就有可能抽出更多的力量从事科学文化事业，这些事业发展了，反过来又必然会促进生产力的进一步高涨。劳动生产率低，劳动者生产同样一件产品所消耗的劳动时间就要多，或者在同样的时间内，生产的产品就要少，整个社会的经济水平也就低。

社会主义是人类历史上一种新的最先进的社会制度。它的先进性，重要的表现之一，是在生产发展上，在提高劳动生产率方面优越于资本主义。也就是说，在同样条件下，社会主义能够创造出比资本主义更高的劳动生产率。我们必须充分地利用社会主义制度的这种优越性，不断地提高劳动生产率，为从经济上和从政治上彻底战胜资本主义，巩固和进一步发展社会主义制度，并且在将来条件成熟的时候过渡到人类最理想的共产主义社会，提供物质条件。因此，提高劳动生产率的斗争，实际上是一场关系到社会主义彻底战胜资本主义的斗争。不断地提高劳动生产率，不仅有重大的经济意义，而且有重大的政治意义。

中华人民共和国成立以来，在中国共产党和毛泽东同志的英明领导下，我国的社会主义革命和社会主义建设都取得了伟大的成绩。社会主义革命已经取得基本胜利，社会主义制度早已在我国广大的城市和农村确立起来。它的巨大的优越性，为我国社会生产力的发展，开辟了极其广阔的道路。在党的鼓足干劲、力争上游、多快好省地建设社会主义的总路线的指引下，我国的社会主义建设取得了重大胜利。农业、工业、运输业、商业都有了迅速的发展；科学技术和文化教育事业蒸蒸日上。在生产发展的基础上，人民的物质生活和文化生活得到了逐步改善。所有这些，都说明我们祖国正在大踏步地向前迈进。

但是，我们也必须看到，旧中国遗留给我们的经济和科学技术是极其落后的，虽然几年来有了迅速的发展，但是，我们现在所达到的水平，还是远远不够的。同世界上一些技术先进、经济发达的国家比较起来，我们的科学技术水平还不高，我们的经济还很落后，我们的劳动生产率，还显著地低于许多发达的国家。我们必须迎头赶上，迅速地改变我国"一穷二白"的面貌，努力在一个比较短的历史时期内，自力更生地把我们国家建设成为一个农业现代化、工业现代化、国防现代化和科学技术现代化的社会主义强国。只有这样，我们才能够为不断地巩固和发展社会主义制度，提供雄厚的物质基础，才能够更好地承担历史所赋予我们的国际主义的任务。

要做到这一点，就必须大大地提高劳动生产率，而首先和非常重要的是，要大大地提高工业的劳动生产率，提高每个工业企业的劳动生产率。

我们的社会主义工业企业，能不能迅速地提高劳动生产率呢？

回答是完全肯定的。

首先，社会主义制度为我们工业企业不断地提高劳动生产率，提供了极其有利的条件。在社会主义条件下，废除了人剥削人、人压迫人的制度。因此，在社会主义工业企业中，职工群众能以主人翁的态度关心生产的发展，关心劳动生产率的提高。他们进行着创造性的劳动。这是社会主义工业企业能够不断提高劳动生产率的根本保证。

社会主义经济是计划经济。它消灭了由于竞争和生产无政府状态给社会造成的人力、物力的巨大浪费。在国家的统一计划下，社会主义工业企业有可能有计划地、及时地取得生产所必需的原料、材料、燃料，有可能有计划地、及时地销售自己生产的产品，合理地组织生产，使人力、物力得到最大的节约。

其次，还应当看到，在我们工业企业里，提高劳动生产率的潜力是很大的。许多同类型的工业企业，劳动生产率还存在着相当大的差距，有的比较高，有的比较低。即使那些劳动生产率水平比较高的先进企业，也还有进一步提高劳动生产率的潜力。并且，在各个工业企业内部，各个生产环节、各道工序、各个人的劳动生产率也参差不齐，有先进、有落后，无论在生产技术、劳动组织和生产管理等方面，都还有不少需要改进的地方。只要每个工业企业都能够充分地利用社会主义制度所提供的有利条件，采取切实有效的措施，认真挖掘潜力，工业企业的劳动生产率就一定可以得到迅速的提高。这是社会主义工业企业管理的一项重要任务，而首先是工业企业劳动管理的重要任务。

第二节　提高劳动生产率的途径

既然，社会主义工业企业必须而且完全能够不断地提高劳动生产率，那么，在社会主义工业企业里，提高劳动生产率的途径是什么呢？

提高劳动生产率的途径，在不同的工业企业里，是不完全相同的。每个工业企业，只有从实际出发，根据自己的生产特点、技术条件和管理水平，采取适合本企业情况的措施，才能获得良好的效果。即使在同一个工业企业里，由于各个不同时期的生产任务、生产条件不同，也需要针对不同的情况、不同的关键问题，采取不同的措施，才能有效地提高劳动生产率。

尽管每个工业企业提高劳动生产率的具体措施，是多种多样的，但是，社会主义工业企业提高劳动生产率的一般途径，却基本上是相同的，归纳起来，不外乎以下几个方面。

一　进行技术革新、技术革命，不断地提高技术水平

这是工业企业提高劳动生产率的一个重要方法。它包括改进机器设备和工具，提高生产过程机械化、自动化的程度；改进产品设计，采用先进的工艺和操作方法，等等。

大家知道，社会生产的进步，首先表现为生产工具的进步。采用手工

工具生产，同使用机器生产，会有两种完全不同的生产效果。完成同样一项生产任务，使用手工工具，往往比采用机器生产要多花许多倍的劳动。我国国营工业企业，虽然绝大部分是采用机器生产的现代工业企业，但是，总的说来，生产过程机械化、自动化的水平，还不是很高的。在许多工业企业里，手工操作和笨重体力劳动还占相当大的比重；即使在一些技术比较先进的工业企业里，在某些生产环节上，特别是辅助生产环节上，也还存在着不少手工操作和笨重的体力劳动。如果逐步地用机器来代替这些手工操作，提高生产过程的机械化和自动化水平，特别是尽快地实现笨重体力劳动的机械化，就可以大大地提高工业企业的劳动生产率。

对于工业企业中已经采用机械操作的生产环节，根据科学技术的不断发展，和人们对生产规律认识的逐步深入，积极地改进现有的机器设备和生产工具，提高它们的自动化水平，充分发挥它们的生产潜力，也是提高劳动生产率的一个非常有效的方法。例如，结合机器设备的大修理，改进机器设备的结构和部件，提高它们的性能和效率；根据国家的统一计划，更换某些已经不能使用或者在技术上已经陈旧的机器设备，用新的效率更高的机器设备来代替它们，等等，都能够使企业的劳动生产率获得迅速的提高。

改进产品设备，采用先进的工艺和操作方法，也是提高劳动生产率的重要途径之一。在设计新产品和改进现有产品的设计的时候，尽量采用国内外的先进科学技术成就，在保证产品质量的前提下，改进产品结构，减轻产品的重量等，就可以减少生产产品所消耗的工时，提高劳动生产率。在进行工艺设计的时候，采用先进的工艺和操作方法，也能够有效地提高劳动生产率。例如，在机械加工企业中，采用精密铸造、精密模锻等加工方法；在冶金企业中，采用强化冶炼过程和连续铸锭的方法，等等，都可以大大提高劳动生产率。

二　实行先进合理的定员和劳动定额

工业企业要节约地合理地使用人力，不断地提高劳动生产率，一个重要的方法，就是要实行先进合理的定员和劳动定额。定员是指为企业以及企业内部厂部、车间、工段、小组规定人员配备，也就是为企业内各级组织配备一定数量和质量的生产工人和技术人员、行政管理人员和服务人员。在保证完成生产任务的前提下，力求提高工作效率，减少人员的配备，并且使企业的直接生产人员和非直接生产人员保持适当的比例，力求合理地提高直接生产人员、技术人员的比重，这对于提高企业的劳动生产率，是很重要的。

先进合理的劳动定额是一种巨大的调节力量。工业企业努力做好劳动定额工作，力求使规定的劳动定额，能够充分反映提高劳动生产率的各种积极可靠的因素，使它经常保持多数职工经过努力能够达到的先进合理的水平，可以鼓励广大职工学先进，赶先进，以最少的劳动消耗取得最大的经济效果。

三　改进劳动组织和生产组织

在现代工业企业里，劳动者不是单独一个人进行生产的，一个企业里，有几百、几千甚至几万个工人，他们的劳动是为着完成共同的生产任务而相互联系在一起的。因此，必须有合理的劳动组织，正确地布置整个企业的劳动力，使每个工作人员都有明确而适当的分工和密切的互助合作，才能使生产协调地进行，不断地提高劳动生产率。

根据生产发展的要求，及时地改进劳动组织，是提高劳动生产率的一个重要途径。例如，合理地实行劳动专业化，把不同技术内容的工作分配给不同的工作者，以发挥每个人的专长，提高他们的熟练程度；在明确分工的基础上建立严格的责任制，消灭无人负责的现象；采取适当的形式，如工作组、工作班、工作队等，把各个生产者组织起来，使他们能够密切地相互合作；根据生产的要求和可能的条件，采取多机床管理等劳动组织形式，等等，都会有效地提高企业的劳动生产率。

在现代工业企业内部，各个生产环节之间的联系是非常紧密的，一个环节的脱节，就可能影响整个企业的生产。因此，不断改进企业的生产组织，保证企业各个生产环节互相协调，从而保证机器设备连续运转，对于提高劳动生产率有十分重要的意义。在这里，合理地进行生产过程组织，根据企业的生产条件，选择合理的企业内部生产单位的专业化形式，提高工作地的专业化程度，合理安排厂内运输路线，以及采取流水生产线、生产线等先进的生产组织形式，保证生产连续的有节奏的进行，等等，对于不断地提高劳动生产率，都有重大的作用。

四　提高职工的文化技术水平和熟练程度

在工业企业里，一切机器设备都是要工人掌握的，一切工艺方法，也都是要工人去执行的。如果工人不具备必要的文化技术知识和操作技能，那么，即使有再好的机器设备和生产工具，再先进的生产工艺，也是不能提高劳动生产率的。许多事实证明，在同样的生产条件下完成同样的生产任务，文化技术水平和熟练程度比较高的工人，就可以花费比较少的时间，而文化技术水平和熟练程度比较低的工人，就要花费比较多的时间；在同样的时间内，文化技术水平和熟练程度高的工人，能够生产出比文化技术水平和熟练程度低的工人更多的产品。因此，不断地提高职工的文化技术水平和熟练程度，是提高劳动生产率的一个重要途径。

在这个方面，工业企业有许多工作要做，例如，采取各种有效的方法，对职工进行文化技术教育；动员青年工人向老工人学习，鼓励老工人向青年工人传授自己的技术和经验；推广先进工人的先进操作经验；尽可能地稳定工人的操作岗位和生产任务，以利于工人积累经验，提高技能，等等。所有这些，都是提高劳动生产率的有效措施。

五　巩固社会主义的劳动纪律

劳动纪律是进行任何共同劳动都必需的。在不同的社会制度下，有不同的劳动纪律。奴隶社会和封建社会的劳动纪律，是靠棍棒来维持的；在资本主义社会中，劳动纪律是靠饥饿来维持的。社会主义的劳动纪律同一切剥削制度下的劳动纪律根本不同，它是建立在劳动者革命自觉的基础上的，是为了维护劳动者根本利益的劳动纪律。

社会主义工业企业的生产，是高度社会化的生产，成千上万的人在一起劳动，没有大家自觉遵守的严格的劳动纪律，生产是不可能顺利地进行的。而不断地提高广大职工的阶级觉悟，发扬他们的革命精神，加强他们的纪律性和组织性，巩固社会主义的劳动纪律，就可以保证提高工人的出勤率，合理地利用工时，正确地贯彻执行操作规程，从而有力地促进企业劳动生产率的提高。

六　开展社会主义的劳动竞赛

广泛地、深入地开展社会主义劳动竞赛，是工业企业提高劳动生产率的一个重要途径。在社会主义工业企业里，职工群众在政治上获得了解放，在经济上摆脱了剥削，为了建设社会主义，他们有着巨大的积极性和创造性。通过开展社会主义的劳动竞赛，就可以把职工群众的积极性、创造性，充分地动员起来，使他们的聪明才智和工作本领得到充分的发挥，从而大大地提高劳动效率。

社会主义劳动竞赛的原则，是职工群众在社会主义的同志式的互助合作的基础上，互相学习，互相帮助，取长补短，共同提高。通过各种形式的劳动竞赛，可以推广先进经验，使个别的先进水平很快地成为普通的一般水平，促使企业的劳动生产率不断地提高。

七　做好劳动保护工作，不断改善劳动条件

做好劳动保护工作，不断改善劳动条件，不仅是保护职工人身安全，预防和消除伤亡事故，实现安全生产的重要条件，而且是减轻劳动强度，提高劳动生产率的一个重要因素。我们知道，人是生产中的决定因素，是最宝贵的财富。但是，在资本主义制度下，资本家所关心的不是人，而是利润，因此，他们对改善劳动条件、减轻劳动强度，以及劳动者的安全与健康是漠不关心的。只有在社会主义制度下，社会主义国家对于劳动者的安全与健康，对于劳动条件的改善，才给予极大的注意和关怀。社会主义工业企业，根据生产发展的需要和可能的条件，努力做好劳动保护工作，改进劳动条件，就可以保证劳动者的身心健康，使他们经常有充沛的精力从事工作；就可以预防和消除工伤事故，保证生产顺利地进行；就可以减轻劳动强度，大大地激发职工的主人翁责任感和生产积极性。所有这些，都会有力地促进企业劳动生产率的提高。

八　做好工资奖励工作和生活福利工作

社会主义工业企业的工资和奖励，是贯彻执行社会主义"各尽所能、按劳分配"原则的形式。生产决定分配，但是，分配反过来又给生产以积极的影响。社会主义工业企业的工资制度、工资形式和奖励制度，必须正确地贯彻执行"各尽所能、按劳分配"的原则，防止和克服高低悬殊

和平均主义的现象。这样，可以促进职工的个人利益和集体利益、目前利益和长远利益的正确结合，鼓励他们的上进心，使他们更快地提高技术熟练程度和掌握技术，不断地提高劳动生产率。

社会主义工业企业必须搞好职工的生活福利，这是党和国家对职工生活关怀的一个重要表现。做好生活福利工作，不仅可以解决职工存在的一些困难，使他们能够集中精力进行生产，而且可以使职工群众进一步体会到党和国家的关怀，更加激发他们的生产积极性。

九　做好思想政治工作，不断提高职工的觉悟程度

人是生产中最积极最活跃的因素。在一定的物质技术条件下，劳动生产率能不能很快地提高，以及提高的程度，决定的因素不是物，而是人。人的行动是由他的思想支配的。有什么样的思想觉悟，就有什么样的劳动态度，就有什么样的劳动生产率。在同样的物质技术条件下，同样工资等级的工人，由于他们的思想觉悟不同，革命化的程度不同，对待社会主义劳动的态度不同，生产的积极性不同，就会取得不同的生产效果，创造出不同的劳动生产率。因此，不断地提高广大职工的思想觉悟，实行革命化，充分发挥他们的积极性和创造性，这是提高劳动生产率的根本的保证。社会主义工业企业只有坚持政治挂帅的原则，认真做好政治思想教育工作，使广大职工真正认识到为社会主义事业进行劳动的意义，认识到自己的主人翁地位和作用，才能增强他们的主人翁责任感，促使他们发挥高度的积极性，进行创造性的劳动，才能不断地提高劳动生产率。

综上所述，在社会主义工业企业里，提高劳动生产率的途径是极其宽广的。工业企业要不断地挖掘提高劳动生产率的潜力，就必须从技术工作、组织工作和思想政治工作等各方面进行努力。这些工作，有的，如技术工作，在前面已经说过了；有的，如思想政治工作，在后面还要详细讨论。这里有关劳动管理的几章，是要从劳动组织工作、劳动计划工作和劳动竞赛工作等几个方面，来讨论如何完成提高劳动生产率的任务。

还应当指出，上面说的是工业企业内部提高劳动生产率的重要途径。除了这些企业内部的条件以外，工业企业劳动生产率的提高，还须有必要的外部条件。例如，改进工业的计划工作，提高工业生产的组织程度，组

织合理的生产专业化和协作关系，保证企业所需要的原料、材料、燃料得到及时的供应，等等，都直接影响着企业劳动生产率的高低。因此，为了有效地提高工业企业的劳动生产率，还需要工业管理部门做许多工作。这些工作，当然是很重要的。但是，对于每个工业企业来说，绝不应当只依赖和等待外部条件的改善，而应当首先做好自己的工作，同时力争创造良好的外部条件，并且，要加强生产的计划性，瞻前顾后，对于可能发生的外部条件的变化同本企业生产发展的需要不相适应的情况，做好充分准备，采取相应的措施，只有这样，才能保证劳动生产率的提高。

第三节　提高劳动生产率的计划工作

社会主义工业企业提高劳动生产率的工作，同其他工作一样，是有计划进行的。劳动生产率计划是工业企业生产技术财务计划的有机组成部分。劳动生产率计划的编制过程，实际上就是充分挖掘企业的生产潜力，制定提高劳动生产率的措施，以调动一切积极因素，保证劳动生产率提高的过程。

一　劳动生产率指标的计算方法

采取正确的方法计算劳动生产率指标，对于真实地反映劳动生产率的变动情况，使劳动生产率计划起到动员和鼓舞职工劳动积极性的作用，有很重要的意义。

前面说过，劳动生产率可以用人们在单位时间内所生产的质量合格的产品数量来表示，也可以用生产单位产品所消耗的劳动时间来表示。因此，计算劳动生产率的方法，基本上也有两种。

第一种方法：就是用劳动时间去除所生产的质量合格的产品的数量，以求得在单位时间内所生产的产品的数量。它的计算公式是：

$$劳动生产率 = \frac{质量合格的产品数量}{劳动时间}$$

第二种方法：就是用质量合格的产品数量去除生产这些产品所消耗的

劳动时间，以求得单位产品所消耗的劳动时间。它的计算公式是：

$$劳动生产率 = \frac{劳动时间}{质量合格的产品数量}$$

在编制工业企业劳动生产率计划的时候，一般是采用单位时间内生产的质量合格的产品的数量这个指标，来计划劳动生产率的。在计算单位时间内生产的质量合格的产品的数量这个指标时，由于产品数量和劳动时间所采用的计算单位不同，劳动生产率又有几种具体的计算方法。

首先，产品数量可以分别用实物单位、价值单位和定额小时来表示，与此相适应，劳动生产率也有用实物计算、用价值计算和用定额小时计算的区别。

用实物单位来计算劳动生产率，例如，在冶金企业里，计算平均每个炼钢工人生产多少吨钢；在采煤企业里，计算平均每个工人生产多少吨煤炭，等等，是一种比较简便也比较准确的方法。但是，它的采用范围是有一定的限度的，只有在生产同种产品的工业企业里，才能采用这种方法来计算劳动生产率。有的工业企业，采用折合假定单位计算劳动生产率，例如，拖拉机制造厂用15匹马力的拖拉机为单位，纺织厂用20支棉纱为单位，等等。这种方法，虽然在一定程度上扩大了实物单位应用的范围，但是，也仍只适用于生产同一类产品的工业企业。

用定额小时单位来计算劳动生产率，就是先求出每件产品的定额小时，再求出总产量的定额小时，然后，除以劳动时间算出劳动生产率。这种方法，可以计算不同种类的产品，也可以计算半成品和在制品。但是，它只能适用于可以计算定额的工作，而且，由于各种产品工时定额的准确程度不同，也会影响这种计算方法的准确性。一般说来，它主要是在一些工业企业内部，特别是机械制造企业内的各车间应用。

用价值单位来计算劳动生产率，就是用不变价格计算产品数量，然后再求出劳动生产率。这种方法，可以用总产值计算，也可以用净产值计算。它的优点是，克服了用实物单位和定额小时单位计算劳动生产率的局限性，能够在品种复杂、规格不一的情况下，计算整个企业、部门、地区以至全国的劳动生产率，因此，它得到了广泛的运用。但是，这种计算方法也有缺点。用总产值计算的劳动生产率，会受转移价值大小的影响，在企业组成、产品结构发生变化的时候，由于产品的转移价值不同，使劳动生产率发生的变化，是没有什么实际意义的。用净产值计算的劳动生产率，虽然可以消除转移价值大小的影响，但是，它的计算方法比较复杂。

每个工业企业，应当根据具体情况，选择最适合本企业生产特点和要求的方法来计算劳动生产率。例如，生产单一产品和可比产品的工业企业，可以用实物单位计算劳动生产率；生产同类产品，但产品规格不同的工业企业，可以采用折合假定单位计算劳动生产率；而产品品种复杂、规格不一的企业，则可以采用货币单位或者定额小时单位计算劳动生产率，等等。

其次，计算劳动生产率的劳动时间，也可以用人时、人日、人月、人季、人年等单位来表示，因此，劳动生产率，可分为时、日、月、季、年劳动生产率。

时劳动生产率，是指工人在一个实际工作小时内所生产的产品数量。计算时劳动生产率，不包括停工时间，因此，它只取决于工人在纯工作时间内的生产效率，而不受其他因素的影响。

日劳动生产率，表示平均每个工人在一个工作日内所生产的产品数量。工作日中除了包括工人的纯工作时间以外，还包括非工作时间（如非全日停工、迟到、早退等）和工作日的延长时间（如加班）。因此，日劳动生产率的高低，不仅取决于纯工作时间内的生产效率，而且还取决于工作日的平均实际长度，也就是说，还取决于工作日的利用情况。

月劳动生产率，是指工人在一个月内所生产的产品数量。在一个月内，除了包括实际工作日以外，还包括工人整日缺勤、全日停工、节日、假日等时间。因此，月劳动生产率的高低，不仅取决于日劳动生产率的状况，而且还取决于劳动力的使用情况和节假日等因素的影响。

除了时、日、月劳动生产率以外，还有季和年的劳动生产率。影响季、年劳动生产率的因素，和月劳动生产率基本相同。

工业企业编制劳动生产率计划时，所以要分别采用人时、人日、人月、人季、人年作为计算单位，主要的原因是便于分析工时利用情况，找出工时损失的原因，采取有效措施，以保证完成和超额完成劳动生产率计划。一般来说，在实际工作中，为了便于综合对比，不使计算过于复杂，在编制年度劳动生产率计划的时候，只采用人年、人季作为计算单位；在编制季度劳动生产率计划的时候，只采用人季、人月作为计算单位。但是，在试算平衡劳动生产率指标时，为了便于分析比较，人时、人月、人季、人年等各种计算单位都要采用。

在计算月、季、年劳动生产率的时候，我国工业企业一般都采用生产工人劳动生产率和全员劳动生产率两个指标。它们的计算方法如下：

$$生产工人劳动生产率 = \frac{工业总产值或实物量}{全体生产工人平均人数}$$

$$全员劳动生产率 = \frac{工业总产值或实物量}{全体职工平均人数}$$

计算生产工人劳动生产率，可以直接反映企业科学技术的进步和工人技术熟练程度提高的情况。计算全员劳动生产率，则可以反映管理人员的工作效率，促进企业严格控制编制定员标准，不断地改善经营管理。

二　劳动生产率计划的编制

工业企业编制劳动生产率计划，就是要确定计划年度内生产工人劳动生产率和全员劳动生产率，以及确定劳动生产率提高的指数和主要产品的实物劳动生产率。

工业企业在编制劳动生产率计划的时候，首先应当对报告年度劳动生产率的实际水平进行详细的分析，研究工时利用的情况和劳动定额完成的情况，总结执行劳动计划的经验教训，以便提出改进的办法，充分挖掘提高劳动生产率的潜力。

社会主义国营工业企业提高劳动生产率的计划任务，是由国家规定的。国家规定的计划任务，包括按绝对数计算的劳动生产率和劳动生产率提高的百分数。例如，国家规定某一个煤矿在计划年度内每名平均在册工人的产煤量为 400 吨，而报告期为 320 吨。以每吨煤 10 元计，则计划期为 4000 元，报告期为 3200 元，因此，提高劳动生产率的计划任务为 25%

$$\left(\frac{4000}{3200} \times 100\% - 100\% = 25\% \right).$$

工业企业接到国家下达的劳动生产率指标以后，就需要从各个方面采取措施，挖掘潜力，以保证完成和超额完成国家规定的计划任务。一般来说，工业企业所采取的措施，主要有以下几个方面：

（1）降低单位产品的劳动消耗量，也就是提高单位时间内的产品生产量。这方面的措施主要有：改进产品结构，减少单位产品所消耗的劳动量；改进技术，使生产过程机械化、自动化，并采用专用设备和专用工具；改进生产组织和劳动组织；提高工人的技术水平和推广先进的工作方法，等等。采取这些措施，对于提高劳动生产率有很重要的作用，例如，原来生产一件产品需要 5.5 个工时，采取措施后，降低为 5 个工时，那么，劳动生产率提高的百分比如下：

$$\frac{5.5}{5} \times 100\% - 100\% = 10\%$$

（2）改进工时利用情况，也就是减少班内的缺勤和停工。这方面的措施主要有：改进原料、材料、半成品、工具、电力等的供应工作；加强对职工的社会主义教育，巩固劳动纪律，消灭迟到、早退、工作中闲谈，等等。如果报告期每名工人每一班的实际工时为 7.2 时，采取措施后，由于减少停工、窝工等浪费工时的现象，可以提高为 7.5 时，那么，劳动生产率提高的百分比如下：

$$\frac{7.5}{7.2} \times 100\% - 100\% = 4.2\%$$

（3）提高工人出勤率、改进工作日的利用情况。这方面的措施，主要有加强对职工的社会主义教育，加强劳动保护、安全技术，改进医疗卫生工作，以及改善劳动条件，等等。如果报告期一名工人全年的实际工作日为 277 工作日，由于采取措施，减少和消灭了职工的病伤事故，计划年度可以增加为 281 工作日，那么，劳动生产率提高的百分比如下：

$$\frac{281}{277} \times 100\% - 100\% = 1.4\%$$

（4）减少非生产人员、增加生产人员，减少辅助工人、增加基本工人。这方面的措施，主要是严格控制定员标准，提高工作效率，克服机构重叠、人浮于事的现象，等等。如果报告年度企业职工的平均人数为 500人，而采取措施以后，可以减为 450 人，那么，劳动生产率提高的百分比如下：

$$\frac{500}{450} \times 100\% - 100\% = 11.1\%$$

工业企业在采取各种措施的基础上，应当对劳动生产率指标进行平衡计算，检查计划中拟订的措施使劳动生产率提高的百分比，能不能保证国家计划任务的完成。如果企业采取的措施，能够保证完成和超额完成国家规定的提高劳动生产率的任务，这当然是好的。但是，如果碰到现有的措施仍不能保证劳动生产率达到国家规定的水平时，企业就应当进一步寻求其他的潜在力量，并且拟订保证完成规定任务的补充措施。

经过这样反复平衡计算以后，工业企业才能最后确定劳动生产率指标，报国家批准后下达企业贯彻执行。工业企业劳动生产率计划表的格式如表 14 - 1 所示。

表 14 - 1　　　　　　　　　19××年劳动生产率计划

项　目	计算单位	报告年度预计	本年计划	本年计划为报告年度预计的比例（%）
一　工业企业劳动生产率				
工业总产值	千元	2000	2500	125
职工平均人数	人	500	480	96
工人平均人数	人	450	440	97.8
每一职工生产价值	元	4000	5208.3	130.2
每一工人生产价值	元	44444	5681.8	129.8
二　主要产品劳动生产率				
×　×　×				
×　×　×				

第十五章
社会主义工业企业的劳动定额
工作和定员工作

　　社会主义工业企业要不断地提高劳动生产率，就必须千方百计地发挥人力物力的作用，尤其要注意节约地合理地使用人力。为了做到这一点，就要正确地规定企业用多少人、用什么人，也就是说，要实行定员；不仅如此，还要正确地规定产品的工时消耗量，也就是说，要规定劳动定额。劳动定额和定员，是工时消耗和人员安排方面的数量界限。做好劳动定额工作和定员工作，可以使企业心中有"数"地组织劳动过程，这对于做好企业的劳动管理工作和其他各项管理工作，促进劳动生产率的提高，具有重要的作用。这一章，将讨论工业企业劳动定额工作和定员工作中的一些主要问题。分以下七节来说：

　　一、劳动定额的作用；

　　二、工时消耗的构成；

　　三、分析研究工时消耗的主要方法——工作日写实和测时；

　　四、制定劳动定额的方法；

　　五、编制定员工作；

　　六、职工需要量计划；

　　七、职工的文化技术教育。

第一节　劳动定额的作用

在工业企业的各种技术经济定额中，劳动定额占有重要地位。劳动定额是指在一定的生产技术和生产组织条件下，在充分地利用机器设备和生产工具，合理地组织劳动和有效地运用先进工作者的经验的基础上，为生产一定产品或者完成一定工作所规定的必要劳动量。正确地规定劳动定额，可以促进生产潜力的发挥和劳动生产率的提高。

劳动定额有两种基本的表现形式：用时间表示的劳动定额，即工时定额；用产量表示的劳动定额，即产量定额。工时定额是指在一定的生产条件下，为完成某件产品所必须消耗的工时。产量定额是指在一定的生产条件下，工人在单位时间内应当完成的产品数量。工时定额和产量定额互成反比，即工时定额越低，产量定额就越高。一个工作班的产量定额，可以用制造一件产品的工时定额去除一个班的有效工作时间而计算出来。例如，生产某种零件的工时定额为 6 分钟，那么，在一个工作班内，该种零件的产量定额应为 80 件 （480 ÷ 6 = 80）。可见，产量定额是在工时定额的基础上计算出来的。

除了工时定额和产量定额以外，劳动定额还可以采取看管定额的形式。看管定额，是指一个或者一组工人，同时所能看管的机器设备的数目，或者机器设备上的操作岗位数目。例如，一个织布工能同时看管的织布机台数；一个细纱工能同时看管的锭子数；一个热处理工能同时看管的加热炉数，等等。

劳动定额的不同形式，适用于不同的生产条件。每个工业企业，可以根据自己的生产特点，采用不同形式的定额。例如，机械制造企业通常采用工时定额；采掘、冶金企业通常采用产量定额；而看管定额在纺织企业有特别重要的意义。但是，这并不是说，在一个工业企业里，不能同时采用几种不同形式的劳动定额。恰恰相反，在大多数情况下，由于一个企业内各个工种和各项工作的性质不同，往往既要采用工时定额，又要采用产量定额和看管定额。

正确地制定和贯彻劳动定额，对于组织和推动企业生产的发展，具有多方面重要的作用。

第一，劳动定额是组织和动员广大职工群众，努力提高劳动生产率的一个有力手段。劳动定额明确地规定了工人在一定时间内应当完成的生产任务。因此，通过劳动定额，就可以把企业提高劳动生产率的任务，具体落实到各项工作和各个人，为工人树立具体的努力目标。这就有利于加强工人的责任感，调动他们的积极性，促使他们努力发掘生产潜力，节约工时消耗，不断地提高劳动生产率。

第二，劳动定额是处理先进和落后矛盾的一个重要工具。劳动定额是在总结先进技术操作经验基础上制定的，同时，它又是多数工人经过努力可以达到的。因此，通过劳动定额，既便于推广先进工作者的先进经验，促进技术革新和巩固技术革新的成果；又利于把一般的和落后的工人团结在先进工人的周围，开展社会主义劳动竞赛。先进合理的劳动定额，可以鼓励广大职工学先进、赶先进，不断地提高自己的文化技术水平和熟练程度。

第三，劳动定额是工业企业计划工作的一个重要依据。企业在制定生产计划、劳动工资计划和财务计划的时候，如果没有正确的劳动定额，和没有正确的其他定额一样，也是不可能编制出正确的计划的。在计划的执行过程中，也要依据劳动定额调配和使用人力，才能保证计划的顺利实现。

第四，劳动定额是合理组织劳动的重要依据。任何集体的生产劳动，都必须有组织地进行，以便把各个人的活动在空间上和时间上协调起来。劳动定额规定了完成各项工作的劳动消耗量，它是组织各种相互联系的工作在时间上配合和衔接的工具。只有依据正确的劳动定额，工业企业才能够合理地为各项工作配备劳动力，规定正确的编制定员标准，才能够保证企业生产连续地、协调地进行。

第五，劳动定额是合理地组织工资奖励工作，正确地贯彻执行社会主义"各尽所能、按劳分配"原则的重要依据。劳动定额是计算工人劳动量的标准，劳动定额是否准确，会直接影响工资水平是否合理。在实行计件工资制的条件下，劳动定额的高低，直接关系到计件单价的水平；在实行计时奖励工资制的条件下，完成劳动定额的情况，是评定工人工资等级的依据之一，是评奖的一个重要条件。

从上面的分析中不难看出，劳动定额对于正确地组织社会主义工业企业的生产和分配，都是很重要的。马克思在《资本论》中，曾经科学地预见劳动时间在社会主义生产和分配中的重要作用。他说：劳动时间将会起二重作用。劳动时间按社会计划进行的分配，将会对不同种劳动职能和不同需要的适当比例进行调整。另一方面，劳动时间会同时作为一种尺度，以计量各生产者个人在总劳动中加入的部分，因此也计量各生产者个人在共同产品中可得而用在个人消费上的部分①。马克思的这个论断，虽然是对整个社会主义生产来说的，但是，它的基本精神，也完全可以用来概括社会主义工业企业中劳动定额的作用。

劳动定额，既然是组织共同劳动的客观要求，因此是任何工业企业都需要的。但是，在不同的社会制度下，工业企业劳动定额的社会性质，却是根本不同的。

在资本主义工业企业里，劳动定额是资本家加强对工人剥削，榨取工人血汗的手段。美国的“泰罗制度”就是资本主义企业制定劳动定额的一种典型制度。列宁曾经把“泰罗制度”叫做“榨取血汗的科学制度”。一句话道破了它的阶级本质。根据这种制度，资本家选择身体最健壮、动作最灵巧、技术最熟练的工人来工作，并且把他们在生产中的动作按秒、按分地记录下来，拟定出最经济、最有效的工作方法，制定劳动定额，然后强迫每一个工人按这种定额劳动。结果，工人在同一个工作日内，不得不付出比过去多几倍的劳动。当每一点精力都给吸尽以后，他们就被资本家赶出工厂大门，踯躅街头；而资本家的利润却因此成倍地增加起来。这就是资本主义企业劳动定额的实质。这种劳动定额，是同工人阶级的利益相对抗的。

在社会主义工业企业中，劳动定额是为更好地发展生产，满足人民的

---

① 马克思：《资本论》第一卷，人民出版社1963年版，第55页。

物质和文化需要服务的。这种劳动定额，是依靠广大职工自觉的劳动态度，在不断革新技术，推广先进经验，改善劳动条件和减轻劳动强度的条件下制定的，它既是先进的，又是广大工人在正常生产条件下，经过努力可以达到的。在这里，劳动定额不断提高的后果，不是工人的失业和贫困，而是职工工资收入的逐步增加，物价的降低，整个社会的繁荣和人民的幸福。因此，社会主义工业企业的劳动定额有广泛的群众基础。它同广大职工群众的利益是一致的。

正因为这样，在社会主义工业企业里，有一切可能的条件来充分地运用和发挥劳动定额的积极作用。工业企业管理的任务，就是要学会善于运用这些条件，制定先进合理的劳动定额，并且正确地组织定额的贯彻执行。

第二节　工时消耗的构成

为了制定先进合理的劳动定额，必须对工人在生产中的全部工时消耗，进行具体的分析研究，确定哪些工时消耗是必需的，哪些工时消耗不是必需的，以便采取措施，减少和消灭工时损失，降低产品的工时消耗。

为了研究工人的工时消耗，就需要对它进行适当的分类，研究工时消耗的构成。

工人在生产中的工时消耗是多种多样的。它可以分为两个基本的部分，即定额时间和非定额时间。

一　定额时间

定额时间，是指为完成某项工作所必需的劳动时间。它是由作业时间、布置工作地时间、休息和生理需要时间以及准备和结束时间四个部分组成的。

（一）作业时间

作业时间，是指直接用于完成生产任务、实现工艺过程所消耗的时间。它是定额时间中最主要的组成部分。

作业时间按其作用可以分为基本时间和辅助时间。

基本时间，是直接完成基本工艺过程所消耗的时间，也就是使劳动对象发生物理、化学变化所消耗的时间。例如，机械制造企业中的锻压、切削、装配时间；冶金企业中的冶炼时间；纺织企业中的清花、纺纱、织布时间，等等。

辅助时间，是指为了实现基本工艺过程，而进行的各种辅助操作所消耗的时间。例如，在金属切削过程中的装卸零件、退刀进刀、测量尺寸的时间；在冶炼过程中的通风供水、加温加压、降温降压的时间；在纺织过程中的接头、落纱、换梭时间，等等。辅助时间大都是手动的，只在个别情况下是机动的或者机手并动的。

辅助时间，可以分为与基本时间交叉进行的和不与基本时间交叉进行的两类。这样分类的目的，是为了避免把同基本时间交叉进行的辅助时间，重复计算到工时定额中去。

作业时间按其性质又可以分为机动时间、机手并动时间和手动时间。

（1）机动时间，即在工人看管下，由机器完成某些工作的时间，如机械加工时，机床自动走刀的时间；

（2）机手并动时间，即工人直接操纵机器完成某些工作的时间，如手动进刀，用电钻、风钻钻孔的时间等；

（3）手动时间，即工人用手工（或用简单工具）完成某些工作的时间，如刮、锉零件，手工造型的时间，以及完成装卸工件、测量尺寸等辅助操作的时间等。

（二）布置工作地时间

布置工作地时间，是指工人用于照管工作地，使工作地经常保持正常工作状态所需要的时间。它又可以分为技术性布置工作地时间和组织性布置工作地时间两类。

技术性布置工作地时间，是由于技术上的需要，用于照料工作地的时间，如更换刀具、调整机床和检查机器设备等所消耗的时间。这类时间的长短，一般和基本时间是成正比的。例如，机床的切削时间越长，更换刀具的时间也相应会越多。因此，它往往是根据基本时间的一定百分比来规定的。

组织性布置工作地时间，是指用于班前班后的准备工作和交接班工作等所消耗的时间，如上班时领取工具、图纸，布置工作地；下班时擦拭机床，清点工具，以及办理交接班手续等时间。这类时间，应当尽可能和机动时间同时进行。组织性布置工作地时间，一般是按作业时间的百分比计算的。

（三）休息与生理需要时间

休息与生理需要时间，是指工人休息、喝水和上厕所等所需要的时间。工人休息时间，是根据劳动条件和工作的繁重程度分别规定的。例如，在高温、高速的劳动条件下，工人的体力消耗较大，容易疲劳，因此，工人的休息时间就要规定得多一些。生理需要时间，一般按作业时间的百分比来规定，或者为每一工作班规定一定的生理需要时间。

（四）准备和结束时间

准备和结束时间，是工人为了生产一批产品、执行一项工作，事前进行准备和事后结束工作所消耗的时间。例如，在加工一批产品以前，工人用于熟悉情况、阅读图纸、领取工夹具、调整机器设备的时间等，在工作结束以后，工人用于卸下工夹具、送回工夹具、检查机器设备以及办理交验手续的时间等。准备结束时间，是每加工一批产品或者完成一项工作只消耗一次，它的长短与产品的批量和工作量没有关系，因此，一般不包括在单件工时定额中。在大量生产的条件下，由于每个工作地的加工对象不常变换，因此，准备结束时间往往可以略而不计。

上述这几部分工时消耗，构成了工时定额的内容，它可以用公式表示如下：

$$单件工时定额 = 作业时间 + 布置工作地时间 + 休息与生理需要时间$$

或者：

$$单件工时定额 = 基本时间 + 不交叉的辅助时间 + 技术性布置工作地时间 + 组织性布置工作地时间 + 休息与生理需要时间$$

单件工时定额不包括准备和结束时间，它主要用于计算工人在一个工作班内应当完成的产量定额。由于单件工时定额中，不包括准备与结束时间，所以，如果在某个轮班内需要进行准备与结束工作的时候，那么，在考虑这个轮班的产量定额时，就需要从轮班延续时间中扣除准备与结束工作所占用的时间。

考虑了分摊到每件产品的准备和结束时间在内的工时定额，称为单件计算定额，它是计算生产任务的总劳动量，确定完成生产任务所需要的人员和设备数量，以及计算工人工资、核算产品成本的依据。单件计算定额的公式如下：

$$单件计算定额 = 单件工时定额 + \frac{准备和结束时间}{每批产品的数量}$$

二　非定额时间

非定额时间，是指那些并不是为了完成某项工作所必需的时间，它包括非生产工作时间、非工人过错造成的损失时间和工人过错造成的损失时间三个部分。

（一）非生产工作时间

非生产工作时间，是指工人做了本身任务以外的工作所消耗的时间。例如，基本工人做了制度规定应当由辅助工人做的领取工具、研磨工具、清扫工作地等工作，他所花费的时间，就属于非生产工作时间。在分析工时利用情况时，不应当把这种时间列入定额时间以内。

（二）非工人过错造成的损失时间

这是指由于企业技术工作和组织工作上的缺点，或者由于企业外部条件的影响，使工作发生中断的时间。例如，停工待料、电力供应中断、机器发生故障以及工作分配不当等所损失的时间。每一个工业企业，都应当尽一切可能减少以至消灭这类时间损失。

（三）工人过错造成的损失时间

这是指由于工人不遵守劳动纪律所损失的时间。例如，无故缺勤、迟到、早退以及在工作时间内闲谈、办理私事，等等。工业企业应当在提高工人的思想觉悟，加强社会主义劳动纪律的基础上，力求消灭这类时间损失。

从上面的分析中看出，非定额时间就是由各种原因引起的工时损失。因此，在制定工时定额时，这部分时间绝不能计入定额，否则，劳动定额就不可能充分发挥促进企业改进工作，巩固劳动纪律，不断提高劳动生产率的作用。

综上所述，可以将工时消耗的构成如图 15 – 1 所示。

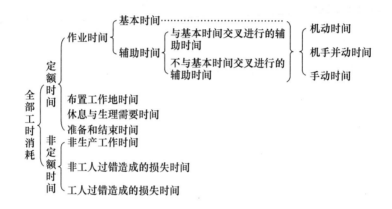

图 15 – 1

第三节 分析研究工时消耗的主要方法
——工作日写实和测时

为了制定先进合理的劳动定额，寻求节约工时消耗和提高劳动生产率的途径，就需要对工人的全部工时消耗和它的各个组成部分，进行具体的分析研究。在实际工作中，分析研究工时消耗的一种主要方法，就是工作日写实和测时。

一 工作日写实

工作日写实，就是对整个工作日的利用情况，按照时间消耗的顺序，进行实地观察、记录和分析的一种方法。通过工作日写实，可以了解工时的实际利用情况，找出工时损失的原因，从而制定出相应的技术组织措施加以改进，保证工时得到充分利用。通过工作日写实，还可以研究先进工人的工时利用方法，总结先进经验予以推广，以帮助广大工人充分利用工时，提高劳动生产率。工作日写实的资料，可以作为制定或者修改布置工作地时间、休息与生理需要时间以及准备和结束时间的定额标准的依据。

工作日写实的范围，可以是个人的，也可以是集体的；写实的方法，可以是典型的，也可以是全面的；写实的对象，可以是先进的，也可以是一般的、落后的。所有这些，都要根据进行工作日写实的具体目的和要求来决定。一般来说，工作日写实主要有以下几种：

（1）个人工作日写实。是指对一个工人在一定工作地上所消耗的全部工时，进行观察和记录。采用这种方法，取得的工时消耗的资料比较具体细致。

（2）工作组工作日写实。是指对一个工作组的工人所消耗的全部工时，进行观察和记录。工作组工作日写实，有同工种和异工种之分。同工种工作日写实，是按一定的时间间隔，观察和记录同工种工人的活动，以便取得工种相同的工人的工时消耗资料，进行相互比较。异工种的工作日写实，是分别对不同工种工人的工时消耗进行观察和记录，采用这种方法，可以了解每种工人的全部活动，取得不同工种工人工时消耗的资料，为改进劳动组织、确定小组定员和组织不同工种工人之间的分工协作等提供资料。

（3）多机床管理的工作日写实。是指对看管多台机床的一个工人或者几个工人所消耗的全部工时，进行观察和记录。采用这种方法，不仅能总结和推广多机床看管工作的经验，而且能发现多机床管理工作中存在的问题，采取有效的措施，进一步发掘工人和设备的潜力。

（4）自我工作日写实。是指工人在从事生产和工作的过程中，对自己消耗的全部工时，如实地加以记录。这种工作日写实形式，充分反映了工人对于自己劳动成果的关心和共产主义的劳动态度，它是社会主义工业企业中为消除工时浪费的一种新形式。

以上几种工作日写实的形式，都是实际工作中经常采用的。在这些形式中，个人工作日写实是其他各种工作日写实的基础。它具有特别重要的作用。因此，这里扼要地分析一下进行个人工作日写实的步骤。

一般来说，个人工作日写实是分为以下四个步骤来进行的。

（1）写实前的准备工作。做好写实前的准备工作，对于正确地进行工作日写实，是很重要的。准备工作不充分，会直接影响到写实工作的质量。工作日写实的最主要的准备工作有：

第一，选择写实对象。写实对象要根据写实的目的来确定。如果写实是为了给制定有关的时间标准提供资料，就应当选择介乎一般和先进之间的工人为对象；如果写实是为分析和改进工时利用情况，就可以分别选择先进工人、一般工人和后进工人为对象，以便对比分析，总结经验，改进工时利用。

第二，写实人员要事先了解写实对象的有关情况，和工作地的组织状况。如果写实的目的是为了制定有关的时间标准，那么还需要消除工作地上不正常的技术组织条件。

第三，根据各类工时消耗的情况，划分详细的项目，并且给它们规定简略的代号，以便顺利地记录工人在工作日内的全部工时消耗。

第四，写实人员要把写实的目的，事先向工人讲清楚，以便相互配合和帮助。

除此以外，还要做好其他有关的准备工作，如表格、纸张、计时工具的准备，等等。

（2）进行写实。写实前的准备工作做好以后，就可以进行工作日写实。为了保证写实工作的质量，写实员在整个写实过程中，都必须自始至终集中精力，注意工人的每一个活动，判明这些活动的性质，并且把它的起止时间，准确地填入工时消耗记录表。

（3）整理、分析、研究所取得的写实资料。包括计算各种操作的延续时间，确定工时消耗的类别，编制同名工时消耗汇总表等。为了使写实结果能够切实地反映工时利用情况，工作日写实一般应当重复地进行三次到五次。

（4）总结。根据写实结果做出总结，拟定改善工时利用的各项措施。

进行工作日写实和整理资料所用的主要表格，举例如表15-1所示。

表 15 – 1　　　　　　　　　　　　　个人工作日写实观察表

日　期	观察开始	观察结束	观察延续时间	观察者

工人			设备		工作	
姓名	工号	专业	名称、类型	编号	工件	工序

序号	观察内容	起止时间	延续时间	交叉	代号
	开始观察	8：00	—		
1.	检查机床	8：03	0.03		3
2.	接受工作任务	8：04	0.01		1
3.	领毛坯	8：07	0.03		1
4.	安车刀	8：11	0.04		1
5.	执行作业工作	9：03	0.52		2
6.	换用钝了的车刀	9：05	0.02		3
7.	……	…	…		…
	（下略）				

表 15 – 2　　　　　　　　　　　　　同名工时消耗汇总表

代号	工时消耗名称	重复次数	延续时间（分）		其中与机动时间交叉
			共计	平均	

表 15 – 3 总结分析表

工作日利用情况		
作业时间百分数	工人过错造成的损失时间百分数	非工人过错造成的损失时间百分数
工作日可能利用情况		
由于消除工人过错造成的损失时间		由于消除非工人过错造成的损失时间
提出的技术组织措施				
工时损失代号	措施名称	预期效果	实行日期	负责人

二 测时

用工作日写实的方法来分析研究工时消耗的时候，对于在全部工时消耗中占很大比重的作业时间，不可能做深入细致的分析，并且，也不可能给制定作业时间的定额标准提供详尽的资料。为了研究作业时间，并且为制定作业时间定额提供依据，就需要对工序及其构成因素进行详细的分析研究。测时，就是以工序为对象，按操作顺序来实地观察和测量工时消耗的一种方法。采用这种方法，可以研究和总结先进生产者的操作经验，寻求最合理的操作方法，确定最合理的工序结构，测定工人完成工序中各个组成部分的时间消耗量，以便促使劳动生产率的提高，并且为制定作业时间定额提供资料。

测时是一项比较复杂的工作。进行这项工作，大致可分为以下三个步骤：

（一）测时前的准备工作

做好测时前的准备工作，是保证测时结果准确的重要条件。测时前的准备工作，最主要的有以下几个方面：

（1）选择测时对象。测时的对象，应当具有典型性和代表性，否则，尽管测定得很正确，也会影响测时的效果。测时的对象是根据测时的目的来选择的。例如，测时的目的是为了确定时间定额，就应当选择技能介乎先进工人和一般工人之间的工人作为测时对象；如果测时的目的是为了研究先进操作者的经验，那么，应当以先进工人作为测时对象。测时对象确定以后，测定员一定要事先同被测定的工人商量，把测时的目的、方法和要求，详细地向工人讲清楚，以便取得被测定人的协助和配合，共同把测时工作做好。

（2）详细了解测时对象和建立合理的技术组织条件。一般来说，测定员在开始测时以前，应当弄清工人的姓名、工号、工种、工龄、技术等级和生产特点等情况，还要弄清工序名称、加工对象、设备工具、劳动条件等情况，并且，要为工人建立进行正常工作所必要的良好的技术组织条件。这是因为，在一般情况下，测时是为了测定作业时间，为确定时间标准提供资料，如果工人的工作条件不合理，就会使所测定的作业时间和时间标准不合理、不正确。所以，合理地布置工作地，保证工作地有良好的劳动条件和正常的生产秩序，是测时前必须做好的一项重要的准备工作。

（3）正确地划分工序的各个组成部分，分析影响工序时间的各种因素。由于工序中的各个操作是连续进行的，因此，正确地划分各个操作之间的界限，是保证测时质量的重要环节。所谓各个操作之间的界限，就是通常所说的"定时点"，也就是前一操作结束和后一操作开始的标志。例如，手接触或者离开加工对象，都可以作为"定时点"。特别是在采取抽查法的情况下，每个操作必须有两个"定时点"，即起点和终点。

为了保证测时工作的顺利进行，除了正确地规定"定时点"以外，还要分析影响工序时间的各种有关因素。例如，加工对象、机器设备、工艺操作、工作地的组织和劳动条件，等等。这些因素，应当分别填入测时记录表中，以便为制定改进措施提供资料。

（4）确定观测次数。工人在工作中重复地执行同样的工序，由于种种原因，每一次所消耗的时间，并不是完全相等的。因此，在进行测时的时候，既不能根据某一次的观测，就轻率地确定工时消耗标准，也不能无限制地进行观测，迟迟不确定工时消耗标准。否则，在前一种情况下，由于观测次数太少，具有很大的偶然性，工时消耗标准往往脱离生产实际；在后一种情况下，又会因观测次数过多，耗费大量的人力、物力，并且，事实上也没有必要。正因为这样，工业企业在进行测时以前，都要根据具体情况，确定最合理的观测次数。

究竟观测多少次才算合理，这要根据生产类型、作业性质（机动、手动或者机手并动），工序和操作的延续时间等具体条件确定。比如在机动时间和在工序操作的延续时间比较长的情况下，观测次数可以少一些；在机手并动时间和在工序操作的延续时间比较短的情况下，观测的次数就应当多一些。

除了做好上述各项准备工作以外，在进行测时以前，还要进行一些其他的准备工作，诸如组织测定员学习、准备必要的测时工具（马表、表格），等等。

（二）进行测时

测时前的各项准备工作做好以后，就可以进行测时。

在测时过程中，测定员的思想要高度集中，严格遵守已经确定的"定时点"。如果在观测的过程中，因出现不正常因素而延长了工序操作时间，就必须把当时情况如实地记入测时记录中，并且将产生不正常因素的原因加以注明。表 15 - 4 是个人测时记录表（或称测时卡片）的格式。

表 15 - 4　　　　　　　　　　个人测时记录表

工厂： 车间： 工段：	观察　年　月　日	班次	观察起始时间	观察终止时间	观察延续时间	观察者姓名

工　人									
姓名	工号	工种	等级	专业工龄	本工作工龄	看管机床台数	生产特征	三个月内定额平均完成的百分比	观察时间内定额完成的百分比

续表

工厂： 车间： 工段：	观察　年　月　日	班次	观察起 始时间	观察终 止时间	观察延 续时间	观察者 姓名

机　床

机床名称	型号	出产厂	编号	尺寸	功率 （千瓦）	起动装 置类型	走刀量 改变方式	变速 方式	刀架数	刀具夹持 器类型

产　　品						工　　作					
制品 名称	图号	零件号	材料 牌号	材料的机 械性质	重量 （公斤）	工作 名称	工作 等级	指定 产量	从哪一个零 件开始观察	工资 制度	工时 定额

工具与夹具

第　　号工序	工具或夹具名称	类型	形式	尺寸	材料	零售安装简图

工作位置

工作分配方式	材料供应方式	工具供给及 整修方式	指导卡片、 指导规程	生产情况	工作地简图

顺 序 号	工序 的组 成部 分	定 时 点	起止时间 和 延续时间	观　察　号																时　间（分）	延续 时间 总额	平均 延续 时间	影响延续 时间的因素
				1	2	3	4	5	6	7	8	9	10	11	12	13	14	15	16				
			起止时间 延续时间																				
			起止时间 延续时间																				
			起止时间 延续时间																				

续表

顺序号	工序的组成部分	定时点	起止时间和延续时间	观察号																延续时间总额	平均延续时间	影响延续时间的因素
				1	2	3	4	5	6	7	8	9	10	11	12	13	14	15	16			
				时　间（分）																	
			起止时间																			
			延续时间																			
			起止时间																			
			延续时间																			

中断时间						不正确的观察			加工制度						
组成部分号	观察号	中断起始时间	中断终止时间	延续时间	何故中断	组成部分号	观察号	造成缺点的原因	第号操作	长度 L	直径 D	深度 T	走刀 S	速度 V	转速 N

（三）整理和分析测时资料

观测工作结束以后，必须对所获得的资料进行整理和分析，为确定作业时间提供依据。在整理和分析测时资料的过程中，主要应当做好以下几项工作。

（1）检查核实全部测时记录，计算出每一操作的延续时间。在这个过程中，如果发现个别显然不合理又不能说明原因的数字，可以将它删去，以免影响平均数值的正确性。

（2）计算有效观测次数，求出每一操作的平均延续时间。在生产过程中，常常会有一些不正常的因素，影响工人操作的延续时间。例如，原料材料的质量不好、机器设备运转不正常和工人不遵守劳动纪律等，都会直接影响工人操作时间的延长。在计算有效观测次数的时候，应当将那些受不正常因素影响的观察数字去掉，以便求出在正常条件下工人的操作时间。

（3）计算稳定系数，检查操作平均延续时间的可靠程度。稳定系数是指测时行列（对同一操作几次测定的数列）中最大数值和最小数值之比，它的计算方法是：

$$稳定系数 = \frac{测时行列中的最大数值}{测时行列中的最小数值}$$

稳定系数的大小，受生产类型、操作性质和延续时间的长短等因素影响，一般来说，稳定系数越小，说明测时所取得的资料质量越高。稳定系数越接近"1"，求得的操作平均延续时间就越可靠。反之，稳定系数越大，说明测时资料的可靠程度越小。如果稳定系数超过了一定的限度（一般为25%），那么，计算出来的操作平均延续时间就不可靠，需要重新进行测定。

（4）确定作业时间和时间标准。测时所取得的资料，经过检查、整理、分析以后，就可以根据这些资料，经过群众的讨论和修改，制定出完善的工序结构，确定出先进合理的作业时间和时间标准。

第四节　制定劳动定额的方法

根据工业企业的生产特点，选择适当的制定劳动定额的方法，是关系到企业能不能及时地制定出先进合理的劳动定额的一个重要问题。

工业企业制定劳动定额的方法，大体上有三种。即：经验估工法、统计分析法和技术测定法。下面，分别说一说这三种方法。

一　经验估工法

经验估工法，是指由工人、技术人员或者定额员，根据自己的经验，结合分析设计图纸、工艺规程等技术文件，以及考虑所使用的设备、工具和其他的生产条件，来制定劳动定额的方法。这种方法的优点是简便易行，花费的劳动量比较少。但是，它对于构成劳动定额的各种因素缺乏仔细的分析和计算，技术依据不足，容易受估工人员的主观因素影响，因而定额的准确性一般比较差。

为了尽量避免这个缺点，在采用这种方法制定劳动定额的时候，应当特别注意以下几个问题：

（1）选择技术水平比较高、有丰富经验的老工人担任估工员；

（2）仔细地、客观地分析研究各种技术资料，研究过去生产类似产品的工时消耗资料，进行对比分析，以便为制定定额提供尽可能多的客观依据；

（3）倾听群众的意见，防止脱离实际。

二　统计分析法

统计分析法，是在生产同类产品或者大体相同的产品的时候，参考过去的工时统计资料，分析当前生产条件的变化，来制定定额的方法。这种方法的优点，同经验估工法一样，比较简单易行，工作量小。并且，采用这种方法，比采用经验估工法有较多的资料依据。但是，它也不是建立在对构成工时定额的各种因素进行仔细的分析计算的基础上的，容易受过去的平均统计数字的影响，因而也难以保证定额有很高的准确性。

针对这种缺点，在采用这种方法制定定额的时候，就应当特别注意以下一些问题。

（1）加强工时统计工作，尽可能积累比较全面和正确的工时消耗统计资料。

（2）对已有的工时统计资料，要进行具体细致的分析。首先，要分析统计资料的真实性，审核过去的工时消耗记录是否准确；在一个工作班内生产两种产品的情况下，工时的分摊是否合理；班内的各种间断时间记得是否准确。其次，要把统计资料按先进、一般和落后加以分类，分析平均水平与先进水平的差距；要具体地研究先进工人之所以达到先进水平的原因：是因为他们改进了操作方法，还是因为他们体力比较强和熟练程度比较高；并且在这个基础上，切实考虑先进操作经验推广的条件和一般工人熟练程度提高的可能性。

（3）要对当前的生产条件进行认真的分析。例如，产品结构、加工要求、操作方法、材料代用、批量大小、工人等级构成和觉悟程度，等等，都会影响定额水平。因此，在制定定额的时候，必须全面考虑这些条件同过去相比有哪些变化，并且，要分析这些变化对工时定额可能产生的影响。同时，在分析各种生产条件的时候，还要注意其他各种有关的因素对劳动定额的影响，例如，对质量要求特别高的产品和零件，定额水平就不宜定得过高；对采用新技术初期的工作，定额水平也不宜定得过高，以促使工人乐于使用新技术；对保证安全起决定作用的工种，定额水平也不能定得过高，等等。

（4）充分发动工人群众参加定额的制定和讨论，倾听群众的意见，集中群众的经验，使制定的定额，尽可能不受某些落后、保守因素的影响。

三　技术测定法

技术测定法，是指根据对生产技术条件和生产组织条件的分析研究，在拟订措施利用生产潜力的基础上，通过技术计算或者测定来制定定额的方法。它一般按照单件工时定额的各个组成部分，分别确定它们的定额时间。由于确定时间所用的方法不同，技术测定法又可以分为分析计算法和分析研究法两种。

采用分析研究法制定定额时，工时定额的各个组成部分的时间，是用测时和工作日写实来确定的。一般来说，作业时间用测时的方法来取得；布置工作地所用的时间、休息和生理需要的时间、准备和结束的时间，是根据工作日写实的资料来确定的。举例如下：

假定，根据测时所得的资料，某种套筒在 C620 车床上车削的单件作业时间为 3.45 分钟。通过工作日写实所获得的资料，布置工作地时间、休息与生理需要时间，占作业时间的 5%，准备和结束时间为 60 分钟，若每批加工零件数为 100 件，那么，根据工时定额的计算公式，可确定工时定额如下：

$$工时定额 = 3.45 \times （1 + 5\%） + \frac{60}{100} = 4.22（分钟）$$

从上面的例子中，可以看出，采用分析研究法确定定额时，工时定额的各个组成部分，都是通过在工作地上进行实地观察、运用测时和写实的方法来测定和取得资料的。这种方法固然有很多优点，通过深入的分析研究，可以保证所取得的资料的准确和可靠。但是，测定的工作量很大，特别是在多品种、多零件、多工序的加工工业企业中，工序很多，要通过一道道工序的测定来制定工时定额，是有实际困难的。从这方面来说，分析计算法要比分析研究法来得优越了。

采用分析计算法来制定定额时，主要是依据定额手册中所提供的定额标准来进行计算的。定额标准是通过测时、写实和其他的调查统计方法积累起来的。

定额标准基本上有两大类：时间定额标准和加工规范标准（或称切削用量标准）。

时间定额标准，是按工时定额的各个组成部分来规定的，包括基本时间标准、辅助时间标准、布置工作地时间标准、准备和结束时间标准、休息和生理需要时间标准。属于基本时间标准的，如锉每平方厘米零件表面的时间、切一个圆柱的螺纹的时间，等等。属于辅助时间标准的，像在机床上安装和卸下零件的时间，等等。至于布置工作地的时间标准和休息与生理需要的时间标准，一般是按它所占的作业时间的百分比来规定的。在不同的生产类型中，由于制定定额所要求的精确程度和条件不同，时间定额标准制定的详细程度也不同。在大量大批生产条件下，时间标准要规定得详细一些；在单件小批生产条件下，则可以规定得粗一些。所测定和积累的时间标准，都要用表格形式加以整理，并且汇编成册，以便查用。下面列举的是在车床上装卸零件的时间标准表（见表 15 – 5）。

表 15 – 5

车床上使用四爪卡盘时装卸零件的时间标准							
零件重量（公斤）	50	70	100	150	200	300	400	600
装卸时间（分钟）	3.4	3.8	4.3	5.0	5.7	6.4	7.1	8.1

加工规范（切削用量）标准，规定着使用机器设备进行加工时的各项参数。有了这种标准，就可以计算出使用机器加工时的机动时间。由于技术进步和现代工业企业中广泛运用机器设备，工时定额中机动时间的比

重越来越大。机动时间，不像手工操作时间那样具有较大的伸缩性，在采用一定工艺和技术装备的条件下，这种机器自动进行加工的时间是固定的，即，这部分时间的长短，只是取决于所选用的加工规范（切削用量）。因而，如果规定了各种加工条件下的最合理的加工规范（切削用量）的标准，我们就不必每制定一次定额都用测定的方法去获得机动时间的资料，而可以直接依据这些加工规范（切削用量）的标准来计算机动时间。这样，就可以使工时定额的制定工作大大简化，就可以显著地节省制定定额的工作量。

加工规范（切削用量）的标准，是按各类机器设备分别制定的。例如，在机械工业企业中，这种定额标准是按各类金属切削机床来规定的，表15－6列举的，是车床车外圆的切削用量标准，它规定了在一定加工要求、工具设备和材料等条件下的切深、转速和进刀量，等等。

表15－6　　　　　　　　　　　　　车外圆的切削用量标准

刀具：硬质合金刀				材料：碳钢			机床：Ⅰ类车床
加工物直径（D）	粗车外圆				半精车外圆		
	切削速度（V）	转速（N）	进刀量（S）		切削速度（V）	转速（N）	进刀量（S）
10	45	1400	0.30		44	1400	0.15
20	90	1400	0.35		88	1400	0.20
30	120	1200	0.40		115	1200	0.25
40	126	1000	0.45		137	1100	0.25
⋮	（余略）						

制定这种定额标准，必须考虑到在保证制品加工质量要求的条件下，使各项技术参数最合理地结合，以达到缩短加工时间的目的。

制定这种定额标准，要考虑采用最新科学技术成就和先进生产经验。并且，应随着技术进步和技术革新成果的出现，而定期地修改这种定额标准。这样，就可以保证依据这一定额标准所制定的定额具有技术根据，并且保证定额的先进合理。

有了这种定额资料，就可以迅速地进行技术计算，确定机器加工时间。下面举一个例子来说明。

例如，在车床上使用硬质合金车刀车削一种外圆直径为 40 毫米、切削长度为 300 毫米的圆轴。车刀的切入超出量为 10 毫米。所用的材料为碳钢。

根据上表可以查得，转速应为每分钟 1000 转，进刀量为 0.45 毫米。因而粗车时间为：

$$机动时间 = \frac{切削长度 + 切入超出量}{转速 \times 进刀量} = \frac{300 + 10}{1000 \times 0.45} = 0.7（分钟）$$

有了用切削用量标准计算出来的机动时间，再加上根据各类时间标准所查得的辅助时间、布置工作地时间和休息与生理需要时间，就可以综合得出整个的工序时间。这就是运用技术定额法中的分析计算法来确定时间定额的方法。

总之，在计算时间定额的时候，技术定额法中的分析研究法是直接运用写实测时的方法，在工作地上测定各项时间，而在分析计算法中，则是先运用测时写实和其他方法积累起各种定额标准资料，然后根据这些定额资料来计算时间定额。

从上面的分析中可以看出，利用技术测定法来制定工时定额，一般是比较科学的。但是，这种方法比较复杂，或者需要有系统的资料积累，或者需要投入大量的人力进行测定。在单件小批生产产品的工业企业里，采用这种方法是困难的。

针对这个缺点，有些工业企业采用比较法（典型定额法）来确定定额。所谓比较法，就是首先把在结构上和工艺上相似的零件分组，再从各组中选出一个典型零件，利用技术测定法（有时也利用统计分析法）确定工时定额，然后通过类比推算，确定其他件的定额。

总之，上述几种制定劳动定额的方法，各有长处和不足的地方。究竟哪种方法比较合适，每个工业企业应当从实际出发，根据需要和可能的条件来确定。离开了具体的条件，片面地强调某一种方法的好处，都是不对的。在实际工作中，这几种方法往往是结合起来运用的。例如，很多企业在制定劳动定额的时候，通过竞赛评比，在鉴定、总结先进技术操作经验的基础上，结合统计资料和经验，并且，对产品的某些关键零件和工序进行技术测定，交群众反复讨论，最后由企业领导干部、专职人员和工人代表共同审查定案。经验证明，这是一种比较好的制定劳动定额的方法。它既有科学技术的根据，又有广泛的群众基础，而且比较容易制定，利于贯彻执行。

劳动定额制定以后，必须组织定额的贯彻执行，并且，要根据生产条件的变化和劳动生产率的提高，适时地修改定额，使它经常地适应生产发展的要求。

组织广大职工贯彻执行劳动定额，要坚持政治挂帅，加强思想政治工作。要切实地贯彻执行各种必要的技术组织措施，为完成定额提供必要的条件。同时，劳动定额的贯彻执行，还应当和发动群众进行技术革新、开展社会主义劳动竞赛密切结合起来，和及时地鉴定、总结和推广先进经验密切结合起来，和一定的评比奖励制度结合起来，以便充分动员工人群众的积极性，为达到定额和突破定额而努力。

工业企业的生产技术条件是不断发展变化的，广大工人群众的技术水平和熟练程度，也是不断提高的。因此，原来先进合理的劳动定额，经过一定时期以后，就会落后于生产发展的要求。这就要求对劳动定额做相应的修改。不然，定额就会失去应有的动员作用，就不能成为企业计划生产、组织劳动和进行工资奖励工作的正确依据。但是，定额也不能经常变动，它必须保持一定的稳定。否则，同样不利于调动工人群众的积极性，而且会不必要地增加定额管理工作上的负担。修改定额和制定定额一样，必须采取群众路线的方法，自上而下、自下而上地反复讨论、平衡，最后报请企业领导批准执行。

为了保证定额的贯彻执行，和给制定、修改定额提供可靠的资料依据，工业企业必须加强对定额完成情况的统计、检查和分析工作。要健全工时消耗的原始记录，分析研究工人工时的利用情况和工时定额的完成情况，以便及时发现和推广先进经验，揭示工时浪费的原因，并且采取措施加以克服。通过对工时定额完成情况的分析研究，还可以进一步掌握工时消耗变动的规律，掌握各种产品、各个车间、各种工种定额水平的平衡情况，为制定和修改定额提供依据。

工业企业劳动定额的制定、贯彻和修改，是一项细致而复杂的管理工作。为了加强劳动定额管理，工业企业必须设置定额管理机构，建立正确的工时定额管理体制，加强对定额工作的组织领导。工时定额的管理工作，必须由厂部统一领导。同时，厂部的统一领导又必须和车间、小组的分级管理相结合，这样才能经常保证定额水平的先进合理和统一平衡。

厂级劳动定额管理，一般由劳动工资部门负责。劳动工资部门的主要工作是：组织全厂性定额的制定和修改；平衡各车间、各工种的定额水平；进行全厂性定额的汇总，统计和分析工作；在业务上指导车间定额机构和人员的工作，等等。在规模较大的车间，一般要成立车间定额组；规模较小的车间，可以设专门的定额员来负责劳动定额的管理工作。车间定额管理机构和人员的主要工作，是负责车间定额的制定和修改，平衡车间内各工段、小组的定额水平；组织本车间全体职工贯彻定额，进行车间的定额汇总、统计和分析工作；对小组定额员进行业务指导，等等。小组一级的劳动定额管理工作，是由工人定额员负责的。小组定额员的工作是：组织小组工人贯彻定额，记录和考察小组工人的定额完成情况；组织工人做好工时利用的记录工作；协助车间定额员掌握定额水平的变动情况，为修改定额提供资料。

第五节　编制定员工作

一　编制定员的作用和范围

工业企业的编制定员，就是根据企业已定的产品方案和生产规模，本着节约用人，精简机构，增加生产和提高工作效率的精神，规定企业必须配备的各类人员的数量。定员是一种科学的用人标准，是企业在人员安排方面的数量界限。它所要解决的问题是：保证企业正常地进行生产，需要配备什么人员和配备多少。

　　工业企业的编制定员应当是先进合理的，也就是说，它既应当保证生产的正常需要，又应当避免人员的窝工浪费。工业企业有了先进合理的定员，就有利于为厂部、车间、工段、小组配备人员，有利于合理地建立责任制度。并且，在生产任务发生变化的时候，也可以做到心中有"数"，相应地调配劳动力，克服人浮于事，工作效率低下等浪费劳动力的现象。企业有了先进合理的定员，在节约人力方面，也就有了明确的奋斗目标，可以促使企业精打细算，力求改进工作，提高工作效率，降低用人数量，做到增产不增人。

　　目前，在我国一些企业中，特别是季节性的农产品加工企业中，试行亦工亦农的劳动制度。这就是说，除了实行长期固定工和临时工以外，还实行长期固定的合同工。长期固定合同工在工业生产旺季参加工业生产，在工业生产淡季参加农业生产。实行这种制度，可以减少一部分长期固定工人，进一步节约生产资金，降低生产成本，更合理地使用社会劳动力，同时，可以进一步密切城乡关系和工农关系，实现工业对农业的支援。企业在确定编制定员的时候，应当结合自己的具体条件，考虑尽量减少长期固定工人，增加长期固定的合同工人，能使用临时工的工作，也应当尽量使用临时工。

　　工业企业编制定员的范围，包括长期工、临时工和学徒三部分人。这些人员，按照他们的工作性质、所处的岗位和劳动分工的特点，可以划分为以下几类：

　　（1）生产工人。是指直接从事生产的人员。它又可以分为基本工人和辅助工人。

　　（2）学徒。是指在生产工人指导下，学习生产技术，并且享受学徒待遇的人员。

　　（3）管理人员。是企业中从事组织领导工作以及生产技术和经营管理工作的人员，包括厂内各级的行政管理人员、工程技术人员和政治工作人员。

　　（4）服务人员。是指间接服务于生产，或者服务于职工生活的人员，如勤杂人员、警卫人员、文教卫生人员和生活福利机构中的工作人员等。

　　工业企业在确定编制定员时，除了上述四类人员以外，六个月以上病假、伤假的职工和脱产学习的人员等，都列入其他人员项内。

　　上述这四类人员，都是企业所不可缺少的。在定员工作中，应当本着生产要多、用人要少的精神办事，不能宽打窄用。同时，还应当正确地处理各类人员之间的比例关系，保证不断地提高劳动生产率。

　　首先，在定员工作中，要合理安排直接生产人员和非直接生产人员的比例关系。管理人员和服务人员，是不可缺少的。如果这部分人员配备得过少，就会削弱企业管理工作，影响生产的正常进行。但是，管理人员和服务人员不是直接从事物质生产的，他们是企业中的非直接生产人员。如果他们的人数过多，就会出现机构臃肿、人浮于事的现象，就会影响企业劳动生产率的提高。马克思曾经说过：假设两国的人口相等，劳动生产力的发展程度又相等，则亚当·斯密如下的话，常常是正确的：两国的财富要由生产劳动者与不生产劳动者间的比例来尺量。这不外说，在生产劳动者人数比较多的国度，年所得中将有一个比较更大的量，被消费在再生产上，所以每年会有一个较大的价值量被生产出来①。对于这个重要问题，毛泽东同志也说过：我们要有一批脱离生产事务的革命职业家，我们也要有一批医生、文学艺术工作者及其他人等，但是这些方面的人决不能过多，过多就会发生危险。食之者众，生之者寡，用之者疾，为之者舒，是要塌台的②。这就是说，为了迅速地发展社会生产力，就需要动员一切可以动员的力量，投入到生产斗争中去，有效地增加生产劳动者，尽可能地减少非生产人员，以便为社会生产出更多的物质财富。正因为这样，每一个工业企业，都应当在保证完成生产任务的前提下，力求合理地提高直接生产人员、技术人员的比重，降低行政管理人员和服务人员的比重，以保证不断地提高企业的劳动生产率。

　　其次，在定员工作中还要正确地处理基本工人和辅助工人的比例关系。基本工人和辅助工人都是直接从事物质生产的人员，都是生产中不可

---

① 马克思：《剩余价值学说史》第一卷，生活·读书·新知三联书店1957年版，第373页。
② 毛泽东：《经济问题与财政问题》，解放社1944年版，第162—163页。

缺少的。基本工人是指在工业企业基本车间中直接参加制造本企业主要产品的工人，如钢铁工厂中的炼钢工，纺织厂中的纺纱工、织布工等。辅助工人是指工业企业中为基本生产服务，完成辅助性工作的工人，如在基本车间内执行辅助工作的搬运工、修理工等，或者在修理、工具、动力等辅助车间工作的工人。基本工人对企业的生产起着直接的作用。如果基本工人配备得不足，辅助工人过多，就会影响企业劳动生产率的提高。同时，辅助工人也是生产所必需的。如果辅助工人过少，使基本工人负担过多的辅助工作，也会影响劳动生产率的提高。因此，工业企业必须根据自己的生产条件，合理地安排基本工人和辅助工人之间的比例关系。

　　除此以外，在定员工作中，还要正确地规定学徒的人数。学徒的人数，应当根据企业生产发展的需要和实际可能来确定。

二　确定编制定员的方法

　　前面说过，编制定员就是要合理地规定企业各类人员的数量。由于各个企业的情况不同，一个企业内各类人员的工作性质和影响他们数量的因素不同，计算人员数量的具体方法，也是多种多样的。一般来说，主要有下面几种方法。

　　（1）按劳动效率定员。就是根据生产任务（工作量）和工人的劳动效率来计算定员数目。计算公式如下：

$$定员人数 = \frac{每一工作轮班应当完成的工作量}{工人的劳动效率 \times 出勤率}$$

　　这种定员方法，实际上就是根据工作量和劳动定额来计算人员数目的方法。凡是有劳动定额的人员，都可以用这种方法来计算定员人数。特别是以手工操作为主的工种，例如，装卸工人、轧钢厂的钢坯处理工、机械制造厂的翻砂工等，需要人数的多少，主要取决于工作量的大小和工人的劳动效率，而不受机器设备的数量等其他因素的影响，因此更适合用这种方法来计算定员人数。

　　（2）按设备定员。就是根据机器设备的数量、工人的看管定额和设备的开动班次，来计算定员人数。计算公式如下：

$$定员人数 = \frac{\begin{array}{c}为完成生产任务所必需\\的机器设备台数\end{array} \times 每台设备开动的班次}{工人的看管定额 \times 出勤率}$$

这种定员方法，主要适用于以机械操作为主的工种。因为这些工种的定员人数，主要取决于机器设备的数量和工人在同一时间内能够看管的机器设备的台数。例如，纺织企业使用着大量的纺纱机和织布机，并且采用多机台看管的劳动组织形式，对于挡车工的定员，通常就是按这种方法计算的。在单机操作的情况下，一般要把这种方法和第一种方法结合起来计算定员数，例如，对于机械制造企业的多数机床工人的定员，就是这样。

（3）按岗位定员。就是根据工作岗位多少来计算定员人数。采用这种方法，首先要确定有多少需要工人操作的岗位，然后，再根据各个操作岗位的工作量、工人的劳动效率、开动班次和出勤率等因素，计算定员人数。例如，冶金企业的高炉、平炉、轧钢、焦炉等工种工人，一般都是用这种方法定员的。

（4）按比例定员。就是按和职工总数或者某一类人员总数的比例，来计算某种人员的定员数。例如，炊事员可以按食堂就餐人数的一定比例计算；卫生保健人员可以按企业职工总数的一定比例计算，等等。这种方法，通常适用于计算非直接生产人员的定员数。某些生产人员也可以用这种方法来定员。

（5）按组织机构、职责范围和业务分工定员。这种方法，主要用于计算企业管理人员的定员数目。运用这种方法计算管理人员的定员时，还要在精简机构、节约用人的前提下，考虑有关的许多因素，如企业规模、产品特点、产品生产过程的复杂程度、管理工作的基础和管理人员的业务能力，等等。

上述这几种方法，对现有工业企业都是适用的。工业企业在计算编制定员时，可以根据不同工作的性质，区别各类人员的不同情况，灵活加以运用，或者把几种方法结合起来运用。

新建的工业企业，由于生产能力还没有充分发挥，工人对于机器设备的性能还不熟悉，操作技术和日常业务还不熟练等原因，不能完全按上述几种方法来计算定员数目。一般来说，有设计定员标准的新企业，可以用设计定员标准为主要依据，同时参考同类老企业的定员标准，来确定编制定员；没有设计定员标准的新企业，可以把同类老企业的定员标准作为主要参考材料，结合本企业的具体条件来计算定员人数；既没有设计定员标准，又没有同类企业可资参考的新企业，则应当主要依据设计文件中规定的生产过程、机器设备、技术操作和全厂平面图等资料，来确定编制定员标准。

不论老企业和新企业，也不论采用哪一种具体方法来计算定员标准，都应当认真地贯彻勤俭办企业的方针，精简机构，提高工作效率，节约用人；应当从实际出发，结合国家制定的示范标准，对本企业的生产特点、专业方向、发展远景、管理水平和职工的业务技术熟练程度等因素，进行切实的分析研究；应当充分依靠群众，走群众路线，采取领导干部、专职人员和工人"三结合"方法，并且要把确定编制定员的工作，同发动群众开展技术革新、改进劳动组织、制定和贯彻先进合理的劳动定额等工作密切地结合起来。只有这样，才能制定出先进合理的定员标准，而只有先进合理的定员标准，才能进一步鼓舞广大职工的生产积极性，促进劳动生产率的提高。

工业企业用各种方法计算出定员人数以后，还应当同企业现有人数进行比较，同同类企业的定员人数进行比较，结合实际情况做必要的调整。并且，在确定各类人员数量的同时，应当相应地确定人员的质量、工作岗位的责任制度、组织机构和劳动组织的形式，明确规定完成某一件工作需用什么人，用多少，以及他们的主要职责和任务。只有这样，编制定员才能落实。

三　编制定员的贯彻实现

工业企业的编制定员，经主管的管理机关批准以后，企业必须严格地遵照执行。在贯彻实现定员编制方面，企业主要应当做好以下几件工作：

（1）组织实现有关的技术组织措施，总结推广先进经验。企业的编制定员，是在总结先进经验和拟订必要的技术组织措施的基础上制定的，及时地实现这些技术组织措施和推广先进经验，是保证实现编制定员的重要条件。

（2）建立和健全有关的劳动力管理制度。劳动力管理制度不健全，用人控制不严，往往是浪费人力、突破编制定员的重要原因。所以，建立和健全用人制度、劳动计划管理制度、工资基金管理制度、职工的考勤、请假和奖惩制度，等等，对企业职工的招收、录用、调动、退休、退职以及劳动力的临时调配，做出统一的规定，这是贯彻实现编制定员的重要保证。

（3）及时和妥善地处理多余人员。编制定员和企业现有的职工人数，常常是不相等的。有时，实际人员要多于定员人数，如果多余的人员不及时加以处理，编制定员就会流于形式，不能发挥应有的作用。但是，如果对多余人员的处理轻率从事，安排不妥当，也会挫伤群众的积极性。因此，及时和正确地安排多余人员，是贯彻实现编制定员中的一个重要问题。在某些情况下，如果企业的现有人员少于编制定员，而为了完成生产任务又必须增加人员的时候，企业应按照规定的手续和方式，进行补充。

（4）做好劳动力的日常平衡调剂工作。随着生产的发展，企业内部各个生产环节之间往往会出现种种不平衡的情况。或者由于生产任务的调整，或者由于劳动效率的提高，都会引起各个环节人员的余缺。及时处理这方面的问题，做好企业内部劳动力的调剂工作，对于保证生产的顺利进行，消除窝工浪费现象，使编制定员保持先进合理的水平，有重要的作用。企业的劳动部门，应当经常深入车间，了解生产情况，掌握人员动态，及时做好劳动力的平衡调剂工作。

工业企业在贯彻实现编制定员的过程中，还要根据生产发展的需要，适时地修改编制定员。企业的编制定员不是一成不变的。生产任务、机器设备、工艺技术、劳动组织和生产组织以及职工的业务技术水平变化了，编制定员也要随之做相应的改变。否则，编制定员就会流于形式，不能起应有的积极作用，甚至会造成人员和资金的浪费，产生消极作用。但是，编制定员也不能经常调整，变动过于频繁，也不利于调动职工群众的积极性，并且会不必要地增加管理工作的负担。一般地说，由于企业的生产计划安排是以年度为主的，因此，编制定员的修订也以一年一次为宜。为了正确地修订编制定员，工业企业的劳动部门必须经常了解生产和人员的变动情况，掌握进一步提高劳动生产率的潜力，统计、汇总和积累有关人员数量和比例的资料，以便为修订编制定员工作提供依据。

第六节　职工需要量计划

工业企业除了制定编制定员标准以外，每年还要编制职工需要量计划。编制定员同职工需要量计划有密切的关系。一方面，编制定员是编制职工需要量计划的一个重要依据；另一方面，职工需要量计划，又是根据计划年度的新条件、新情况，对编制定员的一种调整和修改。前面说的编制定员的修订工作，通常就是结合编制职工需要量计划进行的。

工业企业的职工需要量计划，是整个劳动计划的一个组成部分。它的主要内容，就是在保证劳动生产率不断提高的前提下，根据企业的生产任务、定员标准和劳动定额，确定计划年度对各类人员的需要量。职工需要量计划的主要指标有两个，即期末人数和平均人数。期末人数是计划期最后一天企业的在册人数；平均人数是计划期企业平均拥有的职工人数。

正确地编制职工人数需要量计划，对于保证完成和超额完成生产计划有重要意义。没有相应的人力保证，生产任务是不能落实的。同时，职工需要量计划同劳动生产率计划有密切的联系。编制职工需要量计划的过程，也就是千方百计挖掘潜力，消除劳动力浪费现象，保证完成提高劳动生产率计划的过程。职工需要量计划，还直接关系到企业生产技术财务计划中的工资计划、成本计划、财务计划等的编制和实现。不仅如此，工业企业的职工需要量计划，是国民经济劳动计划的一个环节。它还直接关系到整个国民经济劳动力的平衡和调配，关系到国民经济的有计划、按比例发展。

工业企业编制职工需要量计划，主要要做好以下几项工作：

第一，根据计划期的生产任务和提高劳动生产率的要求，正确地计算各类人员的需要量。

计算和计划各类人员需要量的方法，大致和计算编制定员的方法相同。在实际工作中，为了掌握计划期内对于基本生产工人需要的总的情况，以便同其他计划指标进行综合平衡和调配劳动力，通常在编制职工人数计划的时候，先比较概略地分工种计算一下有定额的基本工人的需要量。计算公式如下：

$$基本生产工人需要量 = \frac{为完成生产任务所需的总工时（小时）}{平均每名工人全年的有效工作时间（小时）}$$

$$为完成生产任务所需的总工时（小时） = \frac{总产量 \times 单位产品工时定额}{计划超额系数} + 补偿废品所消耗的工时$$

$$平均每名工人全年的有效工作时间（小时） = \left(全年日历日数 - 例假及节日 - 平均每人的缺勤天数 \right) \times 平均工作日长度（小时）$$

第二，编制劳动力平衡表。把计划期的职工需要量同现有职工人数加以比较，从数量和工种、熟练程度等多方面进行平衡，具体地了解劳动力的余缺情况，进而初步确定在计划期内应当调出哪些劳动力，调出多少，什么时候调出；或者应当补充哪些劳动力，补充多少，什么时候补充。

第三，根据劳动力平衡的情况，采取措施，在保证完成生产任务的条件下，解决对职工的需要和现有职工人数之间的矛盾。如果现有职工多于计划需要的职工，就要对多余人员做妥善的安排和处理，或者外调、或者外借、或者暂时留在本企业听候上级统一调配。如果计划需要的职工人数，超过了现有职工人数，企业就要发动群众，进一步挖掘节约劳动力的潜力，尽可能在不增加职工人数的条件下，保证生产任务的完成。只有在确实需要增人的情况下，才可以向上级有关部门提出增加职工的申请，由劳动部门统一调配解决。有的时候，职工总数虽然平衡了，但是，在人员类别、工种和技术熟练程度方面还存在着不平衡的情况，如这一类人员多，那一类人员少；这一种工种人多，那一种工种人少；这一等级的工人不足，那一等级的工人多余，等等。对于这些不平衡的情况，企业也应当力求在企业内部调剂解决。在这个方面，根据生产发展的要求，加强对职工的文化技术教育，有计划地培训职工，具有重要的意义。

　　经过反复的平衡计算，确定了计划期内各类人员的需要量之后，工业企业就可以编制职工需要量计划表，呈报上级行政主管机关批准执行。职工需要量计划表的格式如表 15 – 7 所示。

表 15 – 7　　　　　　　　　　　　1964 年职工需要量计划　　　　　　　　　　单位：人

项目	1962 年实际	1963 年预计	1964 年计划
甲	1	2	3
一　职工年末人数			
（一）工业企业职工总数			
生产工人			
学徒			
管理人员			
其中：工程技术人员			
服务人员			
其他人员			
（二）基本建设职工总数			
其中：工人			
其中：筹建机构及生产准备人员			
二　职工平均人数			
其中：生产工人			

第七节　职工的文化技术教育

　　在加强对职工进行社会主义教育的同时，加强对职工的文化技术教育，提高职工的技术熟练程度，是工业企业提高劳动生产率的一个重要途径，同时，也是工业企业有计划地培养后备力量，满足企业生产发展需要的一个重要途径。

　　前面曾经说过，社会主义工业企业不仅是生产工业产品的基地，同时，也是培养人才的基地。我们的工厂、矿山，在生产煤炭、钢铁、机器、纺织品和电力等工业产品的同时，还应当培养出有高度的政治觉悟，能够掌握各种专业知识和技能的工人、技师、工程师和管理干部，即培养出有政治觉悟、有文化知识、有劳动本领的新人——革命的接班人。这就需要每个企业在不断地加强对职工进行政治思想教育的同时，经常地、认真地加强对职工的文化技术教育。职工文化技术水平的提高，可以为职工学习马克思列宁主义、毛泽东同志的著作和党的方针政策提供有利的条件；为广大职工掌握先进的技术、广泛开展技术革新创造有利条件；也为从工人中培养提拔技术干部和管理干部创造有利条件。

职工文化技术教育工作，是一项复杂的工作。职工的学习条件千差万别，职工的学习要求也各不相同。在这种情况下，经常持久地坚持搞好文化技术教育工作，是很不容易的。要做好这项工作，必须有顽强的革命精神，坚韧的革命意志；必须从生产实际出发，切合生产的需要。并且，必须有明确、具体的职工文化技术教育规划。特别是对于现有职工的提高，应当有切实的规划，有具体的要求，例如，各级领导干部在几年以内应当达到怎样的科学水平，各类技术人员、职员在几年内应当达到怎样的技术业务水平，各个生产岗位的工人在几年内应当达到怎样的文化技术水平，等等，都要做出具体安排，分期分批地实现。有了切实的规划，既能使每个职工明确方向和目标，又便于企业文化技术教育工作的组织，这样就可以鼓舞职工努力学习文化技术的干劲，使企业文化技术教育工作，有效地促进企业生产的发展。

要搞好企业的文化技术教育工作，不但要有正确的规划，并且要进行一系列的具体的组织工作，认真地贯彻执行这个规划。在工业企业里，应当怎样对职工进行文化技术教育呢？这里，就提高现有职工的文化技术水平和培养训练新的工人这两个方面来说一说。

一　提高现有职工的文化技术水平

现有职工的主要任务是生产，提高现有职工的文化技术水平，主要是使职工更好地完成生产任务，提高劳动生产率。

现有职工的工作性质不同，政治思想觉悟和文化技术水平参差不齐，年龄大小不一，个人的生活条件不同，每个人对文化技术知识的需要、接受程度和可以用来进行学习的时间，也就不能完全相同。针对这种情况，工业企业在开展职工文化技术教育工作的时候，应当注意以下几个问题：

第一，妥善地安排职工的工作、学习和休息时间，保证职工有必要的学习文化技术的时间。

时间问题，是开展职工文化技术学习首先遇到的问题。这个问题不解决，职工的文化技术教育是难以很好地开展的。工业企业应当根据本单位生产的特点，灵活地为职工规定一定的学习时间。有的班可以在班前学，有的班可以在班后学，有的可以两个班合起来学，等等。规定的学习时间，必须给予保证，不能随便占用。只有这样，才能安排好职工的工作、学习和休息时间，保证职工有旺盛的精力，搞好工作和学习。

第二，职工文化技术教育的内容，要少而精，要密切结合生产，适合广大职工的要求。

前面已经说过，社会主义建设的一个基本问题，就是提高劳动生产率的问题，社会主义工业企业的劳动生产率能不能提高，在很大程度上取决于广大职工的政治觉悟和文化、技术水平的提高。企业对职工进行的文化技术教育，如果坚持执行"学用一致"的原则，紧密地结合生产，注意做什么、学什么，缺什么、学什么，那么，它就能成为提高劳动生产率、促进生产发展的一个重要因素。反之，如果忽视生产实际，就不能有效地促进生产发展，并且有被挤掉的危险。因此，在确定教育内容的时候，要特别注意它的现实性和适用性，也就是说，要从生产实际出发，切合生产的需要。业余学校的教学内容，必须"少而精"，让学员在不太长的时间内，学会最基本、最必需的知识。教师在教学过程中，要注意提高教学质量，要尽量作到"急用先学"，要注意理论联系实际，引导学员活学活用。文化教育可以同时事政策学习结合，选用某些文件、文章做教材，在讲授语文知识的同时，又进行政治思想教育。技术教育的内容，除了一般的技术原理以外，特别要结合本企业的生产特点，技术革新、技术革命的成果和先进的技术操作经验，等等，使学员把所学的知识真正学到手。只有这样，才能在职工的文化技术教育中贯彻为生产服务、为无产阶级的政治服务的方针，有的放矢，收到学以致用的效果。

第三，职工文化技术教育的形式，要根据生产的特点和教育的内容，灵活多样。

职工文化教育要密切结合生产，适应广大职工的要求，还必须采取多种多样的形式。例如，企业可以举办业余学习班或业余学校，利用业余时间，有计划、有系统地组织职工进行学习；可以举办短期训练班，使某些职工暂时脱产，集中学习某一种先进技术、先进经验；也可以通过技术表演等形式，组织职工对先进生产者的经验实地观摩，边干边学；还可以组织职工，到先进的兄弟企业进行实地学习，如此等等。只有根据生产的要求和职工的特点，灵活地采取多种多样的形式，才能把广大职工学习文化技术的积极性，充分地调动起来，使文化技术教育工作取得良好的效果。

第四，职工的文化技术教育工作，必须有专门的机构负责，经常督促检查，总结经验。

一般来说，在工业企业里，职工的文化技术教育工作，是在党委或者政治部（处）的宣传部门的领导下，由厂部的有关职能科室（教育科或者劳动工资科）以及工会、共青团共同负责的。他们应当根据生产发展的要求，制定对职工进行文化技术教育的规划，并且经常检查计划的执行情况。厂部负责职工文化技术教育的部门，除了直接组织某些全厂性的文化技术教育工作（如领导企业举办的业余学校、业余训练班等）以外，还要经常督促各个车间和有关部门重视和加强职工的文化技术教育工作，总结和推广好的经验，以保证职工的文化技术教育工作能够顺利开展，并且取得良好的效果。

广泛地动员职工学习文化技术，这是生产发展的需要，也是广大职工的迫切要求。事实上，只有在社会主义制度下，广大职工才有享受教育的机会，才有良好的学习条件，才有可能迅速地掌握科学文化技术知识。我们的工业企业，既是工厂，又是学校。工业企业进行文化技术教育工作，同进行生产工作一样，必须充分依靠群众，走群众路线。应当广泛地向职工宣传学习文化技术知识的重要意义，提高他们的政治责任感，激发他们刻苦学习的精神，从而使他们自愿地参加企业组织的各种学习活动。只有这样，才能使职工自觉地遵守学习纪律，始终以饱满的情绪对待学习，取得良好的学习成绩。

二　培养训练新的工人

工业企业培养训练新工人的一个重要方法是徒工制。所谓徒工制，是指技术工人在生产中培训徒工的一种制度。

徒工培训的重要特点，是边干边学，边学边干。它的好处是：

（1）徒工通过生产实践所掌握的技艺是牢固的，也是切合实际的。徒工在达到技术工人的标准以后，不需要经过生产实习，便可以独立进行生产。

（2）由于每一个徒工都是由某一个固定的技术工人负责培训，他们之间有明确的师徒关系，这样，就便于建立责任制度，取得较好的学习效果。同时，技术工人在技术上操作的先进经验和绝技，也可以直接传授给徒工。这是在书本上无法学到手的。

（3）由技术工人在生产中间培训徒工，可以花较少的费用，培养训练出较多的技术工人。

（4）徒工还是完成生产任务的一支辅助力量。徒工的主要任务虽然是学习，但是，他们边干边学，可以帮助做许多辅助性的工作，从而减少技术工人的辅助劳动时间，以便更多更好地完成生产任务。

由此可见，徒工培训，是培养新技工的一个好制度。但是，这种办法也有一定的缺点，主要是在培训过程中，往往对操作技术注意得多，基本原理注意得少。因此，在对徒工进行培训的时候，还应当采取一些补充办法，弥补这些不足。例如，可以专门抽出一定的时间，组织他们学习必要的技术理论等。

在培养训练徒工中，建立师徒责任制很重要，通常把这种责任制称做师徒合同。师徒合同，明确规定师傅在一定时期内教给徒工什么技术；徒工在一定时期内必须学会什么技术和一定的学习纪律，等等。采取这种包教包学的办法，可以加强彼此的责任心，从而取得比较良好的学习效果。

在培养训练徒工的过程中，要注意搞好师徒关系。师徒之间正确的关系应当是尊师爱徒。师傅应当认识到，徒工是未来的接班人，他们成长得如何，关系到企业生产的发展，社会主义建设的速度，党把教育下一代的责任交给自己，是自己的光荣，因此要以对党和国家的高度责任心来带好徒工，要全面关心徒工思想和技术的进步。徒工则要认识到自己迅速掌握技术的重要性，为了迅速掌握技术，要不耻下问，尊重师傅，虚心学习，真正把本领学到手。

师傅带徒工的方法是很多的，有一师一徒，也有一师多徒。一般来说，一师一徒的方法较好。因为师傅要教好徒工，除了在生产中要认真教好以外，还要利用业余时间向徒工传授技术，而一个人的精力是有限的，如果一个师傅带的徒工过多，便无法保证培养训练徒工的质量。

培训徒工的工作，是由工业企业的劳动工资科根据企业的长远计划来组织的。徒工培训工作应当全面规划，有计划、有步骤地进行。每年要培训多少徒工，培训哪些工种，都要根据生产的发展对于各种技术工人的需要；同时，还要考虑到企业技术工人培训徒工的能力。

对徒工的培训，既要注意文化技术知识的教育，又要加强政治思想教育。使他们真正做到"思想入伍，技术入门"。在徒工学习期间，要建立对徒工的考核制度，定期考工，按照国家规定转为正式工人。把定期的考工转正，同思想政治工作结合起来，可以更好的激励徒工学习的积极性。

除了采用师傅带徒工的办法以外，开办技工学校也是为工业企业培养训练后备力量的重要方法。技工学校，一般是由各级政府劳动部门和有关的工业部门主办，虽然有些是附设在大型企业里的，但它并不专为某一个企业培养后备工人，它的学生是在一定范围内统一分配的。技工学校是有关社会劳动力后备的培养和训练的问题，这里不做详细的讨论。

第十六章
社会主义工业企业的劳动组织

社会主义工业企业的劳动组织，就是组织人们合理地进行劳动，保证劳动生产率的不断提高。劳动组织，是企业劳动管理的一个重要内容。

现代工业企业的劳动，是大规模的集体劳动。只有适应生产发展的需要，合理地组织人们在劳动中的分工和协作，正确地处理人与劳动工具和劳动对象之间的关系，才能充分地发挥每个劳动者的积极性，并且把他们组织成为一支强大的集体力量，达到节约劳动力，提高劳动生产率的目的。

社会主义工业企业劳动组织工作的内容，是十分丰富的。这一章将讨论其中一些主要的问题。分以下四节来说：

一、工人的配备和工作地的组织；

二、工作组和工作轮班的组织；

三、多机床管理的组织；

四、社会主义的劳动纪律。

第一节　工人的配备和工作地的组织

一　工人的配备

合理地配备工人，是工业企业劳动组织工作中的一个重要问题。合理地配备工人，就是要根据生产发展的需要，给不同的工作，配备相应的工种和等级的工人，使人尽其才，各抒所长，保证劳动生产率的提高。具体地说，它要达到以下几个要求。

（一）要使每个工人的配备，都建立在合理的劳动分工和协作的基础上，以便充分地发挥每个工人的专长和积极性

现代工业企业的生产过程非常复杂，产品是由许多工人共同劳动制成的。在配备工人的时候，在注意到工人的阶级觉悟、政治思想情况的同时，还应当根据一定的生产技术条件，进行科学的劳动分工，把不同技术内容和要求的工作划分开来，才能为不同的工作配备不同的工人，充分地发挥每个工人的技术专长。

在工业企业里，按照技术内容分工，一般可以从下面四个方面来进行：

（1）把不同的工艺阶段和工种分开。这就是根据企业生产的特点，把整个生产过程划分为不同的工艺阶段，并且按照工艺阶段的不同工作内容，把工人划分成不同的工种。例如，在机械制造企业里，生产过程大体可以划分为准备、加工、装配三个工艺阶段；按照加工工艺阶段的不同工作内容，又可以把工人划分为车工、铣工、刨工、磨工等不同的工种。

（2）把执行性的工作和准备性的工作分开。各个工艺阶段，都有准备性的工作和执行性的工作。例如，在机床上加工零件是执行性的工作；在加工前调整机床、准备图纸和工具，是准备性的工作。装配成品是执行性的工作；在装配以前对零件进行整理、分类则是准备性的工作，等等。执行性工作和准备性工作的技术内容和要求是不同的，把这两类工作分开，分别由生产准备工人和生产工人来完成，可以更充分地发挥工人的专长。

（3）把基本工作和辅助工作分开。基本工作是指直接加工劳动对象的工作；辅助工作是指为基本工作服务的工作。例如，纺织厂的清花、纺纱、织布是基本工作；而修理、加油、领料和运输半成品等，是辅助工作。辅助工作除少部分要求较高的技术以外，一般技术上的要求都比较低。为了保证基本工人的工作时间，尽可能地用在直接加工劳动对象的工

作上，提高生产效率，就需要把基本工作和辅助工作分开，由专门的辅助工人来担负辅助工作。

（4）把技术等级高的工作和技术等级低的工作分开。同一工种的工作，按照工作的复杂程度、责任的大小和对精度要求的高低，可以划分为不同的等级，以便把不同等级的工作，分配给不同等级的工人去担负。

总之，工人的配备，要使每个工人所担负的工作，尽可能地适合于本人的技术等级和操作技能，尽可能地避免这一工种的工人，做另一工种的工作，基本工人做辅助工人的工作，技术等级高的工人做技术等级低的工作，从而发挥各个工人的专长和积极性。对于某些技术复杂，特别是重要的、关键性的工作岗位，要配备那些政治觉悟高、责任心强、技术熟练、经验丰富的工人来担任。

（二）要使每个工人都有足够的工作量，使工作日充分负荷，保证充分地利用工作时间

按照工作的技术内容进行分工，就能够配备适当的工人担负技术内容不同的工作，保证充分发挥工人的技术专长，迅速地提高他们的熟练程度。但是，这并不是说，在任何条件下，都是分工越细越好。分工的精细程度，要受工作量的影响。如果分工过细，就会使工人的工作负荷不足，造成窝工现象。因此，在配备工人的时候，还必须考虑工作量大小的因素。特别是在生产规模比较小、专业化程度比较低的工业企业里，配备工人时更要注意这个问题。如果某些同类性技术内容的工作不多，分别交由不同工人来担负，会发生负荷不足的时候，为了充分利用工作时间，提高劳动生产率，就要考虑使工人同时担负几种不同的工作。正因为这样，在工业企业里，培养工人掌握多种技术，使他们能够实现"一精多艺"的要求，是有重要意义的。

（三）要使每个工人都有明确的责任，在工作任务的数量、质量和期限方面，都有明确的规定，以利于建立明确的岗位责任制，消除无人负责的现象

凡是可以独立进行的工作，都应当尽可能地交给专人负责。这样做，既可以防止发生职责不清和无人负责的现象，又便于评定工人的劳动成

果。某些工作，不可能由一个工人独立地进行，而必须由几个工人共同完成的，也应当指定总负责人，并且明确地规定其他成员的职责范围。否则，就不能够建立严格的岗位责任制，消除无人负责的现象。

除了上面这些应当注意的问题以外，工业企业在配备工人的时候，还要注意组织劳动协作的要求。分工和协作是紧密联系的。只有在确定劳动分工的时候就充分考虑互相协作的要求，才能够防止由于分工不当造成互相脱节的现象，以便在明确分工的基础上，更好地组织劳动协作关系，从而促进劳动生产率的提高。

二　工作地的组织

前面说过，工作地是工人进行生产活动的场地。在正确配备工人的基础上，为了使每个工人都能够顺利地执行自己的工作，提高工作效率，还必须做好工作地的组织工作。

工作地的组织工作，就是在一个工作地上，合理安排工人与劳动工具、劳动对象之间的关系的组织工作。合理地组织工作地，可以节省劳动时间，减轻劳动强度，使工人能够在最方便、效率最高、最安全的条件下，从事生产活动。

正确合理地组织工作地，应当达到以下要求：

（1）保证提高劳动生产率，使工作地的组织最便于工人进行操作，节省工时；

（2）保证在客观条件允许的前提下，最充分地利用机器设备，尽可能地节约生产面积；

（3）保证有良好的工作环境和劳动条件，保证工人的安全和健康。

由于工作地的生产任务、专业化程度、机器设备和操作方法等不同，为了达到上述各项要求，需要进行的组织工作也不完全相同。但是，一般来说，工作地组织工作的基本内容，有以下几个方面。

（一）合理地装备和布置工作地

合理地装备工作地，就是根据工作地的专业化程度和生产工艺的要求，合理地规定工作地的生产设备、生产工具和必要的辅助设备。合理地装备工作地，是组织工作地的第一步，它可以为工人提高劳动生产率和减轻劳动强度提供物质条件。

合理地规定了工作地的装备以后，还要把这些装备加以合理布置，以便于工人使用。在布置工作地的时候，应当使一切物品都有适当和固定的存放地点，一切物品的布置，要符合工人的操作顺序，使工人取放便利、省力；要清除一切不必要的物品，以免妨碍工人的生产活动；应当尽可能缩短工人行走的距离，避免各种容易引起工人疲劳的动作。同时，在布置工作地时，还要注意节约生产面积，降低物资消耗，如电灯开关要装置在适当的地位，要有专门的辅助设备收集废料，要有专门的用具存放和保管精密工具，等等。

（二）保持工作地的正常秩序和良好的工作环境

为了保证生产的顺利进行和工人的健康，工作地必须经常保持正常的秩序和良好的工作环境。例如，根据工艺技术的要求，纺织厂的工作地，要保持一定的温湿度；仪表厂的工作地，要有防震、防尘设备。工作地应当经常保持整洁和正常的温度，空气要清洁新鲜，要有良好的采光照明条件。

为了保证工人的安全和健康，工作地还应当根据安全技术和劳动保护的要求，装设必要的防护装置。例如，机器暴露的传动部分，要加安全罩；有粉尘和有害气体的工作地，要安装排尘排气装备，等等。

（三）正确地组织工作地的供应服务工作

为了保证工作地正常进行工作，并且防止工作的间断，必须适应生产的要求，做好工作地的供应服务工作。例如，要保证原料、材料、半成品的及时供应，防止停工待料；要按计划检修机器设备，防止设备临时发生故障；要及时处理加工好的半成品和成品，避免在工作地上堆积制品，占用过多的生产面积；要按时供应工具、图纸和其他的技术资料，保证生产的正常进行，等等。这些工作中的任何一项没有做好，都会妨碍生产的正常进行，以致引起生产中断。

对于不同生产类型的工作地，组织工作地供应服务工作的方法是不同的。例如，单件小批生产产品的工作地，由于批量小、工作种类变更多，特别需要在班前做好各项供应服务工作；大批生产产品的工作地，由于批量大、工作种类变动小，生产的计划性也比较强，就可以按照每批产品的投产、出产时间，集中地进行供应服务工作。

工作地的供应服务工作，是一项很重要也很复杂的工作。做好这项工作，需要企业许多部门的协同配合。负责供应服务工作的部门和人员，必须以高度的革命精神，采取认真负责的态度，不嫌麻烦，不怕困难，不疏忽大意，及时而又准确地做好对工作地的各种供应服务工作。

第二节　工作组和工作轮班的组织

工作组和轮班，是工业企业劳动组织的基本形式。一般来说，工作组是劳动分工和协作在空间上的联系，轮班是劳动分工和协作在时间上的联系。通过工作组和轮班的组织，就可以在劳动分工的基础上，把工人之间最基本的协作关系，从时间和空间上有效地组织起来，保证生产的正常发展。

一　工作组的组织

工作组又名作业组，它是在劳动分工的基础上，把为完成某项工作而相互协作的有关工人组织在一起的劳动集体。

工作组是劳动组织的一种形式。在工作组内，每个工人都有明确的分工和职责，并由组长负责领导全组进行生产，以保证全组成员的工作相互协调。因此，通过工作组，可以更好地组织工人的劳动协作，保证合理使用人力，提高劳动生产率。工作组和本书第五章所讲的生产小组，既有相同的地方，又有不相同的地方。工作组是劳动组织形式，而生产小组是企业生产行政管理的一级组织。工作组的规模通常比生产小组小，在一个生产小组中，往往包括几个工作组。但是，在某些情况下，工作组也就是生产小组。

在工业企业里，在下述几种情况下，应当组织工作组。

（1）生产工作不能分配给每个工人去独立进行，而必须由几个工人共同完成的时候，需要组织工作组。例如，重型机械制造厂的装配工作组、修理工作组等。

（2）看管大型的、复杂的机器设备，需要组织工作组。例如，机械制造厂的锻压工作组、冶金厂的高炉炉前工作组等。

（3）工人的工作成果，彼此有密切的联系，为了加强劳动的协作和配合，需要组织工作组，例如，流水线上的工作组等。

（4）为了使生产前的准备工作、辅助工作和基本工作的紧密联系和相互协作，可以组织工作组，例如，把车床修理工、运输工与车床切削工人组成一个工作组等。

（5）当工人没有固定的工作地，或者没有固定的工作任务的时候，为了便于调动和分配工人的工作，需要组织工作组。例如，电焊工作组和厂内运输工作组等。

（6）工作任务可以直接分配给工人，但是，为了便于互相帮助，交流经验，开展比学赶帮的社会主义劳动竞赛，也可以组织工作组。例如，机械制造厂的车床工作组、纺织厂的细纱工作组等。

由于需要组织工作组的因素很多，因此，工业企业的工作组也是多种多样的。工作组按工人的工种的组成情况区分，有专业工作组和综合工作组两种。专业工作组是由同工种的工人组成的；综合工作组是由不同工种的工人组成的。

一般来说，专业工作组，由于工人进行同样的工作，因此，便于工人掌握和提高技术，便于工作组长进行技术领导；它的劳动定额是按工种规定的，根据定额完成的情况，也容易评定工作成绩。但是，由于专业工作组的分工范围比较狭窄，对于解决比较复杂的生产技术问题，困难较多。在采掘和建筑等行业的企业里，组织专业工作组，还不容易使工作组的每个成员工作负荷充实。

综合工作组把完成某项工作相互紧密联系的有关工种组织在一起，这就有利于加强协作配合。综合工作组是按全组统一的综合定额来评定工作成绩的，所以能促进每个组员关心全组的工作。在采掘、建筑等行业中，综合工作组的成员，除了负责本工种的工作以外，还可以根据生产的需要，适当地兼做一部分其他工种的作业，便于充分利用工作时间。

在工业企业里，究竟采取哪一种工作组的形式比较好，要从实际出发，根据各种具体的生产条件来确定。这个问题，在采掘、建筑等行业的工业企业中，具有特别重要的意义。

工作组按照是由一班工人组成或者由三班工人组成，又可分为轮班工作组和圆班工作组两种。

轮班工作组的全体成员，是在同一轮班内参加生产的，他们相互之间比较了解，共同关心本组的劳动成果。但是，由于各个轮班之间是不同的工作组，因此，容易发生轮班之间联系协作不够密切的现象，同时，各班的劳动成果和生产责任也不容易划分清楚。

圆班工作组是全体成员分三班进行生产，分别由组长和副组长领导各班生产。这种工作组的优点，是可以加强各个轮班之间的协作配合，但是，由于工人在不同的班次劳动，相互之间不容易深入了解，组长要掌握全组的情况也比较困难。

工业企业不论组织哪一种形式的工作组，为了使工作组能够充分发挥合理组织劳动的作用，必须注意做好合理地配备工作组的人员，建立明确的岗位责任制，正确地选拔工作组组长等工作。

工作组人数的多少，取决于不同工作组所承担的任务、生产技术特点、机械化程度和工作组内分工协作情况等因素。一般来说，工作组的规模不宜过大或者过小。工作组的规模过大，容易把一些生产上本来没有直接联系的工人组织在一个工作组里，这就会造成劳动力使用不当和窝工浪费；工作组规模过小，就难以充分发挥劳动协作的作用。在确定工作组人数的时候，应当遵守企业编制定员的要求。工作组的人员确定以后，一般不要随便调动，这样，才有利于技术的提高，协作的加强。

工作组的组织，应当建立在明确的分工负责制的基础上。一方面，每一个工作组都应当有明确的工作任务和职责，都要有总负责人；另一方面，在工作组内部，各个成员之间也应当有明确的分工，规定每个成员的具体职责，克服职责不清和无人负责的现象。在工作组内部分配任务的时候，还要考虑每个工人的工作负荷是否充实，以保证充分利用工作时间，避免忙闲不均的缺点。

工作组各个成员的工作，是在工作组组长的组织领导下进行的。组长是否称职，对于工作组的工作关系很大。一般地说，工作组组长应当选拔政治觉悟高、技术好的生产能手担任，只有这样，他才能掌握组员的工作情况，并对工人进行具体的帮助和指导。

二　工作轮班的组织

不同工业企业的工作制度是不同的。有的企业实行多班制生产，有的企业实行单班制生产。

实行多班制还是实行单班制，主要取决于工业企业生产工艺的特点。例如，冶金、化工等工业企业的生产，由于工艺的特点，生产的工艺过程必须连续不断地进行，因此，这些企业必须组织多班生产。另外，也有一些企业，例如，机械制造企业，工艺过程可以间歇地进行。在这种情况下，企业既可以实行多班制生产，也可以实行单班制生产。而究竟采取多班制还是单班制，主要应当根据企业的生产任务、经济效果和其他有关的生产条件而定。

单班制是指每天只组织一班生产。实行这种工作制度，便于利用非生产班的时间进行设备的维护和检修工作。但是，不利于机器设备的充分利用。

多班制是指每天组织两班或者两班以上的工人轮流生产。多班制又区分为两班制、三班制和四班交叉作业。两班制是每天分早、中两班组织生产；三班制是每天分早、中、晚三班组织生产；四班交叉作业是每天分四个班组织生产，每班仍然是工作八小时，上、下班之间有两小时交叉，在交叉时间内，两个班的工人共同进行生产。

不难看出，单班制的组织工作比较简单，主要是解决如何利用空闲的两个班的时间，来组织设备检修工作的问题。而多班制的组织工作就比较复杂。

首先，在实行多班制生产的时候，必须正确解决各班工人的倒班问题。

我们知道，在一天当中，各个轮班的工作条件有很大差别，例如，进行夜班生产，对工人的生活和健康有比较大的影响。因此，不能固定地由一些工人长期做夜班，必须在各班工人之间定期进行倒换。

倒班的办法有两种，一种是正倒班；另一种是反倒班。

正倒班是甲、乙、丙三班工人都按早班、中班、夜班正顺序倒班，即原来的早班倒中班，原来的中班倒夜班，原来的夜班倒早班。正倒班的形式如表 16 - 1 所示。

表 16 - 1

班次	第一周	第二周	第三周	第四周	第五周
早	甲	丙	乙	甲	丙
中	乙	甲	丙	乙	甲
夜	丙	乙	甲	丙	乙

从表 16 - 1 中可以看出，实行正倒班，工人在从夜班倒早班的时候需要打连勤，即连续工作 16 个小时，得不到休息。这当然是不利于工人健康的。

反倒班是甲、乙、丙三班工人都按早班、中班、夜班逆顺序倒班，即原来的中班倒早班，原来的早班倒夜班，原来的夜班倒中班。它的形式如表 16 - 2 所示。

表 16 - 2

班次	第一周	第二周	第三周	第四周	第五周
早	甲	乙	丙	甲	乙
中	乙	丙	甲	乙	丙
夜	丙	甲	乙	丙	甲

实行反倒班的方法，虽然解决了正倒班时工人打连勤的问题，但是，在采用这种倒班方法时，中班倒早班和夜班倒中班，两班工人之间只隔八小时，工人的休息也不是很充分的。

在生产的工艺特点允许生产有一定间歇的企业里，上述两种倒班方法都可以采用，但是，倒班的时间，应当尽量和公休日结合起来，以保证工人得到充分的休息。

在生产的工艺特点不允许生产活动中断的企业里，由于工人是轮流休息的，倒班的时间不可能和每个工人的轮休时间都结合在一起，所以采取反倒班的方法比较好。

其次，在实行多班制生产的时候，还必须正确地处理下面一些问题。

第一，为了保证生产的稳定增长，应当注意使各班人员的数量大致相等，在技术力量的搭配上，也要注意各班之间的平衡，避免把高级工都集中在一个班，使其余各班的力量相对削弱。

第二，要为各班生产准备充分的、同样的生产条件。特别是夜班生产，更要做好生产准备工作。

夜班生产一般是比较困难的。因为厂部、车间的职能部门实行单班制，在夜班生产中遇到问题，不像白天那样容易得到解决。正因为这样，工业企业必须特别注意加强对夜班生产的组织领导。除了要为夜班生产准备好各种条件以外，厂部、车间的生产行政指挥人员和有关的职能部门，必须有夜班的值班人员，以便及时处理生产中出现的问题。

第三，要建立严格的岗位责任制度。每一个班的成员之间，要有明确的分工、明确的职责。各班之间的职责也要划分清楚。各班完成的工作，应当分别验收、分别记录和考核。在各班之间，还要建立严格的交接班制度，加强各班之间的协作。

交接班制度，是工业企业责任制的一项重要内容。在交接班制度中，应当明确规定前一班工作结束和后一班工作开始之前，工人之间应当办理的交接班手续。接班工人必须仔细检查机器设备和工具的状况，检查和了解上班的生产情况和发生的各种问题，检查和评定上班工作的完成程度和质量，审查交接班日记，并且做出评定。如果在检查过程中发现上一班没有做好必要的准备工作，或者机器设备有毛病、生产情况不清楚等问题的时候，接班工人有权拒绝接班。交班工人必须协助做好接班工作。在交班时，交班工人要为下一班生产做好充分的准备工作，要向接班工人详细介绍本班的生产情况和问题，提出下班生产应当注意的事项。如果交班的准备工作还没有完成，交班工人有义务把它做好以后再交班。有的工业企业，为了严格地执行交接班制度，根据生产的特点，具体地规定了交接班的内容，明确确定"七交"和"七不接"的制度。

"七交"是：（1）交任务完成情况；（2）交质量要求和措施；（3）交设备运行情况；（4）交工具、设备、配件的数量及完好情况；（5）交安全设备及措施；（6）交为下班生产准备工作情况；（7）交上级指示及应注意事项。

"七不接"是：（1）任务不清不接；（2）质量要求和措施不明不接；（3）设备保养不好不接；（4）工具、设备、配件缺少或损失不接；（5）安全设备不正常，工作场所不整洁等不接；（6）原始记录资料不全、不准不接；（7）上班为下班准备工作做得不好不接。

这种办法，大大地激发了工人群众的责任感，通过群众性的互相帮助、互相监督、互相促进，有力地推动了交接班制度的贯彻执行，促进了生产的发展。

第四，要合理地组织工人轮休。在生产的工艺特点允许生产活动中断的企业，不但可以实行单班制，而且可以实行公休制度，即在休息日全部停止生产，工人一起休息。在生产的工艺特点不允许生产活动中断的企业，工人就不能同时休息，只能轮流休息。为了使工人在轮休的时候不耽误生产，在每个班里都要配备替休人员。由于工人的休息是一周一天，因此替休工人也应当按照六与一的比例来配备，即六个人能够进行的工作，应当配备七个人，这样，七个人中，每天都可以有一个工人轮休。如果有的班的人数不是六的倍数，就可以几个班合起来配备替休人员。

第三节　多机床管理的组织

多机床管理是一种先进的劳动组织形式。这种形式，在机械制造企业中通常称做多机床管理，在纺织企业中通常叫做多机台看管。名称虽有不同，意思是一样的，就是一名工人（或者一组工人）在进行生产的时候，同时看管几台机器设备。组织多机床管理，可以充分利用工人的工作时间，节约劳动力，提高劳动生产率。

怎样组织多机床管理呢？

由于机械制造企业的多机床管理具有代表性，也比较复杂，所以，下面我们以机械制造企业的情况为主说一说如何组织多机床管理的问题。

多机床管理，就是工人利用这一机床的机动时间，去完成另一机床的手动时间的工作。因此，组织多机床管理的一个前提条件，是每台机床的机动时间，大于或者等于工人看管其他机床手动时间之和。属于手动时间的有：完成该道工序的机手并动时间；基本的和辅助的手动时间；工人由一台机床走到另一台机床的行路时间，以及工人巡视机床自动工作所消耗的时间，等等。机床的机动时间越长，手动时间越短，工人能够看管的机床台数就越多；反之，就越少。

组织多机床看管，大体有以下四种情况。

（1）工人看管的是同一种机床，加工的是同一种零件，每台机床加工零件所需要的机动时间和手动时间相等。图 16－1 是一个例子。

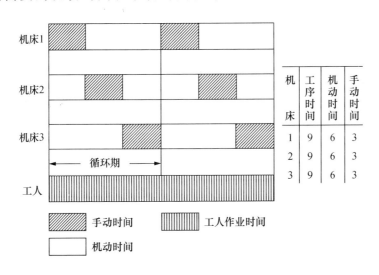

图 16－1

在这种情况下，可用以下的公式计算看管定额，确定每个工人所看管的机床台数：

$$看管机床台数 \leqslant \frac{机床的机动时间}{机床的手动时间} + 1$$

当计算出来是整数的时候，工人的工作时间和机床的运转时间，都能得到充分利用，因而最为理想。如果不是整数，那么无论是取舍小数，都会发生机床停歇或者工人空闲的时间，因而不能充分利用机器设备和工人的生产时间。如果需要机床停歇，还必须有自动停车装置。

（2）工人看管的是同一种机床，但加工的不是同一种零件，每台机床加工零件所需要的工序时间相等，但是，机动时间和手动时间不相等。在这种情况下，往往容易产生工人工作负荷不充分的现象（见图16-2）。

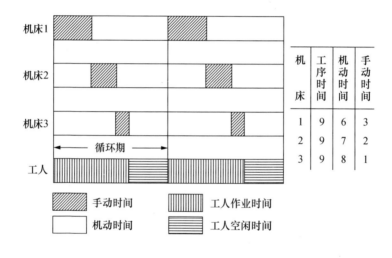

图 16-2

（3）工人看管的不是同一种机床，加工的也不是同一种零件，而零件的工序时间成倍数关系。在这种情况下，工人的负荷往往也不充分，如图16-3所示。

（4）工人看管的不是同一种机床，加工的也不是同一种零件，零件的工序时间也不成倍数关系。在这种情况下，机器设备和工人的负荷都不充实，如图16-4所示。

在上述第二、三、四种情况下，工人看管机器设备的台数，就不能用第一种情况中所用的计算公式来直接确定，而要编制多机床看管指示图表（见图 16－2、图 16－3 和图 16－4），计算工人负荷系数和设备负荷系数，根据多机床管理的经济效果来确定。

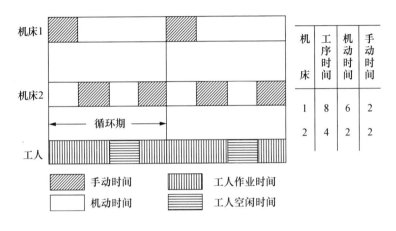

图 16－3

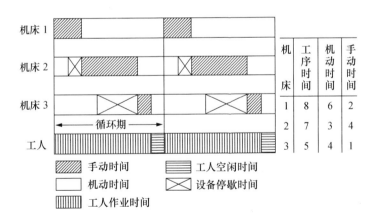

图 16－4

　　工人的负荷系数，是用来研究在多机床管理的条件下，工人的工作量是否充实的指标。它等于在看管循环期内，工人在各台机床上手动时间的总和同看管循环期之比。如果系数等于 1，说明工人的负荷是充实的；如果系数小于1，就说明工时利用的潜力还没有充分发挥出来。

设备负荷系数，是用来研究在多机床管理的条件下；设备利用是否充分的指标。它等于工人在看管循环期内，在全部机床上的手动时间和机动时间之和，同看管循环期和机床台数乘积之比。

多机床管理，从工人的人数看，也有多种多样的形式，主要有以下三种：

（1）一个工人同时看管几台机床。

（2）几个工人或者一组工人分工协作，同时看管几台机床。这种形式是在第一种形式的基础上发展起来的。例如，一人看管两台，时间有余，一人看管三台，时间又不足，这时，就可以组织两人管五台，或者三人看管八台。

（3）按流水生产线进行多机床管理。这种形式，是由多种设备、不同工种工人组织起来的。它的主要特点，是以生产线为基础，按工艺过程管理整个生产线的设备，也可以按生产岗位分段管理。

工业企业在组织多机床管理的时候，除了要正确地确定工人的人数和看管机床的台数以外，还要合理地设计工人的巡回路线，使巡回路线最短。特别是在纺织工业企业中，由于一个纺织工人要看管十几台、几十台纺纱机或者织布机，所以正确地设计看管巡回路线，就更是一个重要问题。

在纺织工业企业里，普遍采用的巡回路线有：直回式、圆回式和弯绕式等。

直回式是工人沿着机器的一侧往返行走。这种形式只适合于看管单面机器，如络纱工等。直回式的形式如图 16－5 所示。

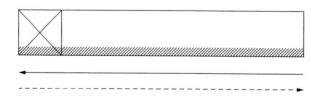

图 16－5

圆回式是工人围绕着机器循环行走，可以照顾机器的两侧。这种形式适合于看管单面机器或双面机器，如细纱工等。

圆回式又区分为单面巡回和双面巡回两种。所谓单面巡回，就是在巡回中只照顾机器的一面，而在第二次巡回中再照顾机器的另一面。这样可以避免两面照顾，减轻工人劳动强度，但巡回路线比较长。它的形式如图16－6所示。

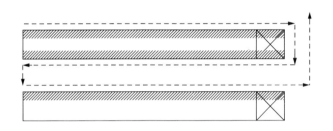

图 16－6

所谓双面巡回，是工人在巡回中同时照顾左右两面，这种方式的巡回路线比较短，但工人的劳动强度比较大。它的形式如图16－7所示。

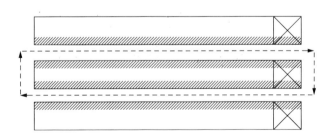

图 16－7

弯绕式巡回路线，适用于看管两排以上的机器，路线曲折，转弯多，例如，看管织布机、梳棉机的巡回路线就是这样。采用这种巡回路线，通常总是照顾车前多一些，照顾车后少一些。例如，图16－8所表示的，就是车前看管两次，车后看管一次，这就是2：1的巡回路线。此外，还有

1:1,或者4:1 的，这要根据织物的质量要求来确定，通常是对质量要求越严格，则车前巡回次数越多，车后巡回次数越少。

弯绕式巡回路线如图 16 – 8 所示（织布工看管八台普通织布机 2:1 的巡回路线）。

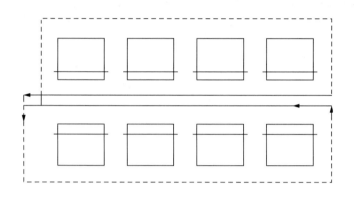

图中，实线表示在车前，虚线表示在车后。

图 16 – 8

巡回路线不是一成不变的，随着生产条件的变化，它也要相应地调整。

从上面的分析中可以看出，组织多机床管理，是一项非常复杂的工作。工业企业为了组织好多机床管理，并且尽量扩大看管的数量，就必须采取措施，尽可能使机床的机动时间和手动时间能够集中，并且尽量缩短机床的手动时间，只有这样，才能在充分利用设备的前提下，使工人看管更多的机床，同时避免使工人过于紧张和疲劳。

第四节　社会主义的劳动纪律

劳动纪律，是组织集体劳动所不可少的条件。凡是有集体劳动的地方，都必须有劳动纪律。否则，人们的集体劳动就无法进行。特别是分工细致、协作复杂的现代工业生产，如果没有人们必须共同遵守的劳动纪律，企业的生产，就无法进行。

各种不同的社会形态，都有自己不同的劳动纪律。劳动纪律的性质，是由生产资料所有制的性质决定的。在人剥削人的私有制社会，劳动纪律是生产资料占有者剥削和压榨劳动人民，强制他们为自己进行劳动的工具。这种劳动纪律和劳动人民的利益是对抗的，是不可调和的。在社会主义制度下，建立了生产资料公有制，这就决定了社会主义的劳动纪律，同奴隶社会、封建社会以及同资本主义社会的劳动纪律，都存在着本质的区别。在这里，劳动纪律不再是剥削和压迫劳动人民的手段，也不再是强制劳动人民为剥削者劳动的工具，而是广大职工群众为社会、为自己进行创造性劳动所自觉遵守的纪律。正像列宁在《伟大的创举》一文中曾经说过的："农奴制的社会劳动组织靠棍棒纪律来维持，劳动群众极端愚昧，备受压抑，横遭一小撮地主的掠夺和侮辱。资本主义的社会劳动组织靠饥饿纪律来维持，在最先进最文明最民主的共和国内，尽管资产阶级文化和资产阶级民主有很大的进步，但极大多数的劳动群众仍旧是一群愚昧无知的雇佣奴隶或受压迫的农民，备遭一小撮资本家的掠夺和侮辱。共产主义（其第一步为社会主义）的社会劳动组织则靠推翻了地主资本家压迫的劳动群众本身自由的自觉的纪律来维持，而且愈往前去就愈要靠这种纪律来维持。"[1]

在不断提高职工群众革命自觉性的基础上，巩固社会主义的劳动纪律，是工业企业劳动组织的一项重要任务。社会主义工业企业的劳动纪律，要求企业全体职工，以主人翁态度积极地进行劳动，出色地完成自己的任务，按质、按量、按时地实现国家的生产计划，严格地遵守计划纪律、技术和工艺纪律、财务纪律以及各种工作制度；要求每个职工，在工作中严守职责，听从指挥，服从调度。只有这样，有着复杂的分工协作关系的工业生产，才能够协调地进行；才能够把广大职工的生产积极性，高度地组织起来，有效地利用工时，不断地提高劳动生产率。

在社会主义工业企业里，广大职工群众有着高度的革命精神，有着高度的组织性和纪律性。这是加强社会主义劳动纪律的根本条件。但是，也

---

[1]　列宁：《伟大的创举》，《列宁选集》第四卷，人民出版社1972年版，第9页。

要看到，社会主义是从资本主义脱胎出来的，在社会主义社会，还存在着阶级和阶级斗争。在工人阶级的队伍中，还会不断产生蜕化变质分子，在全民所有制的国营企业中，还会不断产生新的资产阶级分子和贪污盗窃分子。在整个社会主义阶段，社会上存在着资产阶级思想和小资产阶级的自发势力，还时刻在影响着职工队伍；随着社会主义建设的迅速发展，我国工人阶级的队伍发展很快，许多非无产阶级的成分不断地加入到职工队伍中来，他们缺乏严酷的阶级斗争和大机器生产的锻炼，头脑里还保留不少旧的思想、旧的意识和旧的习惯。因此，在社会主义工业企业里，加强劳动纪律的教育，也就是不断地提高工人阶级的革命组织性和纪律性，教育广大职工抵制和克服资产阶级思想影响的一个重要方面。它不仅有重大的经济意义，而且有重大的政治意义。

在社会主义工业企业中，怎么样才能够建立起广大职工群众自觉遵守的劳动纪律呢？

社会主义的劳动纪律，是依靠广大群众来建立、执行的。职工是否能够模范地遵守劳动纪律，主要决定于他们的思想政治觉悟程度。因此，劳动纪律教育必须同阶级教育、社会主义教育结合起来进行，使广大职工群众明确自己当家做主的政治责任，认识个人和集体、自由和纪律的关系，了解当前的阶级斗争形势，树立敢于和坏人坏事作斗争的美德。只有在广大职工群众提高革命觉悟的基础上，在日常生产活动中，相互帮助、相互督促，才能更好地加强社会主义的劳动纪律。

为了加强社会主义的劳动纪律，对于一贯遵守劳动纪律的职工，要给予表扬和奖励，以便在广大职工中树立榜样。对于极少数玩忽职守、破坏劳动纪律，给国家造成严重损失的分子，必须给予必要的纪律制裁。不这样做，就不可能惩前毖后，治病救人，也不可能巩固社会主义的劳动纪律。

对破坏劳动纪律的人，给予必要的制裁，一方面是为了告诫本人，另一方面是为了教育全体职工。因此，要坚持说服教育的原则，防止简单粗暴的做法。不能认为，处分一下就了事，而要通过执行纪律，通过具体的人、具体的事，向全体职工进行劳动纪律教育，使广大职工和受处分者，都能够提高认识，自觉地遵守劳动纪律。

第十七章
社会主义工业企业的劳动保护

劳动保护，是社会主义工业企业管理，特别是劳动管理的一项非常重要的内容。它是一个关系着广大职工群众身体健康和生命安全的重要问题，也是一个关系着工业企业劳动生产率能不能迅速提高的重要问题。在这一章里，分下面的三节来讨论这个问题：

一、工业企业劳动保护工作的意义；

二、工业企业劳动保护工作的内容；

三、工业企业劳动保护工作的组织。

第一节　工业企业劳动保护工作的意义

社会主义工业企业的劳动保护工作，是为了在生产过程中保护职工的健康和安全，预防和消除职业中毒、职业病和伤亡事故而进行的一系列的技术工作和组织工作。在工业企业里做好这方面的工作，有着十分重要的意义。

一　做好劳动保护工作，是实现安全生产，使生产顺利进行的重要保证

在本书第二章里曾经说过，保证安全生产，是工业企业管理工作的一项重要任务。实现这一任务，是保证企业生产顺利进行和稳定上升的前提条件。如果不能保证生产的安全，在生产当中事故很多，就会使设备、建筑物损坏，工人伤亡，挫伤职工的生产情绪，使生产无法顺利地进行，甚至会引起生产的中断。

工业企业实现安全生产，需要从许多方面做好工作。劳动保护工作，是其中一个很重要的方面，做好劳动保护工作同实现企业的安全生产，有着极为直接和密切的关系。

这是因为，实现安全生产的最基本的条件，就是要保证人和机器设备在生产中的安全。我们知道，人，是生产的决定的因素；机器设备，是主要的生产手段。如果没有人和机器设备的安全，生产就不可能顺利地进行，就不会有安全生产。特别是人的安全，对于生产的顺利进行更为重要。如果不能够保证人的安全，机器设备的作用也无法发挥，生产也就不可能顺利地、安全地进行。而工业企业的劳动保护工作，正是职工群众在生产过程中安全和健康的重要保证。因此，做好劳动保护工作，对于保证实现安全生产，有着很重要、很直接的作用。

谈到保证实现安全生产，需要说一说究竟什么是安全生产。

安全生产，是一个完整的概念。它的基本含义，是生产必须安全、安全为了生产。这两个方面是不可分割的。离开了安全，就不能正常地进行生产；离开了生产去讲安全，也没有任何实际意义。安全和生产的统一，是我们党和国家在领导生产建设事业的过程中，一贯坚持的方针。

但是，在实际工作中，并不是所有的人都能够正确地认识安全同生产的关系，往往有些人对于安全生产做片面的理解。比如有的人只承认安全为了生产，不承认生产必须安全。在他们看来，工业企业的任务是生产，只要完成生产任务就好，至于安全不安全，可以摆在次要的地位。这种观点，是十分错误的，是不关心群众疾苦的一种表现。他们不了解，这样做，是同工业企业的社会主义性质不相容的。而且，由于忽视劳动保护工作，不注意生产的安全，不关心职工的健康，将会妨碍群众积极性的发挥，不能保证生产的正常进行。也有的人持有相反的观点，只承认生产必须安全，不承认安全为了生产。持这种看法的人，在工作中往往对劳动保护工作提出过高的、脱离实际的要求。他们只考虑安全，不考虑或者很少考虑生产的效果。这种观点也是片面的，它对生产的发展，也会发生不良的作用。

上述只顾生产不顾安全和只顾安全不顾生产的观点，都是片面的。我们应当注意防止和纠正这些片面观点。应当坚决贯彻执行安全生产的方针，根据国家的有关规定，从企业实际情况和具体条件出发，加强劳动保护工作，做到既抓生产又抓安全，保证生产安全地、顺利地进行。

二　劳动保护工作，是党和国家对于劳动人民深切关怀的一种表现，做好这项工作，对于调动群众的积极性，具有重要的作用

任何物质资料的生产过程，都是人同自然作斗争的过程，是人们有目的、有计划地改造自然的过程。在生产斗争中，不安全的因素是客观存在着的。这是因为，在生产中，一方面，劳动者要运用人类的智慧和经验，根据对于自然界发展规律的认识，来改造自然，生产出各种各样的物质资料；另一方面，自然界又按照它自己的发展规律，对于劳动者的生产活动施加种种影响和反作用力。因此，只有当劳动者认识和掌握了自然界发展的客观规律，并且能动地适应着这种规律进行生产活动的时候，生产才能够安全地顺利地进行。然而，人们对于自然规律总是要逐步地认识和逐步地掌握的，并且旧的问题解决了，新的问题还会不断地产生，需要人们不断地认识和掌握。甚至有些时候，人们已经认识了某些规律，看到了它的影响，但一时还找不到经济而有效的方法来加以控制和掌握。这就使得在生产斗争中，存在着这样或者那样的不安全因素。这些不安全因素的存在，影响和威胁着劳动者的安全和健康。

生产中不安全的因素是多种的。除了人们对自然界发展规律的认识程度以外，阶级敌人利用我们的麻痹大意进行破坏，少数职工的失职，某些领导的官僚主义，等等，都是破坏安全生产的直接的、间接的原因。这些生产中的不安全因素，通过人们的主观努力，是可以控制的，是可以防止其发生作用的。在生产中，同各种不安全因素作斗争，保护劳动者的安全和健康，这是既关系着劳动者的切身利益，又关系着社会主义国家建设事业的大事，是工业企业时刻不能放松的一项重要工作。

但是，在旧社会，劳动人民处在无权的地位。他们的切身利益根本得不到剥削阶级的关怀。在资本主义制度下，劳动者连最起码的生存的权利、劳动的权利都没有保障，哪里还谈得上什么劳动保护的权利！这种状况，是资本主义生产的目的所决定的，是资本主义社会制度所决定的。

我们知道资本主义生产的目的，是为了保证资产阶级的最大限度的利润。劳动者的安全和健康，在资本家的心目中是毫无地位的。正像马克思所说：资本主义生产对已经实现并物质化在商品中的劳动，本来是异常节约的。可是，对于人，对于活的劳动，资本主义生产却比任何别的一种生产方式都更浪费得多。并且不仅浪费血和肉，而且也浪费神经和脑髓①。

只有在社会主义社会，劳动者的切身利益才受到真正的关怀。在这里，党和国家深切关怀着职工的安全和健康，劳动保护才真正成了工业企业经常进行的一项重要工作。

我们是马克思主义者，在我们看来，人是最宝贵的财富，是生产的决定性的因素。如果没有人，任何物质资料的生产，都是无法进行的。在生产中保护劳动者的安全和健康，是我们一贯坚持的政策。新中国成立以来，国家制定了一系列的劳动保护法规，培养了大批的劳动保护工作干部，拨付了大量的劳动保护专款。各个工业企业，也为改善劳动条件，保护劳动者的安全和健康，做了许多深入细致的工作，取得了很大的成就。

第二节　工业企业劳动保护工作的内容

在第一节里曾经说过，劳动保护是实现安全生产的重要保证，是为了在生产过程中保障职工的健康和安全而进行的一系列的工作。这些工作究竟包括哪些内容呢？

劳动保护的具体内容，概括地说，包括安全技术、工业卫生和劳动保护制度三个方面。下面，分别说一说这三个方面的问题。

一　安全技术

安全技术，是在生产过程中，为了防止和消除伤亡事故，保障职工安

---

① 马克思：《资本论》第三卷，人民出版社1953年版，第78页。

全和减轻繁重的体力劳动而采取的各种措施的总和。

我们知道，现代工业的生产，是工人运用现代化的机器设备和动力来进行的。这些设备和动力，大都具有速度高、温度高、压力大等特点。它们虽然能够减轻工人的劳动强度，提高劳动生产率，可是，如果人们对于这些机器设备和动力的运行规律和特点认识不够，运用不当，也会发生事故，损坏设备，伤害工人。

不仅设备和动力是这样，在现代工业企业里，不同产品的工艺过程、劳动对象、生产操作方法和生产的外界条件，等等，也都各有不同的特点，如果不认识和掌握这些特点，往往也会引起突然的事故，威胁工人的安全。

因此，任何工业企业，在任何时候，都要注意安全，都要从企业的生产特点出发，根据生产各个环节的需要，采取各种措施，保证生产安全。这些，正是安全技术所要解决的问题。

不同行业的工业企业，所要经常注意解决的安全技术问题，是不相同的。比如说，机械工业企业和其他加工装配企业，使用的机器设备、电气设备、动力锅炉等生产手段比较多，所以需要特别注意这方面的安全技术问题；煤炭工业企业和其他采掘工业企业，特别是那些在地下进行生产的矿井，在生产过程中，容易有片帮、冒顶、瓦斯爆炸、跑车等危险，因此，需要加强这些方面的防护措施。其他工业企业，也各有不同特点，例如，化工、冶炼企业，高温的特点比较突出，需要更加注意防止爆炸和燃烧的危险；在高空作业较多的企业，需要加强防止跌伤的保护措施，等等。

这里，不可能全部列举出不同工业企业安全技术措施的具体内容，只能以下面一些比较突出、比较有普遍意义的问题作为例子，来说一说安全技术措施的具体内容。

（一）机器设备的安全

机器设备，是每一个现代工业企业经常和大量使用的生产手段。每个企业，都要加强这方面的安全技术工作，避免在使用设备的过程中，发生事故，伤害工人。比如说，凡是暴露在机器外部的传动带、齿轮、飞轮等危险部分，都要安装保护装置；锻压设备的施压部分，要有安全装置；机器的转动摩擦部分，要有自动加油装置和冷却装置，等等。同时，还要加强机器设备的维修，制定和贯彻执行安全操作规程，交接班责任制，等等，以切实保证机器设备的安全。

（二）电气设备的安全

电气设备，不但大量用于电力工业企业，并且在其他各工业部门的企业里，也普遍采用。所以，每个企业都需要注意电气设备的安全，防止火灾和触电事故。电气设备，要有可熔保险器和自动开关；电动工具在使用前必须采取保护性接地措施，必须有良好的绝缘；高压线路经过的地方，必须有安全设施和警告标志，等等。电工在进行操作的时候，要严格遵守安全操作规程，防止人身触电伤亡事故的发生。

（三）动力锅炉的安全

许多工业企业使用的蒸汽动力，都是由各种型号的工业锅炉供应的。这些锅炉的工作压力，一般都比较高，如果不注意安全，一旦发生爆炸，会使工人生命安全受到严重威胁。因此，使用动力锅炉的企业，在运行过程中，要采取一系列的安全措施，防止爆炸事故。例如，每个锅炉都要装有准确有效的压力表、水位表和安全阀；要有一定的保养、检修和水压试验的制度；要采取硬水软化的措施，防止水垢的产生和加强水垢的清除工作，避免水垢大量积存；运行人员要经过专门训练和严守安全操作规程，等等。这样，才能有效防止爆炸事故的发生。

（四）井下作业的安全

井下作业的安全，也是一项比较突出的安全技术问题。为了防止事故，保证安全，在井下作业当中，有许多环节的安全措施，是需要特别注意的。例如，在顶板管理方面，要根据矿井条件，采取有效的顶板管理方法，在工作面作业的时候，要按照规定进行敲帮问顶、架设支架，防止片帮、冒顶；在瓦斯的控制方面，要改善井巷的通风，根据矿井的具体条件，设置风门、风墙、风帘、风管等设备，有效地控制风流，每班都要用瓦斯检定灯或者检定器检查瓦斯含量，工作面空气中的瓦斯含量达到不安全的程度的时候，要撤出人员，改善通风；在升降设备的使用方面，要装设安全卡、过速限制器、过卷扬限制器等保险装置，斜井要有防止跑车的保险装置，在井口要有挡车装置，提升用的钢索，要有比较高的安全系数，并且每天都要以0.3米/秒的比较缓慢的速度进行详细的检查，等等。

(五) 厂房建筑物的安全

任何工业企业，都有一定数量的厂房建筑物，保证厂房建筑物的安全，也是安全技术的一个重要的方面。从安全技术的角度来说，对于厂房建筑物的最一般的要求，是具有坚固性，特别是那些装设天车的厂房和那些装有重型机械、锻锤等设备的厂房，更要特别坚固。也有一些厂房，不但要求坚固，而且要求有比较好的防火性能，例如，化工、冶炼工业企业的厂房，在这方面就有比较高的要求。还有一些厂房，要求有人为的"薄弱性"，这也是保证安全所必需的，例如，动力锅炉房或者其他有爆炸危险的厂房，它们的屋顶，一般要求比较轻便和容易突破，这样做是为了在一旦发生爆炸的时候，使气浪冲向天空疏散，减少四周的危险。

除了上面列举的几个方面的安全技术措施以外，还有许多需要结合每个企业的特点，注意采取的安全技术措施。例如，冶炼生产中容易发生烧伤；起重和运输设备使用过程中容易发生砸伤、碰伤和轧伤，等等，都需要相应地采取安全技术措施。某些生产环节，由于过于繁重的体力劳动比较多，也容易引起工人体力的过度消耗和某些工伤事故，因此，也需要结合技术革新，采取一系列减轻繁重体力劳动的安全技术措施。对于这些方面的具体措施，这里就不做详细讨论了。

二　工业卫生

工业卫生，是在生产过程中，为了改善劳动条件，保护职工的健康，防止和消除高温、粉尘、噪声、有毒气体和其他有害因素对于职工健康的威胁而采取的措施的总和。

前面说的安全技术，主要是解决如何防止和消除突然事故对于职工安全的威胁的问题。我们知道，在生产过程中，威胁职工安全的，不仅仅是突然的事故，而且，有许多逐渐地缓慢地起作用的有害因素，也同样对职工的健康有着严重的威胁。例如，长期在有害健康的工作环境和劳动条件下工作，会给劳动者带来许多慢性病。这些慢性病，一般是在比较长时期的影响下形成的，并且要在若干年以后才能发现，比如，各种肺病、慢性风湿病、眼病和其他慢性病，都是逐渐形成的。因此，为了防止和消除各种有害因素对于人体的不良影响，也需要在这些方面采取一定的防护措施。这正是工业卫生所要解决的问题。

同安全技术一样，工业卫生方面的具体措施，也随着各个行业生产特点的差别，而有所不同。例如，采矿工业企业粉尘的危害比较多，化工工业企业的有害气体比较多，冶金工业企业高温的危害比较多，等等。这就需要各个工业企业适应自己的生产特点，采取相应的措施。这里，同样只能是通过一些例子，来说一说工业卫生方面的措施内容。

（一）防止粉尘的危害

许多工业产品的生产，都以石英石和其他含游离二氧化硅的物质为劳动对象，例如，矿产开采、玻璃制品、耐火材料、砂轮制造、陶瓷、搪瓷、电瓷、选矿、机械制造的翻砂和喷砂，等等。在上述这些产品的生产过程中，容易产生含游离二氧化硅的粉尘在空气中飞扬，如果工人长期吸入这些粉尘，就会形成硅肺病。在煤炭开采过程中的煤尘，纺织产品生产过程中的飞花，也同样对工人肺部健康有很大的危害。防止粉尘对职工的危害，是工业卫生工作的一个很重要的方面。党和国家非常重视这方面的工作，国务院早在1956年就颁布了《关于防止厂、矿企业中硅尘危害的决定》，劳动部和其他有关部门也先后相应地颁布了贯彻执行这个决定的具体办法。这些规定，要求各个厂、矿企业根据实际条件，采取各种防尘措施，例如，石英粉和含硅矿石粉的生产，要尽量采用湿磨或者实现生产设备的密闭化，并增加吸尘、滤尘和通风设备；采矿企业应当采取湿式凿岩和机械通风；在产生含游离二氧化硅粉尘的破碎、运输、过筛、混料、投料等生产过程中，尽可能以机械来代替人力进行操作，等等。通过这些措施，来减少空气中粉尘的含量。同时，还要定期对接触硅尘的工人进行肺部检查，对硅肺病患者组织治疗和休养，等等。

（二）防止有害气体和液体的危害

在某些产品的生产过程中，会产生大量的有害气体和液体。这些有害的气体和液体，如果吸入工人体内或者接触工人的皮肤，常常引起中毒，损害工人的健康。例如，以汽油作为溶剂的制造橡胶制品的工业企业，容易产生汽油中毒事故；使用沥青和沥青制品的工业企业，容易发生沥青中毒事故；在印染、化工、医药工业企业里，会产生大量有害气体和液体，影响着工人的健康，等等。上述各种企业，都要采取相应的防护措施，加强排气、通风工作；严格各种保护用品的使用制度；对于废气、废液要在厂内尽量综合利用或者进行净化处理，避免毒气和毒液排入空气和河流中，损害附近居民的健康。

（三）防止噪声和强光的刺激

在工业生产的许多环节，会产生强烈的噪声、强光等不正常的刺激因素，例如，铆接、锻压和使用风镐的作业，以及电焊、冶炼等作业，所产生的噪声和强光，对于工人的听觉和视觉器官，都有不良的影响。在进行这些作业的时候，应当尽量采用消音防震的措施和使用保护工人耳鼓和眼睛的防护用品。

（四）防止中暑和受冻

为了保护工人的健康，工作场所应当保持一定的温度，过冷或者过热，对职工的健康都有不良影响。因此，在工作场所温度过高和过低的时候，需要采取降温和取暖措施，防止工人中暑或受冻。凡是高温作业的生产环节，在夏天更应当采取降温措施，并且给工人供应盐汽水和清凉饮料。在寒冷地区，凡是露天作业的生产环节，冬天应当有取暖设备和休息场所。

（五）工作环境的清洁卫生和合理照明

工人长年累月地从事生产劳动的工作场所，需要有整洁卫生的环境，有合理的照明，这样才不致妨碍工人的工作，有助于保护工人的健康。这就要求，工作场所的机器设备要排列整齐、揩擦干净，原料、材料、半成品和成品要堆放整齐，废料和垃圾要及时清理，天花板和墙壁的颜色要协调，要保证工作场地通风良好、空气新鲜，厂房内要充分利用自然采光，工作地点的局部照明要合理，既不过暗又不刺目。

三　劳动保护制度

这里所说的劳动保护制度，是指同保护劳动者的安全和健康有关的一些制度。

我们知道，工人的安全和健康，不仅仅同安全技术方面的问题以及工业卫生方面的问题有关，并且也同劳动保护制度有关。如果劳动保护制度不健全，同样会引起工人过度疲劳，损害工人健康和导致伤亡事故。因此，建立和执行正确的劳动保护制度，是劳动保护的一个重要内容。

解放以来，党和国家颁布了一系列的保护劳动的法规和制度，采取了一系列的保护劳动的重大措施。例如，新中国成立不久，很快地解决了旧社会长期遗留下来的失业问题，使劳动者充分地就业，保障了人民的劳动权。广义地说，这也是一种劳动保护，并且是一种最为重要的劳动保护。与此同时，为了保障劳动者在劳动过程中的安全和健康，国家在总结有关方面的经验的基础上，以法律的形式，颁布了一系列的劳动保护法规，例如，《工厂安全卫生规程》、《工人职员伤亡事故报告规程》、《煤矿安全生产的几项暂行规定》、《关于防止厂、矿企业中硅尘危害的决定》，以及防止沥青、汽油中毒的办法、锅炉运行应注意事项，等等。这些劳动保护法规，是有关工业企业都必须贯彻执行的。

工业企业在贯彻执行国家规定的劳动保护法规的过程中，要因地制宜地结合本企业的具体情况，规定相应的规章制度。这些规章制度种类很多，在不同的企业里，是各不相同的。概括地说，这些规章制度通常是由两方面的内容组成的：一方面，是属于生产行政管理的制度，例如，安全生产责任制度、安全教育制度、安全生产的监督检查制度、工伤事故的调查报告分析处理制度，以及保证实现劳逸结合的各种轮班制度、加班加点审批制度，等等；另一方面，是属于生产技术管理的制度，例如，设备的维护检修制度和安全操作规程，等等。至于这些规章制度的具体内容，这里就不做详细的讨论了。

上述三个方面的措施和制度，构成劳动保护的基本内容。这些内容，是紧密地联系在一起的。比如说，在安全技术和工业卫生方面，也有许多规程和制度，这些制度，也是保护劳动的制度；工业卫生方面的措施，虽然一般是防止职业病，保障职工健康的，但是它也具有防止突然的伤亡事故的作用。因此，这些方面的工作，是必须结合起来进行的。

第三节　工业企业劳动保护工作的组织

工业企业的劳动保护工作，是一项需要有专门的人员和部门经常进行的重要的工作。在工业企业里，这方面的具体工作，是由安全技术科负责组织的。

前面说过，劳动保护所包括的三个方面的内容，是难以截然分开的。所以，这里在谈劳动保护的组织工作的时候，也只能就几个主要问题，做一些综合性的讨论。

一　编制和组织实现安全技术劳动保护措施计划

安全技术劳动保护措施计划，是有计划地逐步改善劳动条件，保证实现安全生产的重要工具。做好这项计划工作，可以使工业企业的劳动保护，适应生产发展的需要，从而建立起安全、良好的劳动条件，保证安全生产和劳动生产率的提高。

工业企业安全技术劳动保护措施计划的编制和执行，由厂长（或者总工程师），车间主任、小组长在所辖的范围内负全责。这个计划，是工业企业生产技术财务计划的有机组成部分，是工业企业技术组织措施计划的一个方面的内容。它的编制工作，和生产技术财务计划同时进行，编制的体制和程序，也和生产技术财务计划相同。在编制安全技术劳动保护措施计划的时候，要注意同基层工会联系，听取他们的意见。要抓住实现安全生产的关键问题，分出轻重缓急，首先解决那些迫切需要解决的问题。同时，还要全面考虑需要和可能，坚持花钱少和效果大的原则。

在编制安全技术劳动保护措施计划的时候，应当结合企业具体情况，更好地贯彻执行党和国家的方针政策。为此，要很好地学习国家颁布的劳动保护法规和各种办法、标准、指示；要分析上年度计划执行的情况，工伤事故、职业病和职业中毒发生的原因和应当采取的预防措施；安全卫生检查发现而尚未解决的问题；还要研究计划年度生产发展对于安全生产和劳动保护组织工作的要求；同时，还要学习国内外企业实现安全生产的先进经验。在做好以上工作的基础上，提出措施项目，分出轻重缓急，进行排队，再根据各方面的条件，初步确定计划年度的措施项目。

这个计划的项目，按其内容，可以分为如下五类：

（1）安全技术：以防止工伤为目的的一切措施，如防护装置、保险装置、信号装置等；

（2）工业卫生：以改善有害职工身体健康的生产环境，防止职业病和职业中毒为目的的一切措施，如通风、降温、排尘等；

（3）辅助房屋及设施：有关保证工业卫生方面所必需的房屋及一切措施，如淋浴室、更衣室、消毒室等；

（4）安全生产教育：安全技术教材、图书仪器、安全技术训练班、安全展览会等所属的措施；

（5）其他。

这个计划在编制的过程中，要发动群众进行讨论。经上级批准下达后，要向群众公布，组织群众讨论，提合理化建议，开展技术革新，以保证计划的实现。

为了保证措施计划的实现，各项措施，都要有专人负责，规定实现的期限，按季进行检查。

二　进行伤亡事故的统计和分析工作

工业企业安全技术劳动保护措施计划工作，是在分析和研究伤亡事故发生的情况和原因的基础上进行的。

企业职工发生伤亡，大体上可以分为因工伤亡和非因工伤亡两类。因工伤亡，是指生产和工作中发生的伤亡。一般地说，只要职工是为了生产和工作而发生的事故，或者虽然不在生产和工作岗位上，但是由于企业设备或者劳动条件不良而引起的伤亡，都应当算做因工伤亡。我们这里所说的对伤亡事故的分析，就是指对因工伤亡的分析。只有对于过去发生的伤亡事故做深入的分析，才能够更好地总结经验教训，采取措施，有效地防止伤亡事故的继续发生。

伤亡事故发生的原因是多方面的。就生产管理方面的原因来说，大体有以下几点：（1）防护、保险、信号等装置缺乏或者有缺陷；（2）设备、工具、附件有缺陷；（3）个人劳动保护用品缺乏或者有缺陷；（4）光线不足；（5）工作地点及通道情况不良；（6）没有安全操作规程制度或者不健全；（7）劳动组织不合理；（8）对现场工作缺乏检查或者指导有错误；（9）设计有缺陷；（10）不懂操作技术和知识；（11）违反操作规程或者劳动纪律；（12）其他。

每次遇有伤亡事故，都要按上述分类查明原因，并提出预防事故重复发生的措施。

为了使劳动部门和其他有关部门及时了解和研究各企业伤亡事故的情况，为了便于企业及时地分析和研究伤亡事故产生的原因，以便采取消除伤亡事故的措施，各个企业需要进行伤亡事故的统计工作。国务院在1956年曾经颁布了《工人职员伤亡事故报告规程》，按照这个规程的要求，劳动部和国家统计局颁发了一套伤亡事故的统计报表。并且规定，凡遇伤亡事故，企业或者车间都必须填写"伤亡事故登记表"作为原始资料保存，其中如有死亡或者重伤，还须另外填写"职工死亡、重伤调查报告书"报送上级行政主管部门和当地劳动部门。工业企业每月要填写"职工伤亡月报表"，报当地劳动部门、企业行政主管部门和其他有关单位。进行这些统计报告工作，一方面，能够及时掌握情况；另一方面，也能够督促企业认真进行伤亡事故的分析研究工作，有效地采取安全技术措施，防止事故的发生。

三　进行安全生产教育

安全生产教育，是帮助职工群众正确地认识和掌握自然规律，提高他们的生产知识和技术水平，加强革命警惕性，保证实现安全生产的重要工作。

安全生产教育的主要内容，是进行生产技术知识教育和遵守安全生产规章制度的教育。安全生产教育工作，应当经常地、普遍地对所有的职工进行。但是，对于新工人、调换新的工作岗位的工人、特殊危险工种的工人，以及参加劳动的干部，参加劳动或者实习的学生，更应当特别注意加强这方面的教育工作。上述这几类人员，都比较容易发生事故，如果不向这些人做好安全教育工作，就会形成漏洞，造成人身和设备事故，妨碍生产的正常进行。

工业企业在进行安全生产教育工作的时候，除了要对职工群众讲解一般的生产和安全常识以外，还要针对不同工种、不同岗位的工人，进行专业的安全生产的技术知识教育。要注意理论和实践相结合，使他们懂得怎样操作是安全的，怎样操作是危险的。企业中的各种安全技术规程和有关规章制度，都是安全生产教育的主要教材。新工人学习了安全技术规程和有关规章制度，经过考试合格以后，才能进入操作岗位。除此以外，更重要的，还要对职工进行提高革命警惕性的教育，防止阶级敌人的破坏活动。

工业企业在进行安全生产教育的时候，还要运用好的和坏的典型，进行活的教育。对那些经常注意安全，长期不出事故的小组和个人，要总结经验，及时进行表扬和推广；对一贯不注意安全的小组和个人，要进行批评。如果发生了事故，一定要严肃地处理，发动群众总结经验教训，使它起到教育群众的作用，把坏事变成好事。

四　正确地使用和管理个人劳动防护用品

为了保障职工在生产中的健康和安全，必须根据需要和可能，供给职工以必要的劳动防护用品，并且组织职工管好和用好这些防护用品。

个人劳动防护用品的种类很多。例如，防毒面具、防尘口罩和面罩，可以保护工人的呼吸器官和肺部不受有害物质的刺激；各种防护眼镜，可以保护工人的眼睛不受铁屑、火星或者强烈光线的伤害；工作服、安全帽、手套、垫肩、鞋盖等，可以防止灼伤、烫伤或机械外伤；防护性油膏，可以保护工人的皮肤不受有毒物质的侵蚀，等等。

上面所说的这些劳动防护用品，应当根据生产的需要发给工人使用，充分地发挥它的作用。当然，在不需要使用防护用品的时候，就不要使用，否则，反而会妨碍操作，甚至会造成事故。

在工业企业中，要建立和健全劳动防护用品的管理制度，要教育职工节约使用防护用品，不能把劳动防护用品当做个人日用品使用；要做好有关劳动防护用品的洗涤、缝补和修理等组织工作，尽量延长它的使用期限，等等。

五　做好女工的特殊劳动保护工作

在工业生产中，女工是一支重要的力量。为了保护女工的安全和健康，充分发挥她们在生产中的作用，必须根据女工生理的特点，做好对于女工的特殊劳动保护工作，并且把这种特殊保护工作制度化。

女工在生理上的特点很多，例如，她们的体质一般比男工弱一些，并且有经期、怀孕期、产期和哺乳期，等等。如果在生产劳动中对于这些生理特点注意不够，就会引起妇女的疾病，影响她们身体的健康。在这方面，国家制定了许许多多的保护制度，例如，关于女工的产假和哺乳时间，关于女工经期、怀孕期和哺乳期的工作安排，等等，都有具体规定，并且早已制度化。这对于保障女工的健康，发挥她们的积极性，起了重大的作用。每个工业企业，都应当认真地执行有关女工保护方面的规章制度，做好女工的特殊保护工作，保证女工的安全和健康。

六　进行安全生产的检查和总结工作

工业企业定期进行安全生产检查，是推动安全生产的一个重要方法。通过检查，能够发现和解决生产过程中存在的各种问题，防止事故的发生。

安全生产检查工作，应当经常地全面地进行。检查的内容应当包括：安全技术劳动保护措施计划的完成情况，各种安全技术规程的执行情况，各项通风设备检修的情况，各项个人劳动防护用品保管和使用的情况，等等。除了进行经常性的检查以外，还应当进行定期的检查。在进行定期检查的时候，要广泛地发动群众，从各个方面来发现和揭露生产中的不安全因素，以便采取措施，消除隐患，防患于未然。在发生事故的时候，还应当结合处理事故和总结经验教训，进行专题检查，切实地防止类似事故的继续发生。

安全生产检查工作，必须有领导地进行。在进行安全生产检查的时候，应当注意对企业的各种安全技术规程，以及安全生产的各项规章制度，进行必要的整顿。该建立的建立，该修订的修订。同时，还要认真地检查机器设备、厂房建筑和各种安全防护设备的技术状况，发现问题，及时解决。

在企业中开展定期的群众性的"安全活动日",是把企业中安全生产的定期检查总结和群众性的经常检查结合起来的一个重要方法。

检查应当和评比、奖励、采取措施等工作相结合,要注意表扬好人好事,注意宣传和推广有关安全生产的先进经验。

上面所说的,只是工业企业劳动保护方面的几项主要工作。这些工作的进行,必须有明确的责任制度。每个工业企业,都要本着管生产的人必须管安全的原则,明确地建立企业内各级生产行政人员的安全责任制度。

厂长或总工程师要对本企业的安全生产工作负总责。在这方面,他们的具体职责是:坚决贯彻执行国家的劳动保护法规;在计划、布置、检查和总结生产工作的同时,计划、布置、检查和总结安全生产工作;领导编制、组织实现和检查安全生产的措施计划;审批安全生产和劳动保护方面的规章制度;督促有关人员进行安全生产教育工作;领导对伤亡事故进行调查、统计、分析、研究和对事故责任者进行处理。

安全技术科,是厂长在安全生产工作方面的助手,在厂长领导下,督促车间、小组贯彻执行有关安全生产的规章制度;具体汇总和编制安全技术劳动保护措施计划;深入现场调查研究劳动保护和安全技术工作的情况;具体进行劳动保护和安全技术的各项组织工作。

车间主任要对本车间的安全生产工作负总的责任。他在厂长领导下,除了负责在本车间贯彻执行有关的规章制度和措施计划以外,在实现安全生产方面最经常的工作,是对新调入车间的工人进行劳动保护制度和安全技术操作规程的现场教育;在发生事故的时候,立即采取善后措施,遇到重大事故,立即报告厂长或总工程师,并且组织进行伤亡事故的调查、登记和统计工作,拟订改进措施,监督检查其贯彻执行。

车间的安全技术员,是车间主任在安全生产工作方面的助手。他在车间主任的领导下,负责车间劳动保护工作方面的一些具体的管理和组织的工作。

小组长对本小组的安全生产工作负总责。他在直接的生产活动中,具体地贯彻执行各项规章制度,对于不安全的操作和违反安全生产规章制度的行为，可以立即制止。

由于安全生产是和每个工人切身有关的事情，在小组中，除了安全生产员应负责协助小组长进行这项工作以外，还必须充分发动群众，做到"人人管生产，人人管安全"。

此外，工业企业中的生产技术部门、机械动力部门，等等，也要在他们的业务范围内，明确规定对安全生产工作应负的责任。

第十八章
社会主义工业企业的劳动竞赛

组织社会主义劳动竞赛，是社会主义工业企业管理工作中的一项经常的、重要的工作。在工业企业里，组织社会主义劳动竞赛，开展比先进、学先进、赶先进、帮落后的群众运动，是调动广大职工群众的积极性、创造性，全面完成和超额完成工业企业各项计划任务的一个重要保证。在这一章里，要讨论社会主义工业企业怎样组织社会主义劳动竞赛的问题。分以下三节来说：

一、社会主义劳动竞赛的意义；

二、社会主义劳动竞赛的主要形式——比先进、学先进、赶先进、帮落后的群众运动；

三、社会主义劳动竞赛的组织工作。

第一节　社会主义劳动竞赛的意义

社会主义劳动竞赛，是广大职工群众的革命热情和劳动积极性的一种重要的表现，是社会主义工业企业中经常进行的、有最广泛的群众参加的生产运动。只有在社会主义、共产主义社会，劳动竞赛才能够成为一种社会风尚。在资本主义社会，以及在资本主义以前的一切社会里，这种劳动竞赛，是根本不可能有的。

在资本主义社会，生产资料由资本家私人占有。劳动者被迫出卖劳动力，处于被剥削、被奴役的地位。他们创造的物质财富，被资本家用来满足极端奢侈的生活，而他们自己，却受着失业和贫困的折磨。这种社会生产关系，决定了劳动者根本不可能有什么劳动的积极性和主动性，根本不可能有劳动竞赛这样一种群众性的生产运动。

社会主义革命，废除了生产资料的私有制，消灭了人剥削人的制度。在社会主义社会，劳动者不再是劳动力的出卖者，不再是资本家的奴隶，而是社会的主人、国家的主人。他们……不是替剥削者做工，人们做工不是为了让不劳而获者发财致富，而是为自己，为自己的阶级，为自己的由工人阶级优秀分子掌握政权的苏联社会①。在这里，劳动成了光荣的、豪迈的事业。这就保证了劳动者的积极性、主动性和创造性，能够得到充分的发挥。因此，只有社会主义制度，才第一次使劳动竞赛成为可能，并且为它的大规模的发展，开辟了广阔的天地。正像列宁所说的："社会主义不仅不窒息竞赛，反而破天荒第一次造成真正广泛地、真正大规模地运用竞赛的可能，把真正大多数劳动者吸引到这样一个工作舞台上来，在这个舞台上，他们能够大显身手，施展自己的本领，发挥自己的才能。"②

在我国，社会主义劳动竞赛，既是一种生产运动，又是一种政治运动，它是贯彻执行社会主义建设总路线，动员和组织广大群众多快好省地进行社会主义建设的重要手段。我国的工业企业开展社会主义劳动竞赛，具有重要的意义。

一　社会主义劳动竞赛，是促进生产技术进步，促进劳动生产率不断提高的一种重要方法

社会主义竞赛，是劳动的竞赛，也是智慧的竞赛。在竞赛当中，职工群众的聪明才智，能够得到高度的发挥。大量先进的技术经验和管理经验，必然会在竞赛过程中涌现出来。这些先进经验的迅速和广泛的传播，对于社会生产技术水平和管理水平的提高，对于社会生产的发展，有着极

---

① 斯大林：《在全苏斯达汉诺夫工作者第一次会议上的讲话》，《斯大林文选》（1934—1952），人民出版社1962年版，第52页。

② 列宁：《怎样组织竞赛》，《列宁选集》第三卷，人民出版社1972年版，第392页。

大的促进作用。

在资本主义条件下，广大劳动群众的才智受到压抑，创造性得不到发挥。在那里，劳动群众即使是创造了先进的生产技术，也只有在有利于剥削阶级增加利润的条件下，才被采用，并且总是作为"专利"由资本家把持，而得不到广泛的推广和运用。所以，在资本主义条件下，新的生产技术的创造和发展，同社会主义社会比较来说，要慢得多。

而在社会主义条件下，新的生产技术的大量涌现和迅速推广，却是一种必然的现象。在这里，不仅新的生产技术的发明创造受到重视和鼓励，而且，传播这些先进的生产技术经验和管理经验的道路也很宽广，方法也很多。社会主义劳动竞赛，就是一种非常重要而有效的方法。在劳动竞赛过程中，通过广泛的比先进、学先进，能够及时地系统地总结自己的生产技术经验和管理经验，能够发现和了解别人的先进经验，通过比先进、学先进、赶先进和帮落后，能够互相补充和互相交流经验，既能使各项先进经验进一步完整和丰富起来，又能使各种先进经验及时地广泛地传播开来。所以说，通过各种各样的比学赶帮的竞赛活动，有助于推广先进经验，能够促进生产技术的进步，促进管理水平的提高，保证不断地提高劳动生产率，不断地提高工业生产水平。

二　社会主义劳动竞赛，是正确处理生产劳动中先进同落后矛盾的一种重要的方法

先进同落后的矛盾，在任何时候都是存在的。在社会主义工业企业里，由于职工群众的政治觉悟、生产经验、认识问题的能力和方法，以及文化技术水平，等等，都存在着差别，所以在生产劳动当中，表现出先进、中间和落后的差别，表现出先进和落后的矛盾，这是必然的。事物总是一分为二，有先进的，也有落后的。在先进的里面，主要的方面是先进的，但是，也有落后的因素，也有薄弱的环节。而且任何先进，都是相对的，同这个单位、这个人相比，是先进的，同那个单位、那个人相比，又是落后的；今天是先进的，明天又可能是落后的。同样，在落后的里面，也会有积极因素，也会有某些长处。事物就是这样一分为二的。

在社会主义条件下，先进同落后的矛盾，是一种人民内部的矛盾，是

非对抗性的矛盾。解决这种矛盾，需要采取许多措施，诸如，制定先进合理的定额，正确地规定各项计划指标，确定合理的质量标准，正确地贯彻执行"各尽所能、按劳分配"的工资奖励制度，等等，都有助于先进和落后矛盾的解决。但是，只有这些，还是不够的、解决这种矛盾，最根本的是，通过思想政治教育，通过劳动群众本身的自觉努力，通过先进者对落后者的影响和帮助，通过批评和自我批评的方法，等等，不断地克服落后，把落后提高到先进水平。

表扬先进的方法，是一个十分重要的工作方法。表扬某一个单位、某一个人，是因为他先进，是因为他对我们的共同事业作出了贡献。只要表扬得对，那就会使先进的更加先进，落后的不甘落后，人人心情舒畅，个个力争上游。运用表扬的方法，并不是放弃必要的批评。只要我们充满了对社会主义事业的赤诚，充满了对被批评的人的阶级兄弟的感情，这样的批评，即使是非常严格的，但却是热乎乎的，它能够感动被批评的人，使他毫不犹疑地同自己的落后方面作斗争，努力赶上先进。这样，才能出现一个你追我赶、生气勃勃、积极因素大调动、革命精神大发扬的生动活泼的局面。这对于我国工业生产力的发展，有巨大的意义。

只有使落后赶上先进，不断地使少数人首先达到先进水平，变为普通能够达到的水平，才能够在不断地解决先进和落后的矛盾的过程中，促进生产不断提高，使人民生活不断得到改善。正像刘少奇同志所指出的：生产是永远处在发展变动的状态中的，新的生产技术不断地代替着旧的生产技术。因此，在任何时代，在任何生产部门中，总是有少数比较先进的生产者，他们采用着比较先进的生产技术，创造着比较先进的生产定额。随后，就有愈来愈多的生产者学会了他们的技术，达到了他们的定额，直至最后，原来是少数先进分子的生产水平就成为全社会的生产水平，社会生产就提高了[①]。

社会主义劳动竞赛，正是广大劳动群众为了赶上先进，消除落后，把少数先进生产者的生产水平变成为社会的生产水平而进行的自觉的斗争。

---

① 刘少奇：《在全国先进生产者代表会议上的祝词》，载《人民日报》1956年5月1日。

通过"比学赶帮"的竞赛，能够比出高低，暴露矛盾，发现潜力，相互促进，使落后赶上先进、先进更加先进，从而使先进和落后的矛盾，在共同提高的基础上求得解决。

三　社会主义劳动竞赛，是培养职工群众共产主义劳动态度，组织职工群众进行自我教育的一种重要方法

前面说过，社会主义劳动竞赛，是解放了的工人阶级革命热情和劳动积极性的表现，是广大职工群众自觉参加的革命竞赛。显然，它必须以职工群众的社会主义、共产主义觉悟为基础。正像斯大林所说：社会主义劳动竞赛，是在千百万劳动群众最大积极性的基础上建设社会主义的共产主义方法[①]。只有在职工群众阶级觉悟不断提高，社会主义积极性不断高涨的基础上，劳动竞赛才能广泛深入地展开。同时，劳动竞赛的开展，又进一步地提高职工群众的觉悟，促进职工群众的积极性和创造性的发挥。这是因为，先进者所以能够达到先进水平，常常是由于他们对于社会主义建设事业具有高度的责任感，具有高度的劳动热情和积极性。他们的这种革命风格，对于广大群众，是一种活的榜样，具有示范的作用。在他们的影响下，能够促进广大职工群众革命风格的发扬，有助于人们改变对于劳动的不正确的看法，树立共产主义的劳动态度。所以说，社会主义劳动竞赛，既是劳动的竞赛、智慧的竞赛，又是共产主义的道德品质的竞赛；既是群众性的生产运动，又是群众性的进行社会主义教育的政治运动。

正是因为开展社会主义劳动竞赛，具有重大的意义，所以我们党在领导各项工作的时候，特别是在领导经济建设的时候，一贯重视劳动竞赛，把组织竞赛看成一项非常重要的工作。早在抗日战争时期，毛泽东同志就曾经指出：解放区的工作人员，必须努力学会做经济工作。必须动员一切可能的力量，大规模地地发展解放区的农业、工业和贸易，改善军民生活。为此目的，必须实行劳动竞赛，奖励劳动英雄和模范工作者[②]。

在全国解放以后，随着社会主义革命的日益深入，随着广大人民群众

---

① 斯大林：《群众的竞赛和劳动热情的高涨》，《斯大林全集》第12卷，人民出版社1955年版，第98页。

② 毛泽东：《论联合政府》，《毛泽东选集》第三卷，人民出版社1991年第2版，第1091页。

思想上、政治上的不断提高，随着生产的不断发展，劳动竞赛也得到了日新月异的发展。为了使社会主义劳动竞赛广泛地深入地开展起来，党中央曾经发布过许多重要的指示。每个工业企业都应当根据党中央的指示，认真地领导社会主义劳动竞赛，做好细致的思想工作和组织工作，推动社会主义劳动竞赛不断地向前发展。

第二节　社会主义劳动竞赛的主要形式
——比先进、学先进、赶先进、帮落后的群众运动

比先进、学先进、赶先进、帮落后的群众运动，是在我国经济建设的实践中，在深入开展社会主义教育运动和增产节约运动的基础上，广大群众创造出来的一种比较好的社会主义劳动竞赛的形式。实践证明，这种竞赛形式，是发动职工群众贯彻执行鼓足干劲、力争上游、多快好省地建设社会主义的总路线的一个非常有效的办法。这种比先进、学先进、赶先进、帮落后的群众运动，体现了社会主义劳动竞赛的基本原则。

一　社会主义劳动竞赛的原则

前面说过，社会主义劳动竞赛，是社会主义制度的产物，是社会主义、共产主义社会所特有的一种社会风尚。

如果说，在资本主义社会也有什么竞赛的话，那只能是各个资本家集团之间、各个资本家之间钩心斗角、你死我活的搏斗。他们在竞争当中，互相欺诈、互相打击，其结果是一些人的失败和死亡，另一些人的胜利和统治①。在资本主义制度下，不管竞争的哪一方胜利，哪一方失败，整个无产阶级被剥削、被奴役的状况，总是不会改变的。显然，这种竞争，同我们所说的社会主义劳动竞赛，在本质上是完全不同的。

社会主义劳动竞赛，是广大职工群众共同为了消除落后，赶上先进，促进生产迅速发展而进行的努力，是在工业战线上开展群众运动，动员和

---

① 斯大林：《群众的竞赛和劳动热情的高涨》，《斯大林全集》第 12 卷，人民出版社 1955 年版，第 99 页。

组织群众增加生产、厉行节约，多快好省地进行社会主义建设的一种手段。它所遵循的，不是互相欺诈、互相打击的原则，而是互相学习、互相帮助、取长补短、共同提高的原则。这个原则，是劳动竞赛的社会主义性质决定的，是社会主义生产关系的一种反映。

我们知道，在社会主义工业企业里，广大职工群众之间的关系，是同志式分工合作的关系。广大职工群众的目标是共同的，利益是一致的。广大职工群众之间开展劳动竞赛，不是为了某个人的私利或者某个单位的局部利益，而是为了加速实现社会主义、共产主义理想，为了社会整体的利益。在这种竞赛当中，根本不存在如何打倒对方的问题，无论竞赛的哪一方获得优胜，都将促进社会生产水平的提高，促进社会主义事业的发展，促进人民生活的改善。参加社会主义竞赛的广大职工群众，落后的学不学先进，先进的帮不帮落后，这不仅仅是先进者和落后者个人之间的关系问题，而且是每一个参加社会主义建设的人，对待社会主义事业的态度问题。因此，广大职工群众在竞赛中的关系，既是学习和竞赛的对象，又是协作和互助的帮手。这种同志的关系，决定了社会主义劳动竞赛必须坚持互相学习、互相帮助、取长补短、共同提高的原则。只有正确地贯彻执行这个原则，才符合社会主义生产关系的要求，才能够激发群众的积极性，促进群众社会主义觉悟的提高，保证劳动竞赛健康地进行。

二 比先进、学先进、赶先进、帮落后

前面说过，比先进、学先进、赶先进、帮落后的群众性的竞赛活动，是在我国经济建设实践中创造出来的一种全面体现社会主义竞赛原则的良好的竞赛形式。这种"比学赶帮"的活动，是有意识、有计划地运用集体智慧和力量去发现、揭露和解决先进和落后矛盾的一种群众运动。通过"比学赶帮"的运动，可以促进企业领导干部和广大职工群众发扬高度的革命自觉性和互相帮助、互相协作的革命风格，激发他们发愤图强、自力更生、不甘落后、力争上游的革命干劲。

任何事物都是有差别的，这是事物发展的客观规律。企业的经济、技术指标，经营管理工作，以及思想作风，总会有好和坏、先进和落后的差别。不但在企业之间、行业之间、地区之间是这样，在一个企业内部的车

间之间、小组之间、个人之间，也是这样。事情常常是：落后的赶上或者超过先进的，原来先进的，又相对地变成落后的；落后的再赶上或者超过先进的，如此不断反复，螺旋式地上升。因此，持久地开展"比先进、学先进、赶先进、帮落后"的群众运动，就可以推动企业的生产和各项工作不断前进。

什么是比先进、学先进、赶先进和帮落后呢？

（一）比先进

比就是比较。比较的方法是人们思维的科学方法，也是人们认识事物的科学方法，离开比较，就不可能正确地思维，就不可能正确地认识事物。比先进，在生产方面是要用自己的技术经济指标同先进者的指标做比较，找出自己同先进水平之间的差距，明确学习的对象和追赶的目标。所谓差距，是先进同落后矛盾的一种表现，实际上也就是我们生产中存在的一种巨大的潜力，所以说，比先进的实质，也就是揭露矛盾、发现潜力。

揭露矛盾和发现潜力，是解决矛盾和利用潜力的第一步，从这个意义上说，比先进是"比学赶帮"的首要环节。

比先进，必须比得全面。就是说，要全面地看某个人、某个单位的优点和缺点。首先要肯定优点。既要肯定先进者的优点，也不要忽视落后者在某些方面的优点。当然，任何先进者，也不可能没有缺点，对于先进者的某些缺点，也要采取实事求是的态度。指出先进者的缺点，才能使他们明确进一步努力的方向；指出落后者的优点，才能增强他们急起直追的信心，调动落后者的积极性。

在比先进的时候，着重的要按产品比实物、比质量、比消耗、比效率、比成本，以及比其他一些重要的指标。同时还要比操作、比管理、比工作、比思想，研究别人的先进经验，检查自己落后的原因。这样做，才能比得全面，并且为全面地学习先进经验创造条件。

比先进，必须找可比的对象，有可比的内容。广义地说，任何生产者之间，都是可比的，都可以通过完成定额和计划的程度来相互比较。但是，我们这里说的比先进，是为了学习交流生产技术和管理经验而进行的，这就要求有更为直接的可比性。如果对比双方，在比的内容上没有直接的可比性，就不好比较，不能比出问题来。例如，拿炼钢工人的生产指标同织布工人来比，就不容易看出问题，不能通过比较来交流生产技术经验，因而也就没有什么实际意义。当然，所谓可比性，也并不是要求对比双方的主客观条件都必须一样，而是要求对比双方的工作性质相同或者基本上相同。只要工作的性质基本相同，就可以找到可比的内容，可以相互比较。例如，同工种的工人之间、相同的产品之间、同行业的企业之间、相互配合的上下工序之间，等等，都可以相互比较。

没有比较，先进与落后，优点与缺点，就难以分辨清楚。比较有两种，一种是对自己本身做比较，找出它的先进部分和落后部分。但是，只有这一种比较，还不能正确地估价和认识自己。这就需要另一种比较，就是同别的单位、别的人比较，经过这种比较以后，有的人体会到"不比不知道，一比吓一跳"；有的人体会到"不比好比坐井观天，一比方知天外有天"。这是符合认识事物的规律的。

比先进，一般来说，要从内到外、由近到远。首先要在企业内部比，然后再同企业外部比。在企业内部比的时候，也要先组内，后组外；先车间内，后车间外。在企业外部比的时候，也要先市内，后市外；先国内，后国外。

为什么一定要从内到外、由近到远地去比呢？这是因为，比先进的过程，一般来说，又是发现和总结先进经验的过程。任何企业、车间和小组，在任何时候，都应当踏踏实实地先搞清本单位的情况，认真地分析本单位各方面工作的优点和缺点，总结自己的经验，然后再同别的单位去比，去交流经验。对个人来说，也是如此。不论任何单位或者个人如果眼睛朝外，舍近求远，不先把自己的情况搞清楚，不先把自己的经验加以总结，就忙着去同别的单位和个人比，那么可以肯定，这样做不但不能有效地利用自己的经验和把自己的经验系统地提供给别人，并且，用这种不踏实的态度去学别人的经验，也不可能把别人的经验学到手。

当然，从内到外、由近到远，并不是只和内部比不和外部比，只和近处比不和远处比。如果只是在比较窄的范围里比、只是在内部比，而不肯扩大眼界，那就容易故步自封，学不到别的单位的更好的经验，也不能使自己的好的经验推广出去。这样做，当然是不对的。从内到外、由近到远地比，既在内部比，又同外部比，就能够比得踏实、比得有效。

（二）学先进、赶先进和帮落后

就是要在比先进、找差距的基础上，通过先进者和落后者的共同努力，学习和推广先进经验，促使落后赶上先进，求得共同提高。

比先进是为了找出差距，发现潜力。这种差距的缩小和潜力的发挥，必须经过主观的努力才能实现，必须通过落后学先进和先进帮落后的努力才能实现。学先进、赶先进和帮落后，就是职工群众为推广先进经验，缩小差距，挖掘潜力而进行的努力。所以说，"学、赶、帮"的实质，也就是利用潜力、解决矛盾。

学先进、赶先进和帮落后，必须有正确的态度。

首先，必须善于学习。

善于学习，就是要善于发现别人的优点，肯于汲取别人的经验。这是不断前进的重要保证。毛泽东同志经常教育我们：虚心使人进步，骄傲使人落后。在"比学赶帮"的竞赛运动中，只有坚持虚心学习的态度，树立甘当小学生的精神，才能取他人之长，补自身之短。

善于学习，能使原来先进的人更加先进，能使原来落后的人比较快地赶上先进。反之，如果骄傲自满，夜郎自大，就会故步自封，不能前进。比如说，一个一贯先进的集体或者个人，如果以先进自居，满足于已有的成绩而不求上进，不肯向别人学习，那么，他就不能继续前进，就会变得落后起来。一个创造了某些先进技术，首先制成了某些新产品的集体或者个人，如果以元老自居，认为只有别人向自己学习，自己不需要向别人学习，那么，他很快地就会落在别人的后面。同样，一个生产稀缺、畅销产品的集体或者个人，如果以独家自居，认为产品销路好，可以满足于现状，不肯精益求精，其结果，也必定会逐渐变得落后起来。

在劳动竞赛当中，要大力宣传和提倡善于学习的态度。要运用毛泽东同志经常强调的马克思主义辩证分析的方法，也就是一分为二的方法，对于成绩与缺点、真理与错误这两个方面，有清醒的认识。如果只爱讲成绩的一面，不爱讲缺点的一面；只爱听称赞的话，不爱听批评的话，这样，就会对别人的经验很少有兴趣去学习，就很难把别人的经验和本单位的实际结合起来，就容易陷入狭隘的境地，不容易打开眼界，不知道还有别的新天地，这就是故步自封、骄傲自满、夜郎自大。这是资产阶级形而上学的思想方法，是我们在任何时候都应当反对的。

要使广大干部和职工群众懂得，任何事物，总是作为过程而向前发展的。而任何一个过程，都是由矛盾着的两个侧面互相联系又互相斗争而得到发展的。先进和落后是相对的，学习和帮助是互相的。任何先进的个人或者集体，也不会是十全十美的，总会在某些方面有不如别人的地方；任何落后的个人或者集体，也不会全无可取之处，总会有值得学习的地方。所以无论先进者或者落后者，都要善于学习别人的优点，都要有求知的渴望，有甘当小学生的精神，有顽强的探索新事物的决心，有正确的学习方法。特别是对于先进者来说，在荣誉面前，能不能继续前进，能不能继续保持荣誉，也是一种考验。只有用马克思主义辩证分析的方法而不是用形而上学的思想方法来对待荣誉，才不会陶醉在成绩和荣誉之中，才能虚怀若谷，才能有效地汲取别人的长处，使自己不断提高，不断进步。

其次，必须勇于追赶。

勇于追赶，就是要充满力争上游、追赶先进的决心和勇气。这是摆脱落后状态的必要条件。对于暂时的落后，可以有两种不同的态度。一种是强调自己的困难多，看别人的困难少，强调自己的不利条件多，看自己的有利条件少，因而在困难面前畏缩不前。另一种是在战略上藐视困难，在战术上重视困难，既看到自己的不利条件，又看到自己的有利条件，踏踏实实地进行工作，通过艰苦努力，战胜困难，奋起直追，迎头赶上先进。显然，前一种态度是不正确的，后一种态度，才是我们应当采取的正确态度。

在"比学赶帮"的竞赛当中，应当大力宣传和提倡勇于追赶的顽强精神。要使广大职工群众都树立起勇于追赶先进的决心和信心，这样，才能争得上游。如果采取相反的态度，在暂时落后的时候，产生畏难情绪，自卑、气馁起来，那就会失掉前进的勇气，难以改变落后的处境。实践证明，在竞赛运动中，只有在广大群众中树立起勇于追赶的精神，才能使竞赛成为一种你追我赶的群众运动。

最后，必须乐于助人。

乐于助人，就是要树立大公无私的共产主义风格，做到诲人不倦、不留一手，无私地帮助别人。这是促进和帮助落后赶上先进，求得共同提高的保证。

肯不肯帮助别人，这是一个人的社会主义觉悟高低的一个重要标志。凡是热爱社会主义、共产主义事业的人，都会千方百计地促进这一伟大事业的早日实现。在劳动竞赛中，他们就会把别人的进步看成自己的进步，把别人的落后，看成革命事业的损失，而表现出高度的主人翁责任感，用最大的努力，帮助落后的单位、落后的同志摆脱落后状态。相反，那些社会主义觉悟不高的人，对社会主义事业表现得漠不关心的人，在竞赛当中就会采取旁观的态度，自己不力争上游，更不乐于去帮助别人。

在竞赛当中，应当大力宣传和提倡前一种助人为乐的精神，反对后一种对竞赛漠不关心和旁观的态度，树立人人为集体、为国家的崇高风格。要使每个职工都认识到"一朵鲜花不是春，万紫千红才是春"，自己一个人先进、一个人采用先进技术，只能为社会主义事业出一份力、创造一份财富，如果大家都采用先进技术，就能为社会主义事业出千万份力、创造千万份财富。要使所有的职工都关心集体，把帮助别人当做自己的责任。只有这样，才能加速推广先进经验的过程，才能使大家都掌握先进技术，达到先进定额，促进生产多快好省地发展。

在我国工业企业的劳动竞赛运动中，绝大多数的企业和职工，都能做到善于学习、勇于追赶和乐于助人。他们不是从锦标主义和个人风头主义出发，而是从加速社会主义建设事业出发，通过多种多样的方式和方法，开展了比先进、学先进、赶先进和帮落后的活动。例如，在运动中，有厂内个人之间、小组之间、车间之间的互相学习，也有派到外厂，特别是派到别的省、别的市的先进工厂去学习；有大厂帮小厂，也有小厂帮大厂；

有派出去学的，也有请进来教的，如此等等。通过这些活动，不仅革新了技术，而且改造了思想。所以说，"比学赶帮"的竞赛运动，既是一个技术革新的运动，又是一个思想革命的运动。

社会主义工业企业的"比学赶帮"的群众运动，不但要在生产部门广泛深入地展开，而且要在管理部门和服务部门广泛深入地展开。应当在动员生产人员搞好生产的同时，动员管理部门和服务部门的管理人员、技术人员、服务人员面向生产、面向实际，努力为生产第一线服务。这样，才能使直接的生产人员和非直接的生产人民相互配合、密切协作，共同搞好企业的生产。许多企业通过管理部门和服务部门的"比学赶帮"运动，大大提高了管理人员、技术人员、服务人员的积极性，使他们改变了作风，积极投入了革命化的热潮，出现了干部上前线，材料到现场，技术送上门，福利交到手的充满革命精神的新气象。科室干部纷纷走出办公室，深入车间、工地，到现场办公，到现场指挥，到现场解决问题。工程技术人员到车间，跟工人们一同劳动，热情地帮助工人学技术、看图纸。仓库管理人员主动地把各种物资送往现场，及时供应生产的需要。修理工人们自动地提着工具箱，经常到各生产车间去察看、检修，使修理工作服务上门。财务会计人员，也深入现场办理报销手续，解决具体问题。行政福利单位的人员，也把食堂、住房、用水、取暖等生活服务事项，安排得更加适合生产和职工生活的需要。所有这些，对于企业生产多快好省地发展，都有非常重要的作用。

在"比学赶帮"的劳动竞赛当中，对于工业企业和职工群众，都应当有全面的要求。这些要求，就是我们通常所说的"五好"。每个工业企业，都应当把"比学赶帮"的群众运动，同"五好"竞赛紧密地结合起来，通过"比学赶帮"，每个企业都要争取成为政治工作好、计划完成好、企业管理好、生活管理好、干部作风好的"五好"企业；每个职工都要争取当政治思想好、完成任务好、遵守纪律好、经常学习好、团结互助好的"五好"职工。使我们的企业不仅在生产技术上现代化，而且在思想政治上革命化，使广大职工都永远沿着又红又专的道路前进，从而保证全面完成和超额完成国家为企业规定的计划任务。

第三节　社会主义劳动竞赛的组织工作

加强领导，是广泛、深入、健康、持久地开展社会主义劳动竞赛的根本保证。

领导竞赛，首先必须做好思想政治工作。广大职工群众的政治热情和劳动热情，是开展社会主义劳动竞赛的强大的思想动力，在社会主义劳动竞赛中，要不断地提高职工群众的社会主义觉悟，始终贯彻执行互相学习、互相帮助、取长补短、共同提高的社会主义劳动竞赛原则。与此同时，还要做好一系列细致的、具体的组织工作。做好了具体的组织工作，才能够把广大群众的积极性组织起来，把广大群众的智慧和力量集中起来。

社会主义劳动竞赛组织工作的内容，就主要的方面来说，有以下几个方面：

一　组织职工群众比先进，确定竞赛的目标

开展竞赛，首先需要组织职工群众比先进，找差距，抓住生产关键，挖掘生产潜力。在这个基础上确定竞赛的目标。如果没有统一的具体的竞赛目标，就不容易把群众的智慧和力量集中起来，就会使群众感到有劲不知往何处使，有力不知往哪里用，这样，就难以发挥大家的积极性和创造性。

前面说过，在社会主义工业企业中开展劳动竞赛的总的目的，是为了通过"比学赶帮"促进职工群众互相学习和交流经验，不断地使更多的职工群众和工业企业全面地达到"五好"要求，保证全面完成和超额完成国家为企业规定的计划任务。这也就是工业企业劳动竞赛的主要内容和总的目标。

有了上述总的目标，是不是还需要再确定具体的竞赛目标呢？

当然需要。这是因为，工业企业计划指标的内容很多，为了保证完成计划任务所要做的工作也很多，例如，为了保证企业任务的完成，企业计划中规定的品种、质量、产量、成本、利润等指标，需要层层落实，车间

要把企业计划具体化，小组又要进一步把车间计划具体化，使企业计划指标落实到每一个人；为了保证企业任务的完成，还需要做好思想政治工作，做好各项管理工作，改进工艺技术，等等，这些工作，凡是能够落实到人的，也都要落实到人。所有这些，都是开展"比学赶帮"竞赛的具体目标。并且，不同的工种、不同的单位在不同的时期，影响计划完成的关键问题也不相同，例如，有的单位可能是由于某项业务工作落后，妨碍着任务的完成，有的工种可能是生产的数量赶不上需要，妨碍着产品的成套，有的工种又可能是产品质量较差，原料、材料消耗较多，妨碍着企业各项技术经济指标的完成，如此等等，所以，要使竞赛有效地促进企业计划的实现，就必须从企业的实际出发，从不同工种、不同的生产和管理单位在不同时期的情况出发，确定具体的竞赛目标，以便把竞赛引向各个时期生产的关键，使劳动竞赛为全面地实现企业各项计划任务服务。

不但要有具体的竞赛目标，并且目标还要提得正确。有了统一的目标，能够避免力量分散。有了正确的目标，才能打中要害。如果有了统一的目标，但是竞赛目标提得不正确，抓不住生产的关键，虽然从表面上看竞赛也许搞得轰轰烈烈，而实际上却不能解决问题，不能保证企业计划的全面完成。

为了使竞赛目标提得正确，在确定竞赛目标的时候，一定要走群众路线，做好调查研究工作，认真执行领导和群众相结合的工作方法，从实际出发，发动群众进行科学分析，比先进、找差距，广泛地揭露生产中的矛盾，在科学分析的基础上确定竞赛目标。这样做，才能准确地抓住生产关键，提出正确的竞赛目标。

二　做好宣传鼓动工作

劳动竞赛是一种群众性的活动，如果不广泛地发动群众，竞赛就不可能开展。即使一时开展起来，也很难经常、持久地进行。因此，在运用群众路线的方法确定了竞赛目标以后，还要继续采取措施，广泛、深入地发动群众普遍投入竞赛运动，努力学先进、赶先进、帮落后。

怎样才能有效地把群众发动起来呢？

要发动广大群众，就应当做好宣传鼓动工作，使广大职工群众都充分地了解竞赛的意义和竞赛的具体目标，了解实现竞赛目标的主客观条件，了解企业竞赛活动的安排和工作部署。只有使竞赛的目标和条件深入人心，使开展竞赛的目的和做法深入人心，才能使广大群众关心竞赛，积极地参加竞赛，使竞赛开展得好。毛泽东同志在《长岗乡调查》一文中曾经指出：一切竞赛没有成绩的，都是由于只把竞赛条约放在少数人的袋子里，没有推动广大的群众①。毛泽东同志这里虽然说的是农业生产和农村工作中的竞赛，但是对于工业企业的竞赛来说，也是完全适用的。

在向群众交代竞赛目标的时候，要和交任务、交形势、交措施结合起来进行。要把本企业内部先进和落后的差距向群众交代清楚，把本企业同国内外先进水平的差距交代清楚，把企业生产关键和潜力之所在交代清楚，把利用潜力的措施交代清楚，做到人人心中有数，以便更好地动员群众，共同学先进、赶先进和帮落后，为减少差距，赶上先进而努力。

竞赛的宣传鼓动工作，要运用多种多样的形式来进行。例如，可以通过职工大会和职工代表大会进行宣传，可以由各级领导人员作报告，可以运用黑板报、大字报、广播站等宣传工具进行宣传鼓动工作。通过各种宣传手段大造声势，使劳动竞赛搞得轰轰烈烈而不是冷冷清清。这样，才能更加激发群众的热情，更加充分地发动群众。

三　选择适当的竞赛方式

社会主义劳动竞赛的方式是多种多样的。选择适当的、多样化的竞赛方式，才能广泛地发动群众，使竞赛运动轰轰烈烈地开展起来。比如说，如果只采用同工种竞赛一种方式来开展竞赛，就不容易把不同工种的其他人员充分地发动起来；如果只采用车间之间竞赛的一种方式来开展竞赛，就很难把科室人员广泛地发动起来。所以，要全面地广泛地发动群众，要广泛深入地开展"比学赶帮"的竞赛运动，就需要运用群众喜闻乐见的、多种多样的竞赛方式。

工业企业劳动竞赛的方式很多，从大的方面来划分，主要有厂内竞赛和厂际竞赛两大类。厂内竞赛，是企业内部车间之间、班组之间、个人之

---

① 毛泽东：《长岗乡调查》，《毛泽东选集》，东北书店1948年版，第152页。

间、科室之间以及科室和车间之间的竞赛。厂际竞赛，是工业企业之间的竞赛。

厂内竞赛是厂际竞赛的基础。没有扎扎实实的厂内竞赛做基础，不把企业内部的生产和工作搞好，就很难开展好厂际竞赛。反过来说，厂际竞赛也可以说是厂内竞赛的一种推动力。通过厂际竞赛，可以打开眼界，发现差距和潜力，推动厂内竞赛进一步发展。并且，通过厂际竞赛，才能使劳动竞赛成为一种广泛的社会运动，所以，在组织竞赛的时候，既要抓好厂内竞赛，又要抓好厂际竞赛，以厂内竞赛为主，把厂内竞赛和厂际竞赛结合起来。

无论是厂内竞赛或者是厂际竞赛，具体的竞赛方式都很多。每个企业在不同的时期，都应当根据当时的竞赛目标提出不同的竞赛口号，运用不同的方式来进行比赛。这些具体的竞赛方式的名目各异、种类繁多，例如，有对手赛、对口赛、攻关赛、技术表演赛、协作公约赛，等等。从这些不同名目的竞赛所反映的内容和所要解决的问题来说，不外有以下两种类型：

一种是同行业、同工种、同产品"比学赶帮"的竞赛。例如，同行业的工业企业之间的各种竞赛，同工种的车间、班组和个人之间的各种竞赛，都属于这种类型。

另一种是解决相互联系的各个生产环节、各个管理环节以及生产环节和管理环节之间的配合协作问题的竞赛。例如，在厂外相互协作和相互供应的企业之间的竞赛，工业企业和运输部门之间的竞赛；在厂内上下工序的工人之间、小组之间、车间之间的竞赛，都属于这种类型。

前一种竞赛的可比性比较强，比的内容比较直接和具体，通常是竞赛双方直接比指标的高低。后一种竞赛，通常采用协作公约的形式来进行，它也有可比性，这种可比性不是直接比指标的高低，而是比完成定额的程度和完成协作公约规定的各项竞赛件的好坏。

上述两种类型的竞赛，在实际运用的时候，应当结合起来进行。没有前一种竞赛，固然不能很好地促进各项指标的提高；如果只有前一种竞赛，而没有后一种解决各环节配合关系的竞赛，也会出现这样或者那样的脱节的现象。只有把这两种竞赛结合起来，才能够既促进同行业、同工种你追我赶的热潮，又能够解决各环节的配合衔接问题。

四　组织群众切切实实地学先进、赶先进、帮落后，保证竞赛运动既轰轰烈烈又扎扎实实地、健康持久地进行

竞赛运动一定要搞得轰轰烈烈、热气腾腾。大张旗鼓地搞竞赛，能使企业领导干部和广大职工群众发扬高度的革命自觉性，鼓足干劲，力争上游；能给先进以鼓舞，给落后以督促，使企业呈现一种朝气蓬勃、欣欣向荣、你追我赶、团结互助的动人景象。

当然，所谓轰轰烈烈并不是形式主义地轰一阵，并不是单纯地拼体力。轰轰烈烈、热气腾腾是同扎扎实实地做好工作相结合的；是有劳有逸，劳逸结合的；是同开展技术革新、技术革命联系在一起，实干、苦干与巧干相结合的；是每月、每旬、每日经常持久地进行的。如果不这样做，如果把社会主义劳动竞赛搞成一种忽冷忽热的临时性的突击运动，那就有可能产生损坏设备，浪费材料，降低质量，发生人身事故等不良的现象，结果将会挫伤群众的积极性，不能保证生产安全地、稳步地上升。这是应当防止的。

轰轰烈烈同扎扎实实相结合，就是要在广泛发动群众参加竞赛的基础上，组织群众认真地、切切实实地学先进、赶先进、帮落后。

学先进、赶先进、帮落后，也要注意运用正确的方法。在我国工业生产竞赛的实践中，创造了许多学先进、赶先进、帮落后的有效方法。许多职工之间、企业之间和地区之间，通过技术表演、取经送宝、现场观摩和指导、技术协作等多种方法，互相学习和互相帮助，使许多老工人的专长和绝技得到广泛的传播，许多先进经验得到迅速的推广。

例如，在许多企业内部和企业之间，把各具专长、各有一两项绝技的老工人组织到一起，进行技术表演、技术交流和技术协作，既可以突破生产条件和活动范围的局限性，使他们的技术专长得到广泛的运用，又可以通过协作解决技术关键，并且使那些原来不很完善的技术更加完善，不成套的技术配起套来。这是学先进、赶先进、帮落后，促进生产发展的好办法。

又例如，在许多企业之间，地区之间互相取经送宝，交流经验，由当地领导机关，有计划地分期分批地组织工业企业人员，前往其他先进企业学习。这种学习，以产品生产技术关键问题为内容，以提高质量、降低成本为重点，制订出明确的学习计划，集中力量，有的放矢地一项一项地学，一步一步地学。参加学习的人员，包括厂长、技术人员、生产工人，由他们组成"三结合"的学习先进经验的班子。在学习的时候，不是厂长找厂长、技术人员找技术人员、工人找工人，而是三者结合在一起，在先进企业跟班劳动，跟班操作，跟班研究，边干边学，一道工序、一道工序地学，真正下"硬功夫"，把先进经验学到手，不学会，不罢休。在进行学习的同时，认真把本厂的经验介绍给有关企业。许多先进企业在教别人的时候，也做到了无私的帮助，不留一手，诲人不倦，不仅跟班劳动的时候教，休息的时候也教，唯恐自己的本事传授不出去。这是一种踏踏实实地学先进、赶先进、帮落后的方法。通过这种方法，可以避免走马观花，可以有效地学习和交流经验，一方面，能使教的人知道学的人有什么短处；另一方面，也能使学的人知道教的人有什么长处，这样既学得扎实，学会以后又便于推广。

五　组织竞赛的评比、总结和奖励工作

在劳动竞赛的过程中，必须进行定期的检查和评比。如果只有布置而没有检查，就很难及时发现问题，指导运动前进。

检查评比的过程，就是总结经验的过程，通过检查评比，既可以总结竞赛运动中涌现出来的先进技术、先进经验，又可以找出先进者所以先进的原因、落后者所以落后的原因，发扬先进，克服落后。

评比工作需要根据竞赛条件来进行。赛什么，就评什么，和谁赛，就同谁比。这就要求在确定竞赛条件的时候，必须注意到它们的可比性。在检查评比的时候，不应当离开竞赛条件找一些不相干的、互不可比的或者抽象的、无法考核的条件硬拉进来做比较。但是，对于那些影响实现竞赛条件的外界因素应当考虑进去，这样，才能对各个参加竞赛的单位和个人，做出全面的评价。如果不考虑这些不可比的外界因素，反而会使竞赛条件失去可比性。

竞赛的检查评比工作，也必须实行领导和群众相结合的群众路线的工作方法，必须发动广大群众实事求是地根据竞赛条件和竞赛运动的实际状况来进行。可以先由群众提出初步意见，再经领导审查，然后定案。这样，就能够使竞赛的评比和总结的过程，成为检查工作，开展群众性自我教育，不断提高群众思想觉悟和技术水平的过程。

在做好竞赛的评比和总结工作的基础上，要及时做好竞赛的奖励工作。毛泽东同志曾经说过：每一次竞赛，都要作出总结，并且实行给奖[①]。在竞赛中，给优秀人物和优胜单位以必要的奖励，对于职工群众力争上游、追赶先进有一定的鼓舞作用。

奖励的形式有两种，一种是荣誉奖，另一种是物质奖。荣誉奖就是授予优胜者和先进人物以"先进集体"、"先进生产者"或者"五好"单位、"五好"职工等荣誉称号，或者通过光荣榜、黑板报进行表扬。物质奖就是给优胜单位或者个人以一定数量的奖金或者奖品。这两种奖励都是需要的，应当结合进行。

当然，竞赛的开展，并不是只靠对先进者的表扬，更不是只靠物质刺激。社会主义劳动竞赛的根本动力，在于广大群众的社会主义觉悟，在于他们的劳动积极性和创造性。所以，在实行奖励的时候，必须政治挂帅，加强对职工群众的思想教育，这样才能鼓励先进，带动落后，增强团结，调动广大群众的积极性和创造性。这是使劳动竞赛持久地健康地进行的重要保证。

六　在组织竞赛的时候，还要时刻注意和关心群众的生活，注意劳逸结合

群众的干劲越大，党越要关心群众生活。党越是关心群众生活，群众的干劲也会越大[②]。因此，在竞赛中，要正确处理生产和生活的关系，要热情地关怀群众的物质文化生活，不断改善劳动条件，注意安全生产，注意劳逸结合。同时，必须根据需要和可能，积极办好群众的集体福利事业。关心群众的生活，能够更加促进群众劳动热情的提高，使劳动竞赛经常持久地开展下去。

---

① 毛泽东：《长岗乡调查》，《毛泽东选集》，东北书店 1948 年版，第 152 页。
② 《关于人民公社若干问题的决议》，载《中国共产党第八届中央委员会第六次全体会议文件》，人民出版社 1958 年版，第 21 页。

第十九章
社会主义工业企业的工资工作
和生活福利工作

社会主义工业企业生产的发展，取决于两个因素：一个是发展生产的物质技术条件；另一个是发挥职工群众的劳动积极性。这两个因素比较起来，人的因素第一。就是说，在一定的物质技术条件下，充分发挥广大职工的劳动积极性，对于不断地提高劳动生产率，多快好省地发展工业企业的生产，具有决定性的作用。

我们用什么办法来鼓励和发挥职工群众的劳动积极性呢？正确的办法是：坚持政治挂帅，把思想政治工作和适当的物质鼓励结合起来。每一个工业企业，都必须把思想政治工作放在首要的地位，不断地加强对职工的思想教育，引导广大职工走革命化的道路。同时，工业企业也必须正确地处理生产和生活的关系，做好体现社会主义各尽所能、按劳分配原则的工资、奖励工作，做好生活福利工作，保证职工必要的物质生活条件，从而促进生产的发展。

这一章，要讨论工业企业工资工作和生活福利工作中的一些主要问题。分以下六节来说：

一、社会主义的各尽所能、按劳分配原则；

二、工资制度；

三、工资形式；

四、奖励和津贴；

五、工资计划工作和工资基金管理；

六、劳动保险工作和生活福利工作。

第一节　社会主义的各尽所能、按劳分配原则

社会主义的工资，是分配个人消费品的一种形式。它必须体现社会主义的各尽所能、按劳分配原则。

按照各尽所能、按劳分配的社会主义原则，每个劳动者，都应当积极地尽自己的能力为社会工作；社会按照劳动者向社会所提供的劳动的质量和数量，从社会产品中分配给他相应的个人消费品。这就是说，在社会主义阶段，在社会主义工业企业里，个人消费品的分配，是以劳动者提供的劳动作为尺度的。

为什么在社会主义工业企业中必须实行各尽所能、按劳分配的原则呢？

大家知道，生产决定分配，分配反过来又给生产以积极影响。历史上一定的分配关系，是由社会发展的一定阶段的生产方式所决定的。马克思指出过：“消费资料的任何一种分配，都不过是生产条件本身分配的后果。而生产条件的分配，则表现生产方式本身的性质。”[1]

在资本主义制度下，资本家占有全部生产资料，他们依靠生产资料的私人占有，凭借在生产中所处的特殊地位，对劳动者进行残酷的剥削，将劳动者创造的剩余价值无偿地攫为己有。而广大工人群众，除了自己的劳动力以外，是一无所有的。他们为了生活，不得不把自己的劳动力当做商品出卖给资本家。他们得到的工资，就是劳动力这种商品的价格。劳动力的价格，是由维持劳动者及其家属的生活所必需的最低费用决定的，由于资本主义社会中经常存在着大量的失业工人，资本家总是极力地把在业工人的工资压低到最低水平，而把工人所创造的价值攫为己有。这就说明，资本主义生产方式，决定了资本主义的分配关系是一种人剥削人的关系。

---

① 马克思：《哥达纲领批判》，《马克思恩格斯选集》第三卷，人民出版社 1972 年版，第 13 页。

　　与资本主义制度根本相反，在社会主义制度下，由于生产资料公有制的建立，由于人们在生产和劳动中相互关系的根本改变，人们的分配关系也发生了根本的变化。在这里，社会生产的成果，不再被少数剥削者无偿地占有；而是归全体劳动人民所有，按照劳动者的利益来进行分配。

　　在社会主义社会中，为了不断地扩大再生产，为了社会的公共利益，不能够也不应当把全部产品都直接分配给劳动者个人消费。在进行个人消费品分配以前，必须在全部产品中扣除补偿消费掉的生产资料所需要的费用；扣除用于扩大再生产的费用；扣除为了预防意外事故、自然灾害等所必需的后备基金和保险基金；扣除一般非生产的管理费用和国防费用；扣除作为满足共同需要的费用，如学校、保健机关的费用和为丧失劳动能力的人设立的基金，等等。这些扣除，都是符合劳动者的长远利益和目前利益的，都是直接或者间接地为满足劳动者的需要服务的。只有从社会产品中扣除这些费用，才能保证社会扩大再生产的顺利进行，才能为提高全体劳动人民的物质生活和文化生活，提供坚实的基础。那种只顾目前利益、不顾长远利益，只顾个人、不顾集体的观点，是错误的。那种"不折不扣的劳动所得"论，只要消费，不要积累，吃光花光的观点，更是极其荒谬的。恩格斯在《反杜林论》中就曾经驳斥过这种观点。他说：全部生产品，都将被分配了，而社会的一种最重要的进步职能，积累，就被剥夺，并被放到个人的掌握之中、个人的意志之下。各别的个人，可以任意处置自己的"收入"，可是社会则最多也只是和以前一样的富，一样的贫，这样，结果只是：过去所积累的生产资料之所以集中于社会手中，只是为着要使将来所积累的一切生产资料，重新分散于个人的手中。谁自己打自己的耳光，谁就是纯粹的荒唐①。关于为什么要有社会主义积累，为什么不能把积累都分给个人消费掉，恩格斯把道理说得明白极了。

　　从社会产品中做了上述各项扣除以后，其余的部分，就是要直接分配给劳动者个人消费的。在社会主义阶段，个人消费品的分配，还不能实行"各尽所能、按需分配"的共产主义原则，而必须实行"各尽所能、按劳

---

　　①　恩格斯：《反杜林论》，人民出版社1963年版，第329页。

分配"的社会主义原则。这是因为：

第一，在社会主义阶段，社会生产力的发展水平还不够高，产品还不十分丰富。在这种情况下，只有实行各尽所能、按劳分配的原则，才是切合实际的。

第二，在社会主义阶段，城乡之间、工农之间以及脑力劳动与体力劳动之间的对立，虽然已经消失，但是，它们之间的本质差别仍然存在。在个人消费品的分配制度上，应当承认这些差别，照顾这些差别，根据各个人的劳动贡献不同，来分配个人消费品。

第三，在社会主义阶段，人们的共产主义思想觉悟和道德品质，还没有普遍地得到极大的提高；在人们的头脑里，还或多或少地保存着资产阶级思想的残余。劳动还没有成为人们生活的第一需要，还是谋生的手段。因此，劳动还要给予报酬，还要实行按劳分配。

这就说明，在社会主义阶段，实行各尽所能、按劳分配的原则，是由一定的不以人们的意志为转移的客观条件决定的。

社会主义的各尽所能、按劳分配，是对资本主义不劳而获的分配制度的根本否定。它实现了"不劳动者不得食"的社会主义原则。每一个有劳动能力的人，都必须参加劳动，并且根据他们的劳动分配个人消费品。这是历史上一种崭新的分配制度。它对于促进社会主义生产的发展，起着积极的作用。主要是：

第一，实行各尽所能、按劳分配，可以在个人利益服从集体利益的前提下，把劳动者的个人利益和集体利益密切地结合起来，从而有利于促进劳动者关心生产成果，促进劳动者努力提高文化技术水平，不断提高劳动生产率。

第二，实行各尽所能、按劳分配，对于在社会主义阶段还没有被消灭的剥削阶级和剥削阶级分子来说，是迫使他们逐步改造成为自食其力的劳动者的手段之一。

第三，各尽所能、按劳分配，也是巩固社会主义劳动纪律的一个重要工具。它对于那些不能以正确的态度对待劳动的人，起着社会监督的作用。

　　正因为这样，党的八届六中全会《关于人民公社若干问题的决议》中指出，继续保持各尽所能、按劳分配原则，是发展社会主义经济的一个重大原则问题，在社会主义制度下，否定按劳分配的原则，就会妨害人们劳动的积极性，就不利于生产的发展，不利于社会产品的增加，也就不利于促进共产主义的实现①。

　　在社会主义工业企业里，贯彻执行各尽所能、按劳分配的原则，可以对发挥劳动者的积极性起鼓励作用。我们必须看到，充分调动职工群众积极性的根本保证，是不断地提高广大职工的思想觉悟，引导他们走革命化的道路。只有使人人都明确地意识到自己是在干革命，自己所做的平凡的工作，都是伟大的革命工作的一部分，才能振奋起广大职工的革命精神，使他们在生产中永远保持冲天的革命干劲，充分发挥自己的才能。所以，实行各尽所能、按劳分配的原则，必须坚持政治挂帅，必须把思想政治工作放在首要地位。

　　我们还必须看到，根据各尽所能、按劳分配的原则分配个人消费品，这实际上还是反映着商品等价交换的原则，即一种形态的一定数量的劳动，可以与另一种形态的同量劳动相交换。这种等价交换，看起来是平等的，但是，这种平等的权利，在原则上仍然是资产阶级法权。它默认不同人的个人天赋、不同的工作能力，可以有不同报酬的特权。即使在同等劳动得到同等数量消费品的情况下，由于劳动者所赡养的人口多少不同，人们的生活水平也就不同。所以，"这种平等的权利，对不同等的劳动来说是不平等的权利"②。正因为这样，各尽所能、按劳分配并不是我们最理想的分配制度，我们的理想，是要最终实现"各尽所能、按需分配"的共产主义原则。正因为这样，我们在实行各尽所能、按劳分配的时候，必须加强对劳动者的思想教育，使他们自觉地抵制和克服那种好逸恶劳、斤斤计较个人利益的资产阶级思想影响，不断提高无产阶级的思想觉悟。只有这样，才能很好地发挥各尽所能、按劳分配原则的积极作用。如果把各

---

①　《中国共产党第八届中央委员会第六次全体会议文件》，人民出版社 1958 年版，第 14 页。

②　马克思：《哥达纲领批判》，《马克思恩格斯选集》第三卷，人民出版社 1972 年版，第 11 页。

尽所能、按劳分配原则凝固化、绝对化，在实行各尽所能、按劳分配的时候，不加强对劳动者的思想教育，那是非常错误的。

在社会主义工业企业中，为了正确地贯彻实行社会主义的各尽所能、按劳分配原则，就必须在工资奖励工作中，一方面反对高低悬殊，另一方面要反对平均主义。

我们必须反对工资、奖励工作中的高低悬殊。因为高低悬殊的工资制度，是违背各尽所能、按劳分配原则的。它不利于工人阶级的团结，不利于工人阶级和农民的团结；它容易使干部脱离群众，形成高薪的特殊阶层，并且会助长一些人斤斤计较个人得失，追求个人享受，使资产阶级思想滋长。国际共产主义运动的历史经验告诉我们，高薪阶层是社会主义国家产生现代修正主义的一个重要的社会基础。早在十月革命取得胜利的初期，列宁就非常强调，在工资政策中必须坚持巴黎公社的原则，即一切公务人员，都只应领取相当于工人工资的薪金，只对资产阶级专家付给高额的薪金。

列宁曾经十分明确地指出过高额薪金对社会主义的腐蚀作用。他说：高额薪金的腐化作用要影响到苏维埃政权……影响到工人群众，这是无可争辩的[1]。所以，列宁认为，当时对资产阶级专家实行高薪制，这是出于不得已，是对资产阶级专家的赎买。同时，他指出，随着工农群众愈快地学会遵守优良的劳动纪律和学会极高的劳动技术，我们就能愈迅速地免除向这些专家缴纳的一切"贡款"[2]。事实证明，列宁的论断，是完全正确的。我们党、我们的领袖毛泽东同志一贯地坚持马克思列宁主义的这一原则，坚决反对工资、奖励工作中的高低悬殊，主张实行合理的工资制度，主张绝不要实行对少数人的高薪制度。应当合理地逐步缩小而不应当扩大党、国家、企业、人民公社的工作人员同人民群众之间的个人收入的差距。防止一切工作人员利用职权享受任何特权。我国实行的工资制度，高低之间的差别，本来就是比较小的，而且还在不断地缩小这种差距。

---

① 列宁：《苏维埃政权的当前任务》，《列宁全集》第 27 卷，第 229 页。
② 同上。

当然，我们也反对工资、奖励工作中的平均主义。因为平均主义的工资制度和奖励制度，是违反各尽所能、按劳分配原则的。它抹杀勤惰之间的差别、熟练劳动和非熟练劳动之间的差别，因而不能激励人们的生产积极性。正如毛泽东同志所指出的，绝对平均主义思想的"性质是反动的、落后的、倒退的"①。谁要是提倡绝对的平均主义，那是错误的。

在我们社会主义工业企业里，工资工作和奖励工作，还要贯彻执行党在发展生产和提高劳动生产率的基础上，逐步改善职工物质文化生活的方针，以及从六亿人口出发，统筹兼顾，适当安排的方针。

在发展生产和提高劳动生产率的基础上，逐步改善职工的物质生活和文化生活，这是处理生产和生活的关系、积累和消费的关系、工资增长和市场消费品增长的关系的正确方针。在社会主义制度下，劳动人民是国家的主人。社会主义生产的目的，是为了满足广大人民日益增长的物质和文化生活的需要。因此，在生产和生活之间、积累和消费之间不存在对抗性的矛盾。它们是相互依赖、相互促进的。社会主义积累是为了加速生产的发展；生产发展了，才能不断地改善人民生活。在生产发展的基础上，逐步地改善人民生活，有利于调动劳动群众的生产积极性和创造性，从而也有利于生产的发展，有利于积累的增加和社会主义建设。但是，生产和生活、消费和积累之间也存在着一定的矛盾。在一定的时期，要高速度地扩大再生产，就要从国民收入中拿出相当的部分用于积累，这会相对地减少用于改善人民生活的消费基金；反过来，消费基金多了，就会减少积累资金，影响国家建设和生产发展的速度。因此，我们必须正确地处理生产和生活、积累和消费的关系，使国家利益、集体利益和个人利益，职工的目前利益和长远利益，很好地结合起来。

为了做到这一点，一方面，不能片面地强调增加积累、扩大生产，而忽视适当地改善人民生活；另一方面，也不能脱离生产的发展，片面地强调人民生活的改善。职工工资的增加，必须在发展生产和提高劳动生产率的基础上，逐步地进行。只有这样，职工工资的增长，才能和市场上可能

---

① 毛泽东：《在晋绥干部会议上的讲话》，《毛泽东选集》第四卷，人民出版社1991年版，第1314页。

提供的消费品的增长相适应，人民生活的改善，才有物质基础。

从六亿人口出发，统筹兼顾，适当安排，这是在工资工作中处理工农关系以及职工队伍内部关系的正确方针。从这个方针出发，职工的工资福利，必须和我国人口多、底子薄、生产水平不高的实际情况相适应；必须统筹兼顾全国人民的生活，特别是工农生活。由于工业劳动和农业劳动的复杂程度不同，劳动生产率不同，以及工农生活的历史条件和城乡生活条件的不同，在一定的历史时期，在工农生活之间，保持一个合理的差别是必要的。但是，工农的生活差别，不能够也不应当相差过大，并且还应当逐步地缩小。否则，就不利于正确地处理工农关系，巩固工农联盟。在职工队伍内部，各类职工之间的工资差别，也要合理，决不能高低悬殊。这样，才有利于工人阶级的团结，促进生产的发展。

社会主义工业企业的工资工作，是在国家的集中领导和统一计划下进行的。国家制定统一的工资政策，统一规定各个工业部门的工资制度和工资计划。工业企业的工资工作，必须在严格遵循党和国家规定的工资政策、工资制度和工资计划的前提下，从本企业的具体情况出发，坚持政治挂帅，认真地实行各尽所能、按劳分配原则，做好职工的升级、转正工作；正确地选择工资形式；做好奖励工作；以便正确地处理企业内部各类人员的工资关系，更好地调动广大职工的生产积极性。

第二节　工资制度

社会主义工业企业职工的工资制度，都是由国家规定的。企业的管理人员和技术人员的工资制度是实行等级工资制。这就是说，根据各种职务的复杂程度、责任大小等不同，确定不同的工资等级，并且规定相应的工资数额，按月给管理人员和技术人员支付工资。企业生产工人的工资制度，也是实行等级工资制，一般称为工人工资等级制度。下面要详细地讨论生产工人的工资等级制度和组织生产工人升级的工作。

一　工人工资等级制度

生产工人的工资等级制度，是由国家根据不同工业部门在发展国民经济中的作用、劳动条件和技术的复杂程度、劳动的繁重程度等分别规定的。它是确定工人工资收入、调节工人工资关系的基本依据。

工资等级制度，包括技术等级标准、工资等级表和工资标准三个部分。

（一）技术等级标准

技术等级标准，是分产业、分工种制定的。在技术等级标准中，根据工作的技术复杂程度、劳动繁重程度和责任大小，规定技术等级的数目和各个技术等级的技术要求。这些技术要求的内容，是工人为完成各项工作所必须具备的理论知识和实际操作技能。它包括"应知"、"应会"和"工作实例"三个方面。

"应知"是指工人为了完成各项工作，对于机器设备的结构、性能和操作技术等所应当具备的理论知识。

"应会"是指工人为了完成各项工作，应当具备的实际操作技能。

"工作实例"是根据上述"应知"、"应会"的要求，列出各个不同技术等级工人应做的典型工作实例。在集体操作的工作中，由于不易于列举个人的工作实例，也可以规定出各个不同技术等级工人的生产责任。

技术等级标准，是衡量各项工作的技术等级和工人熟练程度的尺度。通过技术等级标准，可以使不同工种、不同熟练程度的劳动进行比较，为贯彻执行各尽所能、按劳分配原则创造条件。同时，技术等级标准，也是工业企业安排劳动力和编制职工培训计划的一个重要依据。

（二）工资等级表

工资等级表，是确定各个工业部门的工资等级数目和各等级工人之间的工资差别的。

工资等级数目，是根据各部门工作的技术复杂程度、劳动繁重程度和责任大小，来确定的。生产技术比较复杂、劳动比较繁重或者工作比较重要的部门，工资等级数目可以多一些；反之，工资等级数目就可以少一些。一般说来，工资等级数目不能太多，也不能太少。工资等级数目太多，各级之间的技术要求相差不大，工人升级很容易，工资差距又太小，这对于鼓励工人努力学习技术是不利的。工资等级数目太少，各级之间的技术要求相差太大，就容易使工人感到升级是高不可攀的事情，也会影响工人在技术上进步的积极性。

工资等级数目确定以后，要进一步规定各级之间的工资差别。

计算各级之间工资差别的方法，有两种：一种方法是确定工资等级系数。工资等级系数，是表示某一等级的工资数额和第一级工资标准的对比关系。相邻两级之间工资差额的倍数，称为级差百分比。

另一种计算方法，就是对各级工人的工资规定绝对的金额。这种方法，比较简便，具有计算方便和工人容易明了等优点。

工资等级表和技术等级标准有密切的联系。技术标准是确定工资等级的重要依据之一，但不是确定工资等级的唯一依据。

（三）工资标准

工资标准又称工资率。它是为工人规定的一定工作时间内的工资数额。工资标准可以按小时、日、月来规定，因而有小时、日、月的工资标准。

工资标准，是由国家在国民经济各部门之间进行平衡的基础上，分产业确定的。国家在规定各产业工资标准的时候，一般要考虑以下几个因素：（1）工农业的生产水平和工人生活的基本需要；（2）从六亿人口出发，合理安排工农生活水平的差距；（3）各产业生产技术的复杂程度、劳动的繁重程度和它在国民经济中的作用；（4）各地区的自然条件、人民生活水平和物价情况，等等。

二　生产工人升级的组织工作

在实行工资等级制度的情况下，做好生产工人升级的组织工作，是十分重要的。每一个工业企业，都应当根据生产发展的需要和工人熟练程度的提高，按照国家的规定，在不超过国家规定的工资总额的前提下，做好生产工人升级的组织工作。

要做好工人升级的工作，首先要正确地确定和掌握工人升级的条件。根据社会主义各尽所能、按劳分配原则的要求，工人的升级条件，主要是在考虑生产需要的前提下，工人的技术熟练程度、劳动态度和生产成绩。所谓生产需要，是指企业的生产岗位和工作的需要。工人的技术熟练程度，是指工人的生产知识、实际操作技能和处理复杂的技术问题的能力，等等，这些，和工人的劳动质量基本上是一致的。在生产需要的条件下，它是工人升级的一个重要条件。同时，也必须看到，相同技术熟练程度的工人，由于劳动态度不同，劳动成果也不一样。所以，在评定工人工资等级的时候，还需要考虑工人日常的劳动态度和生产成绩。此外，还要适当地照顾工龄。因为老工人一般具有比较丰富的生产经验，是生产中的骨干。他们在生产中的作用，在一般正常生产的情况下，不容易完全显示出来。可是，当革新工具、设备，解决生产关键问题的时候，或者，在生产中发生某些紧急情况的时候，老工人的重要作用，就会充分地表现出来。在没有实行工龄津贴的情况下，升级中适当地照顾工龄，这不仅有利于发挥老工人的生产积极性，而且也可以促使新工人更好地向老工人学习。这是符合社会主义各尽所能、按劳分配原则的。

有了正确的升级条件，还必须有正确的升级方法，才能使升级工作充分发挥积极作用。经验证明，采取考工和民主评议相结合的方法，来评定工人的工资等级，是一种比较好的升级方法。采取这种方法，可以使领导和群众密切结合，比较全面地反映工人的技术熟练程度和劳动态度，比较正确地掌握升级条件。

考工是按照技术等级标准，具体地测验工人所掌握的技术理论知识和实际操作能力，是否符合所升工资等级的技术等级标准要求。考工可以作为工人升级的一个依据。但是，考工总是在一定时期就某些项目进行的，它往往不能全面地反映工人的技术水平，特别是不能反映工人的劳动态度。因此，在进行考工的同时，还必须系统地考核工人的日常生产情况，并且结合群众的民主评议，全面地考察和鉴定工人的技术熟练程度和劳动态度。

民主评议就是发动群众进行讨论，由群众根据规定的升级面、升级的条件和每个人的情况进行评定，提出应当升级的工人名单。通过这种群众性的民主评议，可以使领导比较全面地了解升级工人的各方面情况，从而正确地进行工人的升级工作。同时，民主评议的过程，也是一种群众性的自我教育的过程。通过评议，肯定各个人的优点，开展批评与自我批评，能够促进比、学、赶帮运动的开展。这样，就可以使工人升级的工作，成为促进工人团结向上的有利因素。

在组织工人升级的工作时，首先要向工人讲形势、摆任务，教育工人正确地处理个人利益和国家利益的关系，端正对升级的态度。然后，企业的劳动工资部门要根据国家规定的升级面和工资计划，进行测算、平衡，同时，发动群众民主评议、提升级方案，并且进行必要的技术考工。这样上下结合，经过平衡、调整，拟订出升级方案，再经过群众讨论，最后定案。经验证明，只有采取这种领导和群众相结合的方法，并且自始至终都抓紧对工人的思想教育，才能保证把工人的升级工作做好，使升级的工人受到鼓励，更加努力地工作，不升级的工人也心情舒畅，进一步鼓足干劲，力争先进。

第三节　工资形式

工资等级制度，主要是从劳动质量这个方面来评定工人的工资等级和工资标准，并且，它在一定程度上也反映了劳动数量的因素。但是，工资等级制度并不能完全反映工人劳动的质量和数量。因此，在社会主义工业企业中要贯彻实行各尽所能、按劳分配原则，只有工资等级制度是不够的，还必须有正确的工资形式。

工业企业的工资形式，基本上有两种，这就是计时工资和计件工资。

一　计时工资

计时工资是根据工人的技术熟练程度、劳动繁重程度和工作时间的长短，来支付工资的一种形式。计时工人工资的数额，是根据他们的工资等级、相应的工资标准和工作的时间来确定的。

计时工资根据计算的时间不同，一般可以分为以下三种：

（1）小时工资制，即根据工人的小时工资标准和实际工作的小时数来计算工资；

（2）日工资制，即根据工人的日工资标准和实际工作日数来计算工资；

（3）月工资制，即根据规定的月工资标准来计算工资。

在工业企业中，按照哪一种形式来计算计时工资，应当根据企业的实际情况决定。一般说来，生产工人多数实行日工资制。它的计算公式如下：

$$工人全月应得工资额 = \frac{月工资标准}{25.5 \ 天} \times 实际工作天数$$

计时工资根据它是否同奖励相结合，又可以分为简单计时工资制和计时奖励工资制。

（1）简单计时工资制。它根据工人的工资等级、相应的工资标准和工作时间的长短来确定工资数额，而不大考虑工人在这段工作时间中劳动成果的数量和质量。因此，它对于工人提高产品质量、增加产品数量的鼓励作用不大。

（2）计时奖励工资制。它是把简单计时工资制和奖励制度结合起来的一种工资制度。实行这种工资制度，工人的工资收入，除了计时工资以外，还有根据他们劳动成果的状况所获得的奖金。这就可以更好地鼓励工人提高产品质量、增加产品数量和节约物资消耗。在我国国营工业企业里，大都采用这种形式。

二　计件工资

计件工资，是按照工人生产的质量合格的产品的数量，以及预先规定的计件单价，来计算劳动报酬的一种工资形式。这种工资形式，在一定条件下，可以把工人的工资收入同他们的劳动质量和数量更直接、更紧密地联系起来，因而，对促进工人努力提高技术水平，加强劳动纪律，改进劳动组织，提高劳动生产率，有一定的作用。同时，实行计件工资制，比较容易使工人产生片面地追求产量，而忽视提高产品质量和节约物资消耗的偏向，滋长挑肥拣瘦、斤斤计较的个人主义思想。所以，在实行计件工资制的时候，就必须更加注意对工人的思想教育，加强各方面的管理工作。

计件工资制，按照对计件单价计算的方法不同，可以分为直接无限计件制和累进计件制。直接无限计件制，就是不论工人完成和超额完成合乎质量标准的产量定额如何，都按照统一的单价来算工资。累进计件制，是根据工人完成和超额完成合乎质量标准的产量定额的程度，采取不同的单价来计算工资。计件单价随着超额程度而增加，超额的程度越大，所采用的计件单价也越大。累进计件制容易造成过多的工资支出，影响产品成本和职工之间的团结，所以，除了在个别特殊情况下需要采用这种工资形式以外，一般不宜采用。

计件工资制按照完成同一生产任务计件的范围，可以分为个人计件制和集体计件制。个人计件制一般是在能够明确分清个人生产的产品（或完成的工作）数量和质量的条件下实行的；集体计件制一般是在机器设备和工艺过程要求集体完成某一工作或者生产某种产品，不能准确地计算个人的产量和质量的条件下实行的。在某些虽然能够计算个人的生产成果，但是，特别要求加强生产过程的相互配合的条件下，也可以根据需要，实行集体计件制。

实行个人直接无限计件工资制的工人工资数额，是以每个工人生产的质量合格的产品的数量，乘以统一的计件单价计算出来的。统一的计件单价，又是根据工资标准和产量定额来计算的。它的计算公式如下：

$$计件单价 = \frac{按工作物等级确定的单位时间的标准工资}{单位时间的产量定额}$$

个人计件工资 = 工人生产的质量合格的产品的数量 × 计件单价

实行集体计件工资制，首先要按照一个总的计件单价来计算整个工作组的工资。它的计算公式如下：

$$\frac{计件}{单价} = \left[\begin{array}{l} 按照合理定员（或者工作组工作等级）\\ 确定的工作组工人月标准工资总额 \end{array} \right] \div$$

$$(25.5 天 × 每班法定的工作小时) × 单位产品工时定额$$

或者：

$$计件单价 = \left[\begin{array}{l} 按照合理定员（或者工作组工作等级）\\ 确定的工作组工人月标准工资总额 \end{array} \right] \div$$

$$(25.5 天 × 每班法定的工作小时) \div 单位小时产量定额$$

工作组的计件工资 = 工作组生产的质量合格的产品的数量 × 计件单价

计算出工作组所得的工资总额以后，还要在工作组内各个工人之间进行合理的分配。分配工资的办法，大体有三种：

（1）全部计件工资按照每个工人的工资等级和实际工作时间来分配。

（2）定额以内的部分，按照工人的工资等级和实际工作时间分配；超额部分，由工作组民主评定分配。

（3）定额以内的部分，按照工人的工资等级和实际工作时间分配，超额部分根据工人实际工作时间平均分配。

一般来说，第二种办法是比较好的。因为它既考虑了各个工人技术熟练程度的差别，又考虑了他们在生产中不同的劳动态度和协作精神，并且，通过群众民主评议，开展批评与自我批评，也有利于把政治思想教育和适当的物质鼓励很好地结合起来。

三　工资形式的选择

上面说明了工业企业中两种基本的工资形式——计时工资制和计件工资制。它们都是体现社会主义各尽所能、按劳分配原则的工资形式，各有特点，各有不同的适用条件。不同的工业企业，由于生产性质和生产条件不同，采取的工资形式应当有所不同。即使在一个企业内部，由于各个生产单位和各个工种的情况不同，它们实行的工资形式也不完全相同。因此，如何根据工业企业以及企业内部各个生产单位、各个工种的具体条件，来选择适当的工资形式，是一个十分重要的问题。

应当怎样来选择工资形式呢？

总的说来，工资形式的选择，应当以是否有利于促进生产的发展、有利于促进劳动生产率的提高、有利于工人阶级内部的团结为准则。凡是实行计时工资制能够更好地达到这个目的的，就应当实行计时工资制；凡是实行计件工资制能够更好地达到这个目的的，就应当实行计件工资制。那么，怎样来判别哪一种工资形式对促进生产发展更有利呢？是实行计时工资好，还是实行计件工资好呢？

一般来说，这要从实际出发，从分析研究工业企业以及企业内部各个生产单位、各个工种的具体条件和各种工资形式的特点来确定。要根据企业的生产技术条件，工作性质，企业管理的水平以及职工的觉悟程度等来确定采用哪种工资形式。目前，在我国国营工业企业中，大部分职工实行计时奖励工资制，少部分职工实行计件工资制。

在实行计件工资制时，一般说来，要考虑以下条件：

第一，生产技术条件。在生产过程机械化、自动化水平比较低的情况下，例如，在手工操作和机手并动的操作所占比重较大的生产单位里，提高工人的操作熟练程度，充分地有效地利用工时，对于增加生产、提高产品质量，有比较直接的、重要的作用。在这些生产单位里，可以实行计件工资制。相反，在机械化、自动化程度比较高的生产单位里，劳动生产率的提高，在相当大的程度上直接取决于技术装备的先进程度。在这些单位里，就不宜实行计件工资制，而应当实行计时工资制。

第二，工作的性质。由于实行计件工资制的主要目的，是在保证产品质量的基础上增加产量，因而只有对于那些直接从事产品生产，并且工人的劳动状况如何，能够直接影响产量增加的工种，实行计件工资制，才有利于促使工人提高劳动生产率，完成和超额完成生产任务。反之，对于那些主要要求提高工作质量、降低物资消耗的工种，实行计件工资制，就不会发挥它应有的作用。例如，对于保证机器设备正常运转的检修工人，保证安全供气、供电的辅助生产工人，保证产品质量合乎技术标准的检验工人，以及其他为基本生产服务的辅助工种工人，一般的就不宜于实行计件工资制，而应当实行计时工资制。同时，对于那些直接从事产品生产的工种，在选择工资形式的时候，还要考虑生产任务是否饱满。在生产任务不够饱满的情况下，实行计件工资制是没有实际意义的，因而也是不必要的。

第三，计件工资制，是根据工人生产的合乎质量标准的产品的数量，和以劳动定额为基础的计件单价支付工资的，因而它要求有健全的产量统计、质量检验、原料、材料的消耗定额和领发保管制度以及严格的责任制度，特别是要求有准确的劳动定额。劳动定额是否准确，直接决定着计件工人的工资收入是否合理，决定着计件工资制能否取得积极的效果。同时，还要求工业企业做好生产组织工作和原料、材料供应等工作，如果生产任务变动频繁，原料、材料的供应时断时续，实行计件工资制，是不可能取得预期效果的。

在采用计件工资制的时候，对于这种工资形式，必须有一个正确的认识。

　　社会主义工业企业中的计件工资制，也是体现社会主义各尽所能、按劳分配原则的一种工资形式。但是，实行计件工资制，在某些条件下，也容易产生一些缺点。正像前面说过的，计件工资制的物质鼓励作用比较大，因而容易使有些思想落后的工人斤斤计较、挑肥拣瘦，甚至在工作中弄虚作假，也容易使工人产生只顾产量，忽视质量，忽视节约原料、材料，忽视设备维护等偏向。这些偏向，只要我们坚持政治挂帅，加强对职工的思想教育，加强企业管理工作，就是说，加强质量检验工作，加强劳动定额和原料、材料消耗定额的管理，加强机器设备的维护和保养，特别是加强思想政治工作，上面所说的这些缺点就可以避免，即使在个别单位发生了，也能够很快地得到纠正。这样，实行计件工资制的积极作用，就能够得到很好的发挥。相反，如果放松了管理工作，放松了思想政治工作，那么，上述这些不良现象当然就会发生，计件工资制的积极作用也就不可能发挥出来。所以，关键在于我们要做好工作。当然，如果在不必要或者没有条件的时候，也勉强地、机械地去推行计件工资制，那就会违反各尽所能、按劳分配的原则，造成工资超支和影响工人的团结。这是必须防止的。

　　工业企业和企业内部的各个生产单位、各个工种的生产条件和管理条件，不是固定不变的。当它们的生产条件和管理条件发生了重大的变化，原来实行的工资形式已经不再适合生产发展需要的时候，工业企业就应当适时地改变原有的工资形式，以新的适合生产发展需要的工资形式代替旧的工资形式。

第四节　奖励和津贴

一　奖励

　　工资和奖励，都是实现社会主义各尽所能、按劳分配原则的劳动报酬形式。那么，有了工资，为什么还要有奖励呢？奖励又为什么只能是劳动报酬的辅助形式呢？

　　大家知道，社会主义的各尽所能、按劳分配的分配原则，要求按照工人劳动的数量和质量来支付报酬。通过一定的工资制度和工资形式，基本上解决了这个问题。这就是说，根据工作的技术等级评价工人劳动的质量；根据工作时间或者生产成果评价工人劳动的数量。正因为这样，我们说工资是劳动报酬的基本形式。工资工作做得好不好，对于正确地贯彻执行各尽所能、按劳分配原则，起着主要作用。但是，工资并不能解决按照工人劳动的数量和质量来支付劳动报酬的全部问题。例如，在实行简单计时工资制的情况下，工资只是反映了工人的技术熟练程度、劳动繁重程度和工作时间的不同，至于在同一工作时间中，由于工人实际支出的劳动不同，以及因此形成的在劳动成果上的差别，在计时工资中是得不到反映的。为了克服简单计时工资制的这个缺点，就需要建立一定的奖励制度。在实行计件工资制的情况下，在一定的条件下，工人的工资收入，一般可以反映出工人劳动的数量和质量，但是，也不能完全地反映出来。例如，工人在进行技术革新提高产品质量和节约物资消耗等方面的努力，并不能完全在计件工资中得到反映。因此，在一定条件下，根据需要，在实行计件工资的同时，也可以结合实行一定的奖励制度。

由此可见，奖励是工资的一种必要的辅助形式，做好工业企业的奖励工作，对于正确地贯彻执行各尽所能、按劳分配原则，促进生产的发展，也是很重要的。

工业企业的奖励工作，同组织社会主义的劳动竞赛是密切地结合在一起的。奖励的条件和社会主义劳动竞赛的条件基本上是一致的；评奖、发奖，同劳动竞赛也有密切的联系，奖励工作应当推动开展比、学、赶、帮运动的发展，促进革命的集体主义精神的发扬。因此，在研究奖励的具体组织工作的时候，应当和组织社会主义劳动竞赛密切结合起来。

在第十八章"社会主义工业企业的劳动竞赛"第三节中已经说过：社会主义工业企业的奖励形式有两种，一种是荣誉奖，一种是物质奖。这里主要地说一说物质奖励中的一些问题。

工业企业要做好物质奖励工作，使奖励能够发挥应有的积极作用，就必须正确地制定奖励条件，合理地确定奖金标准和计奖单位，并且做好评奖工作。

（一）奖励条件

工业企业的奖励，总的来说，有综合奖和单项奖两种。

综合奖是以职工全面地完成各项指标作为得奖条件，例如，产品数量、质量、节约、安全和遵守劳动纪律、互助协作，等等。一般来说，工业企业要根据实际情况，规定一两个指标作为奖励的主要条件，其他指标作为辅助条件。综合奖的好处是，奖励条件比较全面，有利于促使工人全面地完成生产任务，有利于加强工人的互助协作和培养正确的劳动态度。但是，综合奖奖励条件规定不当时也容易产生奖励条件过多、主次不分、得奖面过宽、功过不明、平均主义等缺点。

单项奖以职工完成某一项指标作为得奖条件，而以完成其他有关的指标作为得奖的前提。例如，超额完成生产任务奖，是以产量指标作为得奖条件，而以保证产品质量、安全生产和不突破原料、材料消耗定额等作为得奖的前提。显然，如果一个工人超额完成了生产任务，但是，他没有保证产品质量、安全生产，或者，大量地浪费了原料、材料，那是不能得奖的。同样，产品质量奖，是以产品质量指标作为得奖条件，而以保证产量、节约原料、材料等作为得奖的前提；节约奖，是以物资的节约作为得奖条件，而以保证产品质量和数量等作为得奖的前提，等等。这种单项奖，由于得奖条件单一而且明确，对于集中精力解决生产中的关键问题，有一定的积极作用。但是，如果掌握不好，也容易突出一个方面，忽视其他方面，造成不良的后果。这是在采用单项奖的时候，应当注意防止的。

工业企业应当从生产需要出发，根据企业的生产性质，以及各类人员生产、工作的特点，来正确选择奖励形式。一般来说，凡是产品数量、质量和所消耗的原料、材料等有数据可以考核，而且需要以其中一项突出要求作为奖励指标的，可以在保证实现其他有关指标的条件下，实行单项奖。凡是需要鼓励工人同时实现多项奖励指标和其他要求的，可以实行综合奖。在工业企业里，管理人员、服务人员以及无法制定定额和考核工作成绩的辅助工人，都实行综合奖。

工业企业是一个生产单位，必须以生产为中心，根据生产（工作）的特点和要求来规定奖励条件。由于工业企业中各种工作的性质和要求不同，对于从事不同工作的职工，应当根据他们工作的特点和要求，规定不同的主要的奖励条件。例如，对于直接进行产品生产的基本生产工人，可以把产品数量、质量和节约等作为他们得奖的条件；对于为基本生产服务的辅助工人，像车间的运输工人、加油工人、清扫工人等，除了要全面考核他们完成本职工作的情况以外，还应当把他们直接服务的生产工人完成生产任务的好坏作为得奖条件，以便促使他们更好地配合基本生产工人完成生产任务；对于车间的维修工人，应当主要根据他们完成计划规定的维修任务的情况，进行评奖，而一般不宜把他们服务的生产工人完成生产任务的好坏，作为得奖条件，以便保证机器设备得到及时的维修，防止为了赶任务而造成设备带病运转的偏向；对于质量检验人员，主要应当以不漏检、及时地完成检验任务和帮助生产工人提高产品质量的情况，作为得奖条件，以鼓励检验人员认真负责，积极完成检验任务，并且努力帮助生产工人提高产品质量。总之，对于工业企业中各种不同的工种和人员，都应当根据他们的具体条件，规定适当的奖励条件，而不能千篇一律。并且，在生产情况和工作条件发生变化的时候，奖励条件也应当做相应的修订。

工业企业所有职工的奖励条件，都要力求先进，力求明确具体。凡是能够用数字表示的，都应当规定具体的数字指标；凡是不能够用数字表示的，也应当力求具体，便于职工相互竞赛，便于评奖。

（二）奖金标准和计奖单位

正确地确定奖金标准，是工业企业奖励工作中的一个重要问题。工业企业应当按照职工在生产中的作用，完成奖励条件的难易程度，以及预计经济效果的大小，来合理确定不同工种的工人和不同工作的职工的奖金标准。对于主要工种和超额完成任务比较困难的工种，应当规定较高的奖金标准；对于辅助工种和超额完成任务比较容易的工种，规定的奖金标准就要低一些。在一般情况下，工人的奖金标准应当高于职员，从事繁重劳动的工人应当高于从事轻便劳动的工人。

工业企业在确定各类人员的奖金标准的时候，除了要考虑企业内部各类人员奖金的平衡关系以外，还必须严格遵守国家的规定，不得超过上级行政主管机关分配给本企业的奖金总额。

工业企业还要正确地确定计奖单位。一般来说，凡是多工种或者多数人联合工作，不能实行个人计奖的，可以实行集体计奖。但是，集体计奖的单位不能太大，一般以班、组为宜。技术人员和职员，一般应当以科室、车间或工段为计奖单位。

（三）评奖工作

评奖工作，也是工业企业奖励工作中的一个重要问题。为了使奖励工作能够有效地促进生产和社会主义劳动竞赛，工业企业应当根据生产的特点确定奖励期限。生产工人一般可以实行月评月奖；技术人员、职员一般可以采取月评季奖的办法。

在评奖工作中，应当按照民主集中制的原则，在各级生产行政和工会负责人的领导下，结合日常的生产统计记录，发动群众，根据实现得奖条件的情况，进行民主评议。然后，由各级领导根据群众评议的结果，进行审查，并予以公布。

评奖以后，凡是实行集体计奖的单位，还要合理地分配奖金。奖金的分配，最好根据每个职工实现得奖条件的情况，划分等级进行。不要平均分配，也不要笼统地按照工资等级分配，以鼓励每个职工在集体生产中的劳动积极性。

最后，应当指出，工业企业要做好奖励工作，就必须有健全的统计记录，有产品检验、定额定员和物资的供应、收发、保管等管理制度，并且要严格地贯彻执行这些制度。这样，才能更好地发挥奖励工作的积极作用。

二　津贴

为了补偿职工的劳动消耗，保障职工的身体健康，社会主义工业企业，根据国家的有关规定，实行一定的津贴制度。

各个工业部门、工业企业的生产性质和劳动条件不同，决定了它们实行的津贴项目也不同。但是，总的来说，工业企业中实行的津贴，大体可分为以下三种：

（1）属于补偿劳动消耗的津贴，如夜班津贴、野外津贴和师傅带徒弟津贴等。

（2）由于劳动条件特殊，为了保护职工身体健康而设立的津贴，如对于在高温、低温、粉尘、有害气体等环境中工作的职工，给以保健津贴。这类津贴，同企业的生产性质、生产设备和劳动保护等设施有关。工业企业应当改善这些条件。随着生产条件的变化，这类津贴和它的标准，也会发生变化。

（3）为了保障职工的生活而建立的津贴，如女工的哺乳津贴、停工津贴（或称停工工资）、取暖津贴，等等。这些津贴，对于保障职工生活有重要意义。但是，其中有的项目，如停工津贴，是由于管理工作中的缺点引起的，企业应当通过改进工作，力求减少和消除这种津贴的支出。

工业企业根据生产需要和国家规定所建立的各项津贴制度，对于更好地贯彻各尽所能、按劳分配原则，对于保障职工的身体健康和生活水平，有积极的作用。它具体地体现着党和国家对职工生活的关怀，体现着社会主义制度的优越性，因而会有力地激发广大职工的生产积极性。

第五节 工资计划工作和工资基金管理

工业企业的工资计划，是劳动工资计划的一个组成部分，也是编制成本计划、财务计划的一个重要依据。

工业企业正确地编制工资计划和在计划执行中加强工资基金管理，可以保证国家工资计划的实现；可以促使企业和企业中各个单位改善经营管理，合理地运用工资基金，节约劳动力，提高劳动生产率，降低成本；可以正确地处理职工之间的工资关系，加强职工团结，调动职工的生产积极性；可以正确地处理生产和生活的关系，保证职工生活在发展生产、提高劳动生产率的基础上，得到适当的改善。

一 工资计划的编制

工业企业的工资计划，分为年度计划和季度计划。季度的工资计划，是在年度计划范围内，根据季度的实际情况，进行必要的调整而定的。

工业企业在编制工资计划以前，必须对报告期工资计划的执行情况进行深入的分析，例如，分析劳动力的变动和使用情况，工资制度的执行情况和工资基金支出情况，工资增长和劳动生产率提高的关系，以及工资在成本中所占比重的变化，等等，以便发现问题，为计划期改进工作找出办法。同时，必须研究上级机关颁发的有关指示和规定，以便在编制计划的时候贯彻执行。

工业企业编制工资计划，依据的主要资料是：

（1）国家下达的工资总额计划指标；

（2）计划期的生产任务和劳动生产率指标；

（3）计划期各类人员的需要量；

（4）计划期实行的工资奖励制度（包括计时、计件、奖励和各种津贴制度）；

（5）计划期内学徒出师、职工升级，以及从高等学校、中等技术学校分配到企业的应届毕业生和他们的转正、定级资料，等等。

工业企业工资计划的编制工作，主要是要正确地确定工资总额和平均工资两个指标。

工资总额，是工业企业全体职工工资（包括标准工资、经常性奖金和工资性质的津贴）的总和。工业企业的工资总额，是国民收入中消费基金的一个组成部分，它的多少，直接影响到积累和消费的比例关系，以及职工工资增长和消费品生产增长的比例关系，所以，它是由国家控制的指令性指标。

要正确地确定工资总额，首先必须明确工资总额的组成范围。工业企业的工资总额，一般是由以下几个部分组成的：

（1）以各种形式支付给职工的标准工资，如计时工资、计件工资等；

（2）各种经常性的奖金，如完成和超额完成计划奖、质量奖、节约奖，等等；

（3）和工作有关的各种工资性质的津贴，如夜班津贴、师傅带徒弟津贴、技术津贴，等等；

（4）按照国家规定，支付给职工的非工作时间的工资性津贴和社会服务时间内的工资，如女工哺乳津贴、定期休假的工资、执行国家和社会义务时的工资，等等。

工业企业工资总额的计划，是按照职工分类，分别计算的。

（一）生产工人（包括基本工人和辅助工人）工资总额的确定

在计算生产工人的工资总额时，应当先计算生产工人的计时工资和计件工资。生产工人计时工资数额，等于各等级计时工人工资之和。它的计算公式如下：

$$\begin{matrix}\text{计划期应}\\\text{支付的计}\\\text{时工资数}\end{matrix}=\sum\left(\begin{matrix}\text{实行计时工资的各等级}\\\text{工人的平均在册人数}\end{matrix}\times\begin{matrix}\text{该工资等级工}\\\text{人月标准工资}\end{matrix}\times\begin{matrix}\text{计划期}\\\text{月数}\end{matrix}\right)$$

在计算计时工资的时候，要考虑到计划期内各车间、各工种人数的变化和晋级情况，以及计划期内的出勤率。如果计划期要进行工资调整，还要考虑到各等级工人工资标准的变动。

生产工人计件工资数额的计算公式如下：

计划期应支付的计件工资数＝计件单价×实行计件工资的计划工作量

在计算计件工资的时候，要考虑到计划期内由于修改劳动定额而引起的计件单价的变动，以及计件工人超额完成计划任务的情况。

计算了生产工人的计时工资和计件工资以后，还要计算生产工人的奖金和津贴。奖金可以根据计划得奖人数和每人的平均奖金额来计算，也可以按照奖金占计时工资和计件工资的百分比来计算。在计算奖金的时候，要考虑到计划期奖励制度的变动、奖金标准的增减和奖励面的变化等情况。在计算津贴数额的时候，应当考虑计划期内津贴项目、津贴标准和实行津贴人数的变化情况，根据每项津贴的标准、领取人数和支付时间或者支付次数来确定。

（二）学徒工资总额的确定

学徒的工资总额，可以根据计划期学徒的人数和规定的生活补贴，以及其他有关的待遇标准来确定。

（三）管理人员和服务人员工资总额的确定

在计算管理人员和服务人员工资总额的时候，先要根据各类人员的人数、月工资标准和他们的工作月数，确定他们的工资数额。这里应当考虑的因素，和计算工人工资总额时相同。然后，再根据各类人员实行的奖励制度和津贴制度，计算出他们的奖金和津贴总额，它的计算方法和考虑的因素，也和计算工人的奖金及津贴一样。

上述几个部分的工资数额加起来，就是工业企业全部计划工资总额。

工业企业职工平均工资的计划指标，是指企业职工在计划期内所得工资的平均数额。平均工资指标，可以综合反映企业职工工资水平的提高程度，工资增长与劳动生产率提高之间的关系，以及和其他部门、其他企业职工工资水平的平衡关系。所以，平均工资虽然不是国家控制的指令性指标，但也是工资计划中的一个重要指标。

计算平均工资的计划指标，可以用以下公式：

$$年（季）计划平均工资 = \frac{年（季）计划工资总额}{年（季）计划平均在册人数}$$

计算平均工资，应当分别计算全部职工和各类人员的平均工资。如果人员变动很大，新增人员过多，以致影响平均工资指标不能反映原有人员工资水平的真实情况时，也可以把原有人员和新增人员的平均工资分别计算。

通过上述工资总额和平均工资的计算以后，应当把计算的结果同上级下达的控制数字进行比较。如果计算出来的工资总额，超过了国家下达的控制数字，企业就必须进一步挖掘潜力，采取措施，使它最后符合国家下达的数字。所以，工业企业在编制工资计划的过程中，需要反复地进行平衡工作。在这种平衡工作中，除了要看总的计划指标是否符合上级下达的控制数字以外，还要考虑工资总额的增长速度是否低于生产总值（量）的增长速度，平均工资的增长速度是否低于劳动生产率的提高速度，工资在产品成本中所占的比重是否有所降低，以及各类人员的工资关系是否合理，等等。只有通过这些平衡计算工作，才能最后确定计划期的工资总额和平均工资的指标。

工资指标确定以后，就可以编制工资计划表（见表 19-1）。在工资计划表中，除了填写经过试算平衡最后确定的各类人员的工资总额以外，根据国家规定，还要填写劳保福利费用。劳保福利费用，是指企业在工资以外实际支付给职工个人和用于集体福利的费用。这部分费用的范围和包括的内容，将在第六节中讨论。

表 19 – 1　　　　　　　　　　　　　　×××× 年度工资计划

项目	报告期上年度实际	报告年预计工资总额（千元）					计划年计划工资总额（千元）				
		合计	标准工资	各种奖金	各种津贴	其他	合计	标准工资	各种奖金	各种津贴	其他
甲	1	2	3	4	5	6	7	8	9	10	11
一　职工总数（人）											
其中：生产工人											
学徒											
管理人员											
工程技术人员											
服务人员											
其他人员											
二　劳保福利费用											

说明：劳保福利费用只填第 1 栏、第 2 栏、第 7 栏。

二　工资基金管理

如前所述，工业企业正确地编制和执行工资计划，不仅直接影响到企业本身生产经营活动的成果和职工生活的改善，而且也直接影响到国民收入分配的比例，影响到国民经济有计划地发展。因此，工业企业在正确地编制工资计划以后，还必须严格地检查和监督工资计划的贯彻执行。在检查和监督工资计划贯彻执行的工作中，加强工资基金管理，是一个重要环节。因为，不论人员的增减，工资、奖励和津贴制度的改变，工资、奖励和津贴标准的提高，以及其他各种不合理的工资支出，最终都要反映到企业工资基金的增减上来。所以，加强工资基金管理，就成为保证贯彻执行劳动工资计划的一项重要措施。

社会主义经济是计划经济。为了监督工业企业很好地执行国家批准下达的劳动工资计划，国家对工业企业的工资基金实行统一管理。

国家对工资基金的管理，是通过银行监督来实现的。国家银行按照国家的有关规定，根据企业工资基金使用计划，按期发放工资。工业企业如有超支，必须申述理由，经主管部门批准，并抄送当地劳动部门和开户银行，才能支付。这样，在企业主管部门、劳动部门和国家银行的密切配合下，对工业企业的工资基金进行货币监督，就可以促使企业更注意节约劳动力，改进工资工作，保证国家的工资计划不被突破。

为了很好地贯彻执行劳动工资计划，工业企业内部也要加强工资基金管理。工业企业内部工资基金的管理，主要应当做好以下几方面的工作：

第一，必须使全体职工都能正确地认识到，加强工资基金管理、认真执行工资计划的重大意义。这样，才能使工资基金管理有广泛的群众基础。

第二，必须和加强劳动管理工作密切结合。因为人员的变动是影响工资增减的重要因素，加强劳动定额、定员的管理，不断改善劳动组织，充分挖掘劳动潜力，最大限度地节约劳动力，才能节约工资支出，保证工资计划的实现。

第三，在改进工资、奖励和津贴制度的时候，要严格遵守国家的有关规定，不能任意增加项目和提高标准。企业的各车间、各单位，也必须按照全厂的统一规定，进行工资奖励工作。

第四，加强日常的核算和分析工作。工资基金管理必须和企业经济核算工作密切结合起来。因为工资的节约或者超支，也是经济核算的一个重要内容。通过企业各级的核算工作，可以反映工资的节约和超支的情况，以便分析原因，及时推广经验和解决存在的问题，保证节约工资支出，实现工资计划。在分析工资计划执行情况的时候，应当结合生产计划、职工人数计划、劳动生产率计划和成本计划完成的情况进行，以便对工资计划完成的情况做出全面的、正确的估价。同时，还要分析工资构成和企业各类人员的工资关系是否合理，以便不断地改进企业的工资工作。

第五，在职能科室之间，要明确工资基金管理的责任，并且加强工作中的相互配合。例如，有的企业规定：劳动工资科负责编制工资基金使用计划和监督、检查计划的执行；人事科负责控制编制定员；财务科负责发放工资和审查工资支出。这样，使各有关部门既有明确的分工，又能密切的配合，以保证工业企业的工资计划得到顺利地贯彻执行。

第六节　劳动保险工作和生活福利工作

关心职工生活，是我们党一贯的方针。我们的国家从许多方面来改善职工的物质生活和文化生活。除了在发展生产、提高劳动生产率的基础上，逐步地增加职工的工资以外，还通过实行劳动保险和举办各种集体福利事业，来逐步地满足职工物质和文化生活的需要。

在我们国家里，关心职工生活，是由社会主义制度决定的。只有社会主义国家，才能真正关心职工的劳动保险和生活福利。

在资本主义制度下，资本家根本不关心工人的劳动保险和生活福利。有些资本主义国家，打着"福利国家"的招牌，办了一些所谓社会保险和社会福利事业。这实际上不过是用克扣工人的工资来进行欺骗的手段。而且，由于条件苛刻，广大的工人也难以享受这些所谓社会保险和社会福利。所谓"福利国家"只不过是麻痹人民、欺骗人民，以便更残酷地奴役和剥削人民的工具而已。

在社会主义制度下，职工的劳保福利，是直接关系到广大职工群众切身利益的问题。工业企业认真地做好职工的劳保福利工作，不仅可以解决一部分职工的困难，提高职工的生活水平，保障职工的身体健康，以便使他们有充沛的精力进行生产；而且可以使职工进一步体会到党和国家的关怀，更加热爱社会主义，更加激发他们的生产积极性。所以，生产和生活是互为条件、互相促进的，只有搞好生产，才能改善生活；同时，把生活安排好，就能更好地促进生产。经常地关心职工生活，切实解决和职工生活有关的各种问题，这是工业企业领导干部的一个重要职责。

但是，也有的人对职工生活缺乏足够的重视，甚至把关心职工生活同发展生产对立起来。认为，"生产任务紧张，没有时间、没有精力去管理职工生活问题"，"职工生活是一些日常琐事，不必亲自去管"，如此等等。显然，这些看法，都是不正确的。毛泽东同志早就教导过：我们对于广大群众的切身利益问题，群众的生活问题，就一点也不能疏忽，一点也不能看轻①。党的八届六中全会《关于人民公社若干问题的决议》中，又明确地指出：群众的干劲越大，党越要关心群众生活。党越是关心群众生活，群众的干劲也会越大。把生产和生活对立起来，认为重视群众生活就会妨害生产的观点，是错误的。当然，离开提高觉悟和发展生产，片面地或者过分地强调改善生活，而不提倡为长远利益而艰苦奋斗，也是错误的②。

事实正是这样。在工业企业里，领导关心职工生活越是周到，职工就越是集中精力搞好生产。领导关心职工生活一分，职工就会关心生产十分。并且，通过集体地解决生活问题，就会培养职工的集体主义思想，使他们感到组织的关怀和集体的力量。这就有利于克服自由散漫的习气和抵制歪风邪气的侵袭。对于职工生活，光靠发工资是不够的。如果领导不去关心，不去组织，不去解决问题，对食堂、宿舍、托儿所等生活福利事业不去管理，职工就只好自己去想办法，找出路，这样，他们同组织的关系就会疏远，集体观念就会淡薄，在这种情况下，非无产阶级思想、歪风邪气就会活动起来。所以，关心职工生活，做好职工的劳保福利工作，不仅有经济上的意义，而且更重要的，是具有政治上的意义。

在工业企业里，要安排好职工生活，一般地说，应当做好以下几件工作：

（1）办好职工食堂，保证职工吃饱、吃好，并且不提高伙食费用；

（2）管理好职工宿舍，改善职工的居住条件；

（3）做好劳动保护工作，根据生产需要，积极地为职工解决劳动保护用品；

（4）搞好职工的集体福利和职工困难的补助，包括劳动保险、公费

---

① 毛泽东：《关心群众生活，注意工作方法》（1934 年 1 月），《毛泽东选集》第一卷，人民出版社 1991 年版，第 136 页。

② 《中国共产党第八届中央委员会第六次全体会议文件》，人民出版社 1958 年版，第 21 页。

医疗，举办哺乳室、托儿所、幼儿园、澡堂等各种必要的福利事业，以及对生活困难的职工进行补助，等等；

（5）开展群众性的业余文化娱乐活动，如举办各种文化补习学校，开展群众性的文娱体育活动，活跃职工生活；

（6）注意劳逸结合，搞好清洁卫生，预防疾病，关心病人。

我们许多工业企业，正是由于坚决贯彻执行了党的方针，在关心职工生活方面做出了很好的成绩，从而有力地促进了生产的发展。例如，有的工业企业，一手抓生产、一手抓生活，加强对职工食堂和集体宿舍的管理，实行领导进食堂、进宿舍，干部对工人查铺盖被，问寒问暖。为了正确地贯彻劳逸结合政策，他们对职工生活，还做出了"七不准"的规定，即：（1）不准降低规定的生活标准和提高规定的伙食费；（2）不准吃冷饭，喝不上开水；（3）不准穿不上棉衣；（4）不准住冷房子；（5）不准睡不够八小时觉；（6）不准开没有准备的会；（7）不准不关心病号。

正因为他们能够在抓好生产的同时，又安排好职工群众的生活，所以工作十分主动，群众的干劲很大，生产蒸蒸日上。

凡是做好生活福利和劳动保护工作的工业企业，一般来说，都是注意到了以下几点的：

第一，企业的各级领导干部，必须树立一手抓生产、一手抓生活的思想，并且，教育所有干部关心群众生活，使他们认识到，关心群众生活，是革命者一项重要任务，是衡量每个党员、干部是否有群众观点的重要标志。

第二，企业的人事部门、劳动工资部门、总务部门和工会等有关职工生活福利问题的部门，应当建立明确的分工负责制，协同配合，共同做好职工的生活福利工作。要建立和健全有关职工生活管理的制度，如食堂、宿舍、托儿所等集体福利事业的管理制度、劳保用品的管理制度，等等。

第三，必须注意在发展生产的基础上，来举办各种劳保福利事业，严格遵守国家规定的各项劳保福利制度。要从全局出发，不仅考虑到本企业内部职工之间的关系，而且要考虑到企业外部职工之间，以及工农之间的相互关系。

　　第四，要贯彻执行勤俭建国、勤俭办企业的方针，发扬艰苦奋斗的革命传统。在举办各种劳保福利事业的时候，要尽量做到因陋就简，少花钱，多办事，在节省国家和企业开支的条件下，更好地改善职工生活。

　　第五，要贯彻群众路线的工作方法。企业的各级干部必须经常深入到群众中去，深入到职工食堂、集体宿舍、职工家属和各种文化娱乐场所去，和职工拉家常、谈生活、论生产，经常了解群众的生活状况，发现群众生活上存在的问题，并且及时帮助群众解决这些问题。企业的各级干部，还要经常教育职工群众，发扬阶级友爱精神，互相帮助，彼此照顾，解决自己能够解决的生活问题。有些企业，在职工和职工家属中间，组织互助会或者互助组，发动群众、团结互助，解决某些生活问题，这是一种好的经验。工业企业举办的各种生活福利事业，必须便利群众，符合群众的需要，并且要发动群众，吸收群众参加管理，接受群众的监督。

　　第六，加强对企业生活服务人员和职工家属的思想政治工作，使他们全心全意为职工生活服务，不断提高政治思想觉悟，改进服务态度，提高业务技术水平，把职工的生活搞好。

第二十章
社会主义工业企业的物资供应工作

　　社会主义工业企业的经济活动，是生产过程和流通过程的统一。工业企业要进行生产，就必须取得一定的原料、材料和其他物资的供应；生产出来的产品，也必须及时地销售出去。这种物资供应和产品销售的过程，就是同工业企业的生产过程密切联系的流通过程。从这一章开始，我们分做物资供应工作、产品销售工作、厂际协作和经济合同的管理工作三章，来讨论工业企业中有关流通过程管理工作的一些主要问题。这一章先讨论社会主义工业企业的物资供应工作，分以下六节来说：

　　一、物资供应工作的任务；

　　二、物资供应计划；

　　三、物资消耗定额；

　　四、仓库管理；

　　五、物资的节约和综合利用；

　　六、运输的组织工作。

第一节　物资供应工作的任务

　　工业企业的物资供应，是指原料、材料、燃料、动力和工具等生产资料的供应。做好物资供应工作，对于工业企业生产的正常进行，具有极为重要的作用。

马克思说过:"生产行为本身就它的一切要素来说也是消费行为。"①社会物质财富的生产过程,同时也就是各种物资的使用和消费过程。生产过程要周而复始地不断进行,就需要不断地补充生产中消耗的物资。现代工业企业,每天每时都进行着巨大而复杂的生产活动,消耗着大量的物资。在社会分工的前提下,每一个工业企业在生产中所消耗的物资,都要靠其他的许多企业来生产和供应。因此,组织工业企业的物资供应,就成了一项十分重要和复杂的工作。物资供应工作做得好,工业企业的生产就有可能顺利地进行;反之,物资供应工作做得不好,发生了供应不正常、不及时的情况,那就会影响企业生产的节奏性,影响产品质量和劳动生产率的提高,甚至引起生产的停顿。生产越是向前发展,社会分工越是发达,工业企业的物资供应工作,就越是重要。

在资本主义制度下,社会生产是在无政府状态下进行的,因而生产资料的分配和流通,也是盲目的、无计划的。工业企业的物资供应工作,不可能按照统一的计划加以合理的组织,而只能在你死我活的激烈的竞争中,通过市场盲目地进行。这就不可避免地要造成物资的巨大浪费,阻碍企业生产顺利地进行。正像列宁所指出的:由于整个资本主义生产杂乱无章、毫无秩序,真不知道要白白糟蹋掉多少劳动!在不知道市场需要的情况下,厂主要通过成百的包买主和转售者才能把原料弄到手里,在这个上面真不知道要浪费多少时间!不仅是时间,而且产品本身也受到损耗②。

在社会主义制度下,情形根本相反。社会主义经济是计划经济。生产资料的分配和流通,都是有计划地进行的。社会主义国家根据社会对生产资料的需要,来有计划地调节生产,分配产品,组织流通。国家通过制定国民经济发展计划和物资分配计划,不仅确定了生产资料生产的品种、质量和数量,以及总的资源和主要的分配方向,而且规定了每一个生产部门和企业分得物资的具体数量和品种。在国家的统一计划下,社会主义工业

---

① 马克思:《政治经济学批判》,《马克思恩格斯选集》第二卷,人民出版社1972年版,第93页。
② 列宁:《泰罗制是用机器奴役人的制度》,《列宁全集》第20卷,人民出版社1958年版,第146页。

企业就有可能从其他的企业和单位，有计划地、稳定地取得各种合乎需要的材料物资的供应。这就给工业企业做好物资供应工作最合理、最有效地利用各种物资创造了条件。

当然，这并不是说，在社会主义制度下，工业企业物资供应工作的任务就因此减轻了，不要经过努力，就可以做好物资供应工作。恰恰相反，社会主义工业企业物资供应工作的任务是很繁重的。每一个工业企业，都必须采取认真的态度，采取积极的措施，充分地利用社会主义制度所提供的良好条件，才能够把物资供应工作做好。

社会主义工业企业物资供应工作的任务，主要有以下几个方面：

一　在国家统一计划下，保证按品种、按质、按量、按期限、成套地供应企业生产经营所需的各种物资

工业企业所需要的物资，品种规格是多种多样的，数量也是很多的。一般来说，一个工业企业所需要的物资，有几十种、几百种乃至几千种、几万种。缺少了主要的原料、材料，固然无法进行生产，就是缺少了一些比较次要的物资，例如，某些辅助材料，生产也会受到影响。同时，不仅原料、材料的数量供应不足会影响生产，而且，原料、材料等质量不好、供应不及时、各种物资不配套，也会使工业企业无法有计划地、合理地组织有节奏的生产。在社会主义制度下，工业企业对于各种物资的合理需要，在国家的统一计划和安排之下，一般是有可能得到满足的。但是，这并不是说就不存在矛盾了。恰恰相反，工业企业对于各种物资的需要，同社会可以生产和供应的物资之间，无论在品种规格上、质量上、数量上和供应的期限上，都经常会产生这样或者那样的矛盾。这些矛盾，是可以经过人们的努力得到解决的。工业企业物资供应工作的任务，就是要在国家的集中领导和统一计划之下，正确地处理生产和供应之间的矛盾，做好物资供应的计划工作和组织工作，以便按品种、按质、按量、按期限、成套地供应企业所需要的物资，保证生产正常的进行。

二　在国家的统一领导下，合理地组织物资供应，加速物资的流转

工业企业所需要的各种物资，从生产这些物资的单位转到本企业的手中，必须有一定的运输过程。工业企业为了保证生产过程不断地进行，不致因生产资料供应不上而发生中断，也必须有一定的物资储备。这些处于运输和储备中的物资，即停留在流通过程中的物资，对于正常的组织生产是必要的。但是，如果在流通过程中的物资超过了一定的限度，就会延缓工业企业流动资金的周转速度，阻碍生产的发展。从整个社会来说，停留在流通过程的物资越多，能够投入生产的物资就越少，社会生产的规模也就越小。并且，物资的不合理的运输和储备，还会增加工业企业的运输费用和管理费用，提高产品成本。所以，工业企业的物资供应工作，必须在国家的统一领导下进行，必须合理地组织物资的采购、运输、储存等工作。工业企业应当严格地计算本企业各种物资的消耗量和储备量，尽可能地组织物资的定点供应，搞好协作关系，努力消除不合理的运输，加速物资的流转。

三　加强物资管理，严格地组织物资的验收、保管和收发等工作

工业企业所需要的各种物资，从进厂到投入生产中去使用，需要经过验收、保管、收发等一系列的工作。很好地组织这些工作，加强企业的物资管理，对于保证生产需要，减少物资的损失和浪费，都有重要作用。为了做好这些工作，工业企业的物资供应部门，应当在物资的验收、保管、收发等各个环节上，建立和健全必要的责任制度和管理制度，做好仓库管理工作，使生产中所需要的各种物资，能够及时地投入生产，并且努力消除物资的损失和浪费。

四　监督和促进生产部门合理地、节约地使用物资

在工业企业中，合理地、节约地使用物资，对于加速生产的发展，降低产品成本，节约流动资金，都有重要的意义。因此，工业企业的物资供应部门，要注意监督和促进生产部门合理地使用物资。应当加强物资消耗定额的管理，严格物资的发放制度，积极地提出节约物资和物资代用的建议，促使生产部门不断改进工作，降低物资消耗。

上述工业企业物资供应工作的任务，概括地说，就是工业企业的物资供应部门，要做好物资的供、管、用三方面的工作，并且，在进行物资的供、管、用三方面工作的过程中，都必须始终贯彻节约物资的思想。那种认为物资供应工作，只管给生产供应物资，而不管物资的保管，不管合理

地节约地使用物资的观点，是不全面的，不正确的。

工业企业物资供应工作的任务是很繁重的。为了很好地完成这些任务，在工业企业的物资供应工作中，应当注意以下几个问题：

（1）严格地遵守国家规定的有关政策法令和财经制度；

（2）牢固地树立全局观点，发扬互助协作精神；

（3）牢固地树立为生产服务的观点，在国家的集中领导和统一计划下，千方百计地保证本企业生产需要的各种物资；

（4）坚决地贯彻自力更生、勤俭建国的方针，要千方百计地利用国内资源；加强经济核算思想，应当买的物资就买，不应当买的物资就不买，防止物资的积压，努力节约资金。

只有很好地注意了这些问题，工业企业的物资供应工作才能够正确地进行，才能够真正做好。

第二节　物资供应计划

社会主义工业企业，要有计划地进行物资供应工作，必须编制正确的物资供应计划，并且要采取切实有效的措施，组织计划的实现。

工业企业的物资供应计划，是企业生产技术财务计划的一个有机组成部分，也是国民经济计划中的物资分配计划的一个基本的环节。工业企业的物资供应计划编制得是否正确，能不能很好地贯彻执行，不仅会影响本企业的正常生产，而且会影响整个国民经济的物资平衡和物资分配，影响社会生产正常进行。

一　物资的分类

工业企业所需要的物资，从品种来说，是很多的。为了便于计划和管理，对于各种物资，应当按照它们在工业企业生产中的作用，进行分类。一般可以把它们分成五类：

（1）主要材料。是指构成产品主要实体的材料，如冶金工厂的黑色金属或者有色金属矿石，机器制造厂的金属材料，纺织厂的棉花，等等。

（2）辅助材料。是指用于生产过程，但不构成产品主要实体的材料。

其中又可以分为三种：

一是和主要材料相结合，使主要材料发生物理或者化学变化的材料，如染料、油漆，化学反应中的接触剂、催化剂，等等；

二是和机器设备使用有关的材料，如润滑油、马达油、皮带，等等；

三是和劳动条件有关的材料，如清扫工具、照明设备、取暖设备，等等。

（3）燃料。如煤炭、木柴，汽油，等等。

（4）动力。如电力、蒸汽、压缩空气，等等。

（5）工具。如生产中消耗的刃具、量具、卡具，等等。

这种物资分类的方法，可以使物资供应计划和企业的生产费用预算直接联系起来，也便于按照各类不同的物资，采取不同的方法来制定物资消耗定额。

按照物资的自然属性，又可以把各种物资分成有色金属、黑色金属、矿石、木材、油类，等等。这种物资分类的方法，便于对各类物资进行平衡计算，也便于物资的采购和保管。

按照物资的管理体制，可以把各种物资分成以下三类：

（1）国家统一分配的物资；

（2）中央各部分配的物资；

（3）地方平衡分配的物资。

这种物资分类的方法，同物资供应计划的编制，以及物资的申请、订购等一系列物资供应的组织工作都有密切的关系。

二　编制物资供应计划的准备工作

工业企业编制物资供应计划的工作，一般可分做两个阶段，即准备阶段和正式编制阶段。准备阶段的工作，主要有以下几个方面：

第一，学习、讨论和领会党的有关物资工作的方针、政策，国家下达的有关物资供应工作的规定，以及上级的有关指示。

第二，向有关的经济机关和单位了解情况，收集资料。例如，收集统配物资的产品样本、出厂价格和运费的资料；收集进口商品的样本和价格资料；了解三类物资的资源、产地、数量以及价格的情况，等等。

第三，从工业企业内部各科室取得有关物资供应的资料。例如，通过计划科、生产科取得计划年度生产的产品品种、质量、数量和分季、分月的出产进度等资料；通过设计科、工艺科取得单位产品的材料消耗定额，产品加工的工艺方法，以及外购部件的种类和数量资料，等等。

第四，确定本企业需要的物资品种，修订物资目录（材料一览表）。工业企业所需要的各种物资，在有关的技术文件中已有规定。但是，随着计划年度生产技术条件和供应条件的变化，企业所需要的某些物资的品种、规格也会发生改变，这就有必要对原来的物资目录进行审核和修订。

审核所选择的物资品种，是一件非常重要的工作。在这里，必须从全国一盘棋的精神出发，从技术、经济和供应条件等各方面来考虑选择的物资品种是否合理。具体说来，判断一种物资选择得是否正确，应当考虑以下几个因素：

（1）必须保证产品质量，使所选用的物资能够保证产品合乎国家规定的技术标准或者合同中规定的技术条件；

（2）尽可能地使物资的资源立足于国内，充分考虑到就地、就近取材的可能性；

（3）尽可能地采用不缺乏的、价格比较低廉的物资，正确地考虑物资代用的可能性；

（4）尽可能地减少所使用的物资的规格品种，充分利用材料尺寸规格标准化的优越性；

（5）物资的规格尺寸，要有利于减少下料时产生的余料、残料，和减少生产过程中产生的废料数量；

（6）选用的物资，应当尽可能地保证工业企业有比较高的生产效率。

第五，根据有关的资料，制定或者修改物资消耗定额。物资消耗定额，是编制物资供应计划的一个重要依据，在正式编制物资供应计划以前，应当整理和研究历年来物资消耗定额的资料，分析影响消耗定额的各种因素，并且，考虑计划年度生产技术条件的变化和各项节约物资的技术组织措施，对于降低物资消耗定额的影响。

第六，清点仓库，核实库存。

第七，分析报告年度物资供应计划的执行情况，总结经验，并且，分析研究计划年度内供应状况可能发生的变化，以及完成供应任务的有利条件和不利因素。

三　物资供应计划的正式编制工作

经过上面说的各项准备工作以后，工业企业就可以着手编制物资供应计划。物资供应计划编制工作的主要内容是：

（1）确定各种物资的需要量；

（2）确定各种物资的合理储备量；

（3）编制物资供应计划平衡表。

下面，分别说一说这三项工作的具体内容。

（一）确定各种物资的需要量

正确地计算物资需要量，是编制好物资供应计划的一个重要环节。物资需要量，要包括工业企业的生产、经营维修、大修理、新产品试制和技术组织措施等各方面对物资的需要。物资需要量，要按照每一类物资、每一种具体的品种和规格来计算。不同用途、不同种类的物资，需要量的计算方法不同。但是，概括起来说，计算物资需要量的方法，可以分为直接计算法和间接计算法两种。

直接计算法，是根据物资消耗定额和计划任务，来确定物资需要量。用这种方法计算出来的物资需要量，一般比较准确。所以，凡是有条件采用直接计算法来确定需要量的物资，应当尽可能地采用直接计算法。

间接计算法，是按一定的比例、系数（如某种材料需要量占主要产品用料的百分数、平均每千元产值的材料消耗量等），估算物资的需要量。用这种方法计算出来的物资需要量，是不够准确的，但是，在一定的情况下，还需要采用这种方法。例如，对于某些不便制定定额的辅助材料和辅助部门的用料，就通常采用间接计算法，确定需要量。这种方法，在工业企业正式编制物资供应计划以前的试算平衡工作中，以及在上级行政主管机关审核企业提出的物资需要量时，都有相当重要的作用。

下面，具体地说一说各类物资需要量的计算方法。

1. 主要材料需要量的计算

主要材料的需要量，一般采取直接计算法计算。它的公式是：

$$
\begin{aligned}
\text{某种产品某种} \\
\text{材料的需要量}
\end{aligned}
= \begin{aligned}
&（计划产量 \times 单位产品材料消耗定额）+ \\
&（技术上不可避免的废品量 \times \\
&单位产品材料消耗定额）- \\
&回用废料的数量
\end{aligned}
$$

上列公式中的计划产量，应当包括商品产量和期末、期初在制品的差额。有的时候，期末、期初的在制品差额也可以不包括在计划产量中，在制品差额对材料需要量的影响，可以根据统计资料确定的在制品差额用料占商品产量用料的百分数来确定。技术上不可避免的废品数量，一般是根据统计资料确定的。在确定的时候，应当考虑到随着计划期技术水平的提高，废品数量逐年、逐季有所降低的可能性。

按照上面这个公式计算出来的物资需要量，一般没有包括由于运输、保管等工作不善而消耗的物资在内。这部分物资消耗，通常叫作非工艺性损耗。如果工业企业的组织工作做得好，是可以避免的。但是，在一定的时期、一定的条件下，这部分损耗，又往往难以完全避免。因此，为了保证生产的正常进行，在确定物资需要量的时候，也应当合理地考虑这种损耗。一般的方法是，先根据统计资料和计划期内各项组织工作改善的可能性，确定这种非工艺性损耗占物资需要量的百分比，然后确定具体数量，列入物资供应计划。

2. 辅助材料需要量的计算

辅助材料的需要量，是按照它的各种用途分别计算的。许多辅助材料，是有消耗定额的，它们的需要量，可以采用直接计算法来计算，也有一些辅助材料，没有消耗定额，这些辅助材料的需要量，就只能用间接计算法来确定。表 20－1 是用直接计算法计算辅助材料需要量的例子。

3. 燃料需要量的计算

工业企业里的燃料，主要消耗于工艺过程、生产动力、取暖和运输等方面。燃料的需要量，也要按照各种不同的用途分别计算。一般来说，燃

表 20 - 1

材料名称	材料用途	计算定额的指标	每一单位定额	单位数量	计划需要量
煤油	洗零件用	以 100 个零件计	0.5 公斤	10000 件	50 公斤
煤油	小修时洗机器设备用	以一年一台机床计	2 公斤	12 台机床	24 公斤
煤油	洗地板用	以一年一平方米地板计	0.05 公斤	450 平方米	22.5 公斤
	合计				96.5 公斤

料需要量是根据定额直接计算的。燃料的消耗定额，一般按标准燃料规定。因此，燃料的需要量，也要先按标准燃料计算；然后，再利用发热量的核算系数（即实际燃料的发热量同标准燃料发热量的比值），折合成实际种类的燃料需要量。

计算不同用途的燃料需要量，要采取不同的方法。例如，工艺性燃料需要量，是以计划产量乘以单位产品燃料消耗定额计算出来的；制造蒸汽的燃料需要量，是按蒸汽的需用量和烧出每吨蒸汽所需的热量来计算的；房舍取暖用的燃料需要量，是根据取暖季节的时间，取暖房舍的容积，以及在一昼夜中使一立方公尺容积内温度上升一度的燃料消耗定额计算出来的，等等。

4. 电力需要量的计算

在工业企业里，通常有工艺过程用电和照明用电等不同的电力消耗。不同用途的电力，计算需要量的方法也不同。例如，工艺过程用电的需要量，通常是按计划工作量和它的电力消耗定额来计算的（电动机用电的需要量，是根据一组电动机的运转能力和每台电动机的制度工作时间计算出来的）；照明用电的需要量，要按照灯头数、灯光强度、照明时间来计算，并且要考虑电路损失和同时开灯率，等等。

5. 工具需要量的计算

工具需要量，是按用途、种类、规格分别计算的。在机器制造企业里，正确计算工具需要量，有特别重要的意义。工具需要量，是由工具消耗量和工具周转量两个部分组成的。关于工具消耗量和周转量的计算方法，已经在设备管理和工具管理一章中讨论过了。

（二）　确定各种物资的合理储备量

在物资供应计划中，不仅要正确地确定完成生产任务所必需的各种物资的需要量，而且要确定为保证生产正常进行所必需的各种物资的合理储备量。这是因为，工业企业在生产中是不断地、逐渐地消耗各种物资的，而各种物资的供应，却总是间断地、分批地进行的。这是一个矛盾。为了解决这个矛盾，工业企业就必须有一定的物资储备。物资储备的数量，不能过少，也不能过多。过少，不能保证生产的正常进行；过多，会造成物资积压，延缓流动资金的周转速度。一般说来，工业企业的物资储备，可以分为经常储备和保险储备两个部分。在某些工业企业里，因为物资的采购、运输或者物资的生产具有季节性，还需要有季节性的储备。下面分别说一说这几种储备量的确定方法。

1. 经常储备

经常储备，是指在前后两批物资进厂的供应间隔期以内，保证生产正常进行所需要的物资储备。物资的经常储备量，可以根据供应间隔日数和平均每日物资的需要量来计算。它的计算公式如下：

$$\begin{array}{l}\text{某种物资的}\\\text{经常储备量}\end{array} = \left(\begin{array}{c}\text{物资前后两次入}\\\text{库的间隔天数}\end{array} + \begin{array}{c}\text{物资使用前}\\\text{的准备天数}\end{array}\right) \times \begin{array}{c}\text{平均每天物}\\\text{资的需要量}\end{array}$$

按照这个公式计算的经常储备量，是企业最大的经常储备量。

在物资平均每天的需要量不变的情况下，经常储备量的大小，主要取决于物资两次入库的间隔期和使用前的准备时间。影响物资两次入库的间隔期长短的因素，主要有供货单位距离的远近，运输的方式和条件，以及物资到厂后的装卸、验收等工作的效率，等等。物资使用前的准备时间，是指某些物资在投入生产以前，必须进行的化验、加工和整理工作所需要的时间。这种时间的长短，在很大程度上取决于对物资化验、加工和整理工作的组织和效率。由此可见，改进物资供应的组织工作对于缩短供应间隔期，减少物资的经常储备量，有非常重要的作用。

2. 保险储备

保险储备，是指在供应工作中发生到货误期等不正常情况的时候，保证生产正常进行所需要的物资储备。物资保险储备量的确定，一般有两种方法：一种是经验统计法，就是根据某种物资过去多次误期日数的资料，求出平均的误期日数，再乘以每日平均对该种物资的需要量，得出保险储备量。另一种方法，是根据实际情况，具体计算保险储备量。采用这种方法，要考虑当物资误期时，从本企业向有关的企业提出采购，一直到物资运输进厂可以投入生产以前所需要的时间，然后乘以该项物资的每日平均需要量，求得保险储备量。

为了减少保险储备量，工业企业应当注意尽可能地消除那些引起保险储备量的原因。例如，改进运输工作和供应组织，巩固企业之间的合同纪律，等等。

3. 季节性储备

季节性储备，是由于某些季节性的原因不能正常供应物资而设置的一种物资储备。确定季节性储备量的公式是：

$$季节性物资储备量 = 季节性储备日数 \times 每日平均物资需要量$$

上列公式中的季节性储备日数，是根据具体情况决定的。例如，某条河道十月结冰到次年四月才开冻，必须由这条河道运输的物资，季节性储备日数就是七个月。

把上面三种储备量总合起来，就是工业企业的物资储备量，它的计算公式可以归结如下：

$$物资储备量 = \left(\begin{array}{c} 物次前后两次入库的间隔天数 \\ 每日平均物资的需要量 \end{array} + 物资使用前准备天数 + 保险天数 + 季节性储备天数 \right) \times$$

没有季节性储备的物资，就不加季节性储备天数。

从上面物资储备量的计算公式中，可以看出，影响物资储备量大小的因素是很多的。随着工业企业的生产任务，技术水平和供应条件的变化，以及物资供应组织工作的改进，物资储备量也会发生变化。在编制物资供应计划的时候，应当分别计算计划期初和期末的物资储备量。计划期初的物资储备量，应当保证计划期初正常生产的需要；计划期末的物资储备量，应当保证下一年年初正常生产的需要。实际上，计划期初的物资储备量，通常就是报告期末的物资储备量，在编制物资供应计划的时候，可以根据有关的资料预计出来。计划期末的物资储备量，则可以考虑计划年度第四季度物资的供应情况和再下年度第一季的生产情况来预计。为了使计划期末的储备量精确起见，最好把主要材料按供应合同所规定的供应日期来排列，推算出期末的储备量。对于小宗的主要材料、品种复杂的辅助材料，也可以上面所说的最大储量的一半即平均经常储备量来计算期末的经常储备量。如果计划期末的物资储备量大于期初的储备量，那么就要相应地增加物资的供应量；反之，就要相应地减少物资的供应量。

（三）编制物资供应计划平衡表

确定了各种物资的需要量和储备量以后，就可以编制物资平衡表，确定各种物资的供应量。工业企业时物资平衡表是按物资的具体品种、规格来编制的。它的格式如表 20－2 所示。

表 20－2　　　　　　　　　　××厂物资平衡表

××年度

物资类别：普通钢材

	物资名称	10m/m 元钢
	计算单位	公斤
上年预计	1月1日实际结存	2000
	供应量	4000
	消费量	4400
预计年初库存	合计	1600
	其中：合用部分	1290

续表

		物资名称	10m/m 元钢
		计算单位	公斤
全年计划需用量		合计	11290
		生产	10000
		自制工具	—
		维修	—
		大修理	—
		废品及其他非工业性损耗	500
		年末储备量	1000
		减：废料利用	210
供应量		组织生产	—
		改制	—
		代用	—
		国家分配	10000
		合计	10000
	其中	一季	2000
		二季	3000
		三季	3000
		四季	2000
金额		计划单价（元）	0.60
		总额（元）	6000.00
超储		数量	310
		单价（元）	0.50
		金额（元）	155.00

从表 20-2 可以看出，工业企业计划年度的物资供应量，是按以下的公式计算的：

物资供应量 = 物资需要量 + 计划期末物资储备量 - 计划期初预计物资储备量

工业企业的物资平衡表，除以实物表示之外，还要以货币来表示，以便与成本财务计划相衔接。

根据物资平衡表，工业企业可以编制物资申请书，连同物资需用量的核算表和必要的文字说明，一并上报上级行政主管机关。物资申请书的格式如表20-3所示。

表 20-3

编制单位：××厂

物资类别：黑色金属

物资名称	计算单位	上年预计消耗量	196×年计划草案									备注
			年初库存预计	需用量	年末储备量	其他资源	申请分配量					
							全年	一季	二季	三季	四季	
甲	乙	1	2	3	4	5	6	7	8	9	10	11
普通钢材	公吨	60	7	77	10	—	80	20	25	20	15	

四　物资供应计划的组织执行工作

工业企业的物资供应计划，经上级行政主管机关批准以后，企业就要认真地组织计划的执行和实现。在组织执行和实现物资供应计划的过程中，一般要做好以下几项工作：

第一，根据年度的物资供应计划和各个季度、月度的具体情况，编制季度和月度的物资供应计划，把年度计划进一步具体化，为组织订货、采购和向各车间进行限额发料提供依据。

第二，组织物资的订货和采购。凡是固定协作、定点供应的物资，工业企业应当根据已经签订的长期合同（长期的供应协议书），和国家批准的年度物资供应计划，同供应单位签订年度的订货合同；没有固定协作、定点供应的物资，也应当通过有关部门召开的订货会议，和供应单位签订合同。某些零星物资和需要企业自行采购的物资，工业企业应当通过有关的专业公司和商业部门、供销合作社，组织采购和供应。凡是要到市场采购的物资，工业企业必须严格地遵照国家的有关方针、政策和市场管理办法进行采购，坚决反对套购、争购、盲目采购等分散主义的违法行为。

第三，加强合同管理，经常检查合同的执行情况，既要督促和帮助供应单位严格按照合同规定交货，也要保证本企业严格地履行合同。

第四，加强日常的物资平衡工作和统计分析工作，掌握物资的供和用的规律，以便及时地发现和预见物资供应计划执行过程中存在的问题和可能出现的问题，采取有效的措施加以克服和防止。

第五，积极参加当地政府和有关部门组织的物资调剂工作，同其他企业和单位调剂物资，互相支援，解决急需。这样，一方面可以挖掘物资潜力，满足生产需要；另一方面也可以避免物资的积压、浪费，加速物资的流转和节约物资的消耗。

第三节　物资消耗定额

一　物资消耗定额的作用

物资消耗定额（材料消耗定额），是指在一定的生产和技术条件下，制造单位产品或者完成某种生产任务，需要消耗的物资的数量。物资消耗定额，一般用绝对数来表示，例如，制造一台机床，需要消耗若干公斤的钢材、生铁、铜，等等。有的也可以用相对数来表示。例如，在冶金、化工以及某些以农副产品为加工对象的工业企业里，主要材料（原料）的消耗定额，就通常用配料比、成品率、出产率等相对数来表示。

由于各种物资在生产中所起的作用不同，规定物资消耗定额的对象，也有各种不同的情况。可以按单位产品或者零件来规定物资消耗定额，例如，制造一个零件需要消耗多少金属材料，炼一吨钢需要消耗多少燃料、电力，开采一吨煤需要多少坑木，等等；也可以以原料为对象规定单位原料的出产率，例如，一吨甜菜应当出产多少糖，等等；还可以以工作时间为对象来规定物资消耗定额，例如，规定机床开动8小时需要消耗多少润滑材料，等等。

物资消耗定额，可以分为单项定额和综合定额两种。综合定额是单项定额的汇总。在机械制造企业里，单项定额一般是指零件的物资消耗定额；综合定额一般是指产品（如机床）的物资消耗定额。单项定额可以用做给车间发放物资和核算物资耗用情况的根据，综合定额则是在编制物资供应计划时用的。

物资消耗定额，是正确确定物资需要量，编制物资供应计划的重要依据。没有正确的物资消耗定额，就不可能编出正确的物资供应计划。物资消耗定额，也是促进合理地利用和节约物资的有力工具。有了物资消耗定额，才能有效地组织限额发放物资和具体地分析物资的利用情况，监督物资的合理使用；才能促使车间、班组很好地进行经济核算，动员全体职工千方百计地节约物资，同一切浪费物资的现象进行斗争。

当然，并不是任何一种物资消耗定额，都能够起上述这些积极作用的。要使物资消耗定额充分发挥积极作用，必须制定合理的定额。也就是说，物资消耗定额的水平，必须是先进的，它应当充分考虑到物资节约的先进技术和先进经验，考虑到企业在计划期内所采取的各项节约物资的技术组织措施的效果，并且，必须绝对保证产品质量；同时，定额又必须是切实可行的，它应当有充分的、可靠的根据，是广大职工群众经过努力可以达到的。只有这样，物资消耗定额才能真正成为编制计划的可靠的依据，成为动员群众努力节约物资的有力工具。

二　制定物资消耗定额的方法

工业企业制定物资消耗定额的方法，同制定其他各项定额一样，也有技术分析法、统计法和经验估计法三种。这三种方法，适用于不同的情况。在实际工作中，通常是把这几种方法结合起来运用的。一般说来，产品主要材料消耗定额的制定，应当以技术分析法为主，同时要结合必要的统计资料和充分地考虑职工群众在生产中的实践经验；辅助材料消耗定额的制定，则通常是根据不同的情况，分别采取统计法或者经验估计法。不论采取哪种方法来制定定额，都要认真地贯彻群众路线，实行领导干部、技术人员职员和工人三结合，把技术人员、管理人员的知识和经验同工人群众的知识和经验很好地结合起来。只有这样，才能使物资消耗定额制定得比较合理，比较正确。

下面，以主要材料消耗定额的制定为例，说一说制定物资消耗定额的一般原理。

在制定材料消耗定额的时候，首先要分析材料的消耗构成。所谓材料的消耗构成，是指从取得材料一直到加工材料、制成成品这整个过程中，材料被消耗在哪些方面。一般说来，它包括以下三个部分：

（1）构成产品（或零件）净重的材料消耗，即原料、材料的有效消耗部分。

（2）工艺性损耗，其中包括：产品（或零件）在加工过程中产生的材料损耗，例如，金属材料加工过程中的切屑、氧化铁皮等；材料加工准备过程中产生的损耗，例如，边角余料、下脚料等。

（3）非工艺性损耗，其中包括：由于废品而产生的材料损耗；由于运输保管不善而产生的材料损耗；由于供应条件不符合要求而产生的材料损耗，例如，由于来料规格不符合原定要求而增加的边角余料，大材小用的损耗等；由于其他原因而产生的材料损耗。

制定材料消耗定额，就是要在总结先进经验、挖掘物资节约潜力的基础上，根据必要的技术资料和统计分析，分别确定物资消耗的各个构成部分。严格地说来，包括在产品（或零件）材料消耗定额中的，只应当是前两个部分的材料消耗，非工艺性的材料损耗，不应当包括在材料消耗定额中。因为，非工艺性的材料损耗，多数是由于工作中的缺点造成的，而不是生产过程中所必不可少的材料消耗，如果把这部分损耗也计算在定额以内，就会削弱材料消耗定额对于促进企业改善经营管理工作的作用。有一些非工艺性的损耗，在企业一定的管理水平和物资供应的条件下，一时是难以完全避免的。为了解决这个问题，工业企业可以按照一定的比例或者系数，直接加在物资需要量的计划中。

综上所述，产品（或零件）材料消耗定额，可以用下列公式来计算：

$$\text{单位产品（零件）材料消耗定额} = \text{单位产品（零件）的净重} + \text{各种工艺性损耗的重量总和}$$

由于产品工艺加工的性质不同，在具体计算主要材料的消耗定额的时候，又可以有两种不同的情况。

一种情况是：在机械物理性质的加工中，对主要材料消耗定额的计算，例如，在机械制造企业中，计算单位产品的钢材消耗定额等。在这种情况下，材料消耗定额，通常是根据设计图纸和有关的技术文件所规定的

产品的尺寸、规格、重量,用具体的公式进行计算的。例如,零件的锻件材料消耗定额,可以按以下公式计算:

$$\begin{matrix} 零件锻件材 \\ 料消耗定额 \end{matrix} = \begin{matrix} 零件锻造后 \\ 的毛坯重量 \end{matrix} + \begin{matrix} 锻造切割 \\ 损失重量 \end{matrix} + 烧损重量 + \\ 锯口重量 + 夹头重量 + 残料重量$$

另一种情况是:在化工冶金性质的加工中,对主要材料消耗定额的计算,例如,在冶金、化工、炼油等企业中,计算主要材料的消耗定额,或者,在机械制造企业的铸工车间,计算金属炉料的消耗定额等。在这种情况下,材料消耗定额,通常是根据工艺流程的特点和预定的配料比,用一系列的技术经济指标(如成品率、损耗率等)来计算的。例如,每吨铸件所需要的某种炉料的消耗定额,可以用以下的方法计算:

$$\begin{matrix} 每吨铸件所需的某 \\ 种炉料的消耗定额 \end{matrix} = \frac{1}{合格铸件成品率} \times 配料比$$

上面说的,是制定物资消耗定额的一般原理和方法,在实际工作中,应当根据不同的情况和条件,加以具体地运用。

在工业企业里,凡是需要消耗物资的地方,都应当制定相应的物资消耗定额。不同的物资消耗定额,应当由企业的技术部门、供应部门等有关部门分别负责制定。定额制定以后,要经过一定的审批手续。一般的物资消耗定额,由厂长或者总工程师批准,就可以贯彻执行,重要的物资消耗定额,还需要呈报上级行政主管机关审批。

物资消耗定额制定以后,应当加以整理、汇总,并且用相应的定额文件把它记录下来,作为进行定额管理的依据。例如,在机械制造企业里,基本的定额文件,有零件材料消耗定额卡片、材料使用卡片和单位产品材料消耗综合定额明细表等。

零件材料消耗定额卡片,是以零件为主体,分车间记载每种零件所需要的原料、材料的性质、形状及消耗定额等。它是限额发料和集中下料的依据,也是汇总其他定额文件的原始资料。材料使用卡片,是以每种具体规格的材料为主体，分车间记载各种零件所需要的同一种材料的性质、形状及消耗定额等。它可以作为编制订货明细计划和单位产品材料消耗综合定额明细表的依据。单位产品材料消耗综合定额明细表，要列出每种产品所需要的各类材料的小计、总数和金额，它是编制企业年度物资供应计划的重要依据。

三　物资消耗定额的贯彻执行

物资消耗定额制定以后，必须认真地组织定额的贯彻执行。在组织执行物资消耗定额的过程中，一般要做好以下几项工作。

第一，建立严格的责任制度，使每一项物资消耗定额，都有专门的部门、专门的人负责执行。

第二，经常考核和分析定额执行情况，积累有关的资料。通过对定额执行情况的考核和分析，确切地掌握定额执行过程中出现的问题及其原因，及时地反映执行定额和节约物资的经济效果，为改进和加强定额管理提供依据。

为了做到这一点，必须加强对物资消耗情况的原始记录和统计分析工作。从取得原料、材料开始，一直到原料、材料被消耗和制成成品为止的各个环节，都应当有健全的原始记录，记录各种物资在不同阶段、不同环节的使用情况和消耗情况。原始记录的数字必须准确可靠，不错不漏。

物资利用率、使用物资差异和非工艺性损耗的数量及其组成，是统计分析物资利用情况和定额执行情况的三个主要指标。物资利用率和使用物资差异，可以分别用下面的公式来计算：

$$物资利用率 = \frac{产品（或零件）的净重}{物资消耗定额} \times 100$$

$$使用物资差异 = 物资实际消耗量 - \Big[物资消耗定额 \times$$

$$（合格产品件数 + 技术上不可避免的废品数）\Big]$$

非工艺性损耗的数量及其构成的情况，可以通过有关统计资料取得。

通过对上述三个指标的计算和分析，工业企业可以经常了解物资利用的效果，进一步发掘节约物资的潜力。

第三，建立和健全限额发放物资和收回物资的制度，组织执行定额和节约物资的竞赛评比活动，根据需要和可能，实行合理的物资节约奖。同时，应当认真地组织实现各项节约物资的技术组织措施。

第四，尽可能地控制进厂物资的质量和规格，使它们符合定额条件的要求；加强下料车间（备料车间）的组织工作，严格遵守操作规程，按定额、按技术标准下料。

第五，及时地修订物资消耗定额，使定额经常保持先进合理的水平。企业的技术组织条件有了变化，或者，产品的设计和原料配方有了改变，物资消耗定额就必须做相应的修改。一般说来，物资消耗定额的修改，通常是结合编制年度物资供应计划进行的。

第四节　仓库管理

工业企业的仓库管理，在做好物资供应工作中，有特别重要的地位和作用。物资供应工作的各个环节，都同仓库有直接或者间接的关系。在仓库里，储存着企业的原料、材料、燃料和半成品，等等，把仓库管理好，使存放的物资不短少，不受损坏，这是关系到维护国家财产的一件大事。不仅如此，加强仓库管理，对于保证及时供应生产所需的物资，对于合理使用和节约物资，加强经济核算，也有重大的意义。

保管好物资，是仓库管理的基本职能。但是，这并不是它的唯一职能。仓库管理工作，除了要保管好物资以外，还必须面向车间，积极地为生产服务，主动地配合车间完成生产任务，并且积极地处理和利用库存的呆滞物资和废料，充分发挥物资的作用。因此，仓库管理的职能应当包括：

（1）按照合同规定的品种、质量和数量验收物资；

（2）存放、保管物资；

（3）根据物资供应计划、车间投料进度计划和物资消耗定额，审核车间提出的领料单，做好发放物资的工作；

（4）做好材料和废料的回收、复用工作；

（5）定期地清仓盘点，正确地掌握物资的变动情况，等等。

一　物资的入库验收

物资验收，就是对运达本企业的物资进行品种、质量和数量的验收。要判定运到的物资，品种，规格和质量是否符合合同的规定，数量是否和供应单位附来的单据相符。没有经过检验的物资，不准入库。这样做，是为了保证产品质量，避免由于材料短缺而造成损失。

物资的数量的验收，一般由仓库负责。仓库应当先查明供应单位附来的合格证明文件，按品种、型号等标记卸车、分别放置，检点数量签收。

物资的质量检验，一般是由企业的技术检查科或者企业的科学实验部门负责进行的。有的物资，也可以由仓库负责验收。

具体地说，物资的质量检验，有以下几种不同的方式：

（1）凡是验看外形后就可决定是否合用的物资，例如，水泥、铁钉、砖瓦，等等，可以由仓库人员自行查验，并在尺寸、重量和数量加以衡量、清点以后，填写"物资验收证明单"及"物资收入单"，将验收证明单据同发票一并送会计部门查核付款。这种验收办法所适用的物资种类，必须商得供应部门和生产技术部门的同意，不能由仓库人员自行决定。

（2）凡是需要进行技术检验的物资，则要送交由厂部指定的技术检查员或者检验机构进行检验，并由检验的机构和人员签写"物资验收证明单"。

（3）凡是需要进行物理、化学试验的物资，应当交给专门的物资检验所或者委托别的单位详加化验，并且由他们作出"物资试验报告"。

物资检验部门对各种物资需要检验的程度，应当有详细的规定，以便仓库工作人员送检。例如，该抽检的物资就抽检，该进行严格的个别试验的材料，就进行个别试验，等等。在确定物资检验程度的时候，应当考虑以下因素：

（1）进厂物资所规定的规格是否需要高度的准确性；

（2）物资规范书是否复杂，有无使供应单位发生误解的可能性；

（3）供应单位的信誉和设备状况；

（4）物资的包装和运输状况。

上面说的，通常叫做交货时期的验收。此外，在某些特殊的情况下，还要进行所谓完工时期的验收和制造时期的验收。这就是：在供应单位完工时或者正在制造的过程中，由工业企业派专门人员去供应单位检验。但是，有的时候，即使是在供应单位检验过的物资，或者因为质量不好，或者因为运输条件不良，也会在进厂时发生规格不符的现象，所以，交货时期的验收，在任何情况下都是必须的。

不论用什么方法和方式进行验收，都要保证收进的物资确实合乎要求的规格和标准。如果发现交来的物资在规格、品种、质量等方面和合同的规定不符，或者，有损坏、掺杂甚至假冒等情形时，应当拒收；如果只是产地、厂家不符，或者牌号不同，而不致降低物资的使用价值的时候，可以先行收下，但要填制"物资不符情况报告"，并提出意见（如退货、调换、折减价格，等等），呈报主管部门批准以后，再行处理；如果是交货数量同订购数量不符合，或者是交货数量同发票所开的数量不符合，也可以用同样的手续，由对方补交或者扣款。

二　物资的保管

物资验收合格以后，如果不立即使用，就要入库保管。物资的保管，应当做到不使物资数量短缺，不使物资变质，不使物资品种规格混号。同时，物资的存放，要尽可能地便于收发，便于检验、盘点和清仓。

为了保证物资的完整无损，对于不同的物资，应当根据它们的成分、性质以及包装的不同，进行分区、分类，并采取不同的保管方法和堆置方法。例如，对于金属制品，应当注意防锈；对于酒精、汽油、炸药等易燃及危险物品，应当注意防火、防爆；对于木材，应当注意防止腐烂和虫蛀；重要的机器部件、零件，应当用蜡油涂好，贵重的还要加以包装，放在货架上或橱箱内；化工产品、电工器材、胶合板等，应当保存在温度适当并且干燥的库房内，等等。

为了便于物资的发放，仓库内的物资，应当根据发放的情况，分别堆放。例如，最常用的物资，应当在仓库的出口处存放；重量大的物资，存放在低处，等等。

为了便于物资的发放、盘点和清仓，仓库内的物资堆放，应当注意整齐，留有一定的通道。在堆放的方法上，要注意做到便于计算数量。有的先进企业，运用"运筹学"的原理，将物资存放做到"五五成行、五五成方、五五成串、五五成包、五五成堆，五五成层"。这就是在物资堆放上以"五"为计量基数，顺口、好记、过目成数，便于发放，便于盘点，大大提高了仓库工作的效率。

三　物资的发放

向车间发放物资，保证生产需要，是仓库管理的一项重要工作。工业企业的仓库，必须建立严格的领取物资程序和限额发放物资的制度，把物资的发放工作做好。

物资发放的手续应当简化，做到便利生产，并且力求送货上门，为基层单位提供便利条件，更好的为生产前线服务。

为了使物资得到合理利用，便于向车间发送和便于很快地投入生产，在发放物资以前，仓库必须做好发放物资的准备工作，例如，解锯金属与木材、装包散碎的物资、分装液体物资，等等。仓库应当根据车间的投料计划，事先做出物资准备计划，以便使物资准备工作有计划地进行。

为了及时地把物资送达车间或下料单位，仓库还必须事先做好运输准备。需要用车时，要事先向运输部门要车，需要用人力时，要事先安排好送料工人，以免临时发生困难。

认真地实行限额发放物资制度，是做好仓库管理工作的重要保证。所谓限额发放物资，就是按照物资的消耗定额和计划任务，精确地计算物资需要量，制定发放物资数额，据以向车间发放物资。限额发放物资的基本要求是，对使用的物资要精打细算，要有计划，要有准备。

实行限额发放物资的制度，可以加强物资供应工作的预见性和计划性；可以配合生产技术准备工作，有效地做好生产前的物资准备；可以及时地掌握库存情况和车间用料情况，便于正确地确定物资的采购数量和对车间的供应数量。限额发放物资的最重要的作用，是它可以加强物资消耗定额的管理工作，促进物资消耗的节约。

一般来说，实行限额发放物资制度，应当做好以下几方面的工作：

（1）按照物资的不同用途和情况，根据物资消耗定额和计划任务，正确确定使用物资限额，并且编制限额领发物资卡片；

（2）仓库必须严格地按照限额准备物资、发放物资，如果由于生产任务超过原定计划或者其他的原因，需要超额领取物资时，必须经过一定的申请批准手续；

（3）主要物资的领用，也可以根据可能的条件，实行由仓库送料的制度，加强对生产的服务工作；

（4）建立多余物资和边角余料的退交回收制度。

四　物资和废旧物资的回收和复用

车间使用物质虽然有限额的规定，但是，还会有许多原因使车间有退交物资的可能。例如，生产中节约的原料、材料和产生的边角余料、废料；废损的半成品和成品；报废的机器和工具；拆卸废旧的建筑物或设备所获得的材料，等等。仓库对于车间退回的物资，应当进行详细的登记，并且，要经常注意做好废旧物资的回收和复用工作。

废旧物资回收工作，有着重大的意义。废旧物资中的废金属，是国家重要的物资，是冶金工业不可缺少的原料。在生产中有效地利用废旧物资，是合理使用和节约物资，降低产品成本的重要措施。某些大企业的边角余料，还可以作为小企业生产的原料，为国家增加有用的产品。

废旧物资的回收，是合理利用废旧物资的前提。废旧物资回收工作，首先是一项群众性的工作。只有广泛地发动群众，才能把散存在各方面的废弃物资尽可能地收集起来，加以合理利用。废旧物资回收工作，又是企业供应部门和仓库的一项经常工作。为了做好这项工作，物资供应部门和仓库必须进行一系列的组织工作，主要是：

（1）明确规定适用于本企业的各种废旧物资的范围和尺寸标准，避免把好物资当成废旧物资处理；

（2）编制废旧物资回收计划，按月制订，并向车间下达废旧物资回收指标；

（3）对于某些物资（如工具等）采用以旧换新的办法回收；

（4）加强生产服务工作，专人负责巡回回收，及时运走工作地上的各种废旧物资；

（5）建立经常的废旧物资收集制度和奖励制度，等等。

收集的废旧物资，必须进行必要的挑选和分类，以免把各种用途不同，价格不同的废旧物资混杂在一起，造成浪费。

有计划地利用和处理废旧物资是回收的目的。收而不用，就会使回收工作失去意义。废旧物资的利用和处理方法，可以有以下四种：

（1）重复利用，就是把回收的废品、废料，再用于生产，这在钢铁企业特别重要；

（2）转发利用，报废的原料、材料、半成品等，生产部门不能再复用时，转发给企业的辅助部门或者其他用料部门利用；

（3）加工改制，将各种不能再用的物料，在经济合理的条件下，改制成另外的物品，加以利用；

（4）出售，本企业既不能利用又不能修理或者改制的物料，可以按照国家的规定出售。

五　清仓盘点

仓库管理必须准确地、及时地掌握物资变动情况，以便使企业物资供应部门经常心中有数。

仓库管理应当设立物资收入、拨出、结存的登记账表，按物资的品名、规格，准确地记录物资的收入、拨出和结存的情况。同时，为了使账实相符，应当定期进行清仓工作。清仓的内容是：

（1）检查物资的账面数字与实存数字是否相符；

（2）检查收发物资有无错误，库存是否有秩序；

（3）检查各种物资有无变质、损坏等现象；

（4）库房设备有无损坏现象，等等。

如果发生了物资的盘盈、盘亏和变质损耗等情况的时候，必须根据实际情况，报告厂长或者上级有关机关批示处理，不得隐瞒。

清仓盘点工作，必须有组织、有准备、有秩序地、定期地进行。工业企业的物资供应部门和财务部门，应当组织必要的清仓小组，具体负责清仓盘点工作。在对重要仓库进行盘点工作的时候，还应当以厂长或者副厂长为首组织有关部门的人员参加。

在正式查点以前，除了进行思想上的动员和准备以外，为了节省时间和取得良好的效果，还应当做好这样一些准备工作：

（1）印发必要的卡片和表单；

（2）准备好各种可靠的衡量工具；

（3）将散放的各种同类物资，集中起来；

（4）将尚未验收的物资，加速验收入库；

（5）车间用剩的物资，赶快办理退还手续；

（6）废坏物资，应当以特殊标记加以区别，等等。

查点的程序，一般可以分为以下四个步骤：

第一步，分发物资查点卡片和盘点物资单给查点人员。

第二步，分组查点。查点中要认真负责，防止重量不重质、漏点等偏向。

第三步，核对物资账。如有盈亏，应当及时报请有关单位上账或者备查。如果物资的损耗超出了正常的范围，就应当查清原因和责任。

工业企业对于清查出来的超储及多余物资，应当在弄清楚超储及多余物资的品名、规格、数量和积压原因的基础上，及时呈报有关主管部门，积极加以处理。

综上所述，可以看到，仓库管理是一项十分重要的工作，也是一项相当复杂和细致的工作。为了做好这项工作，应当注意以下几点：

首先，必须提高对仓库管理工作的思想认识，要经常向仓库管理人员进行思想教育，使他们认识到自己所担负的工作的重要性，树立为生产服务的思想，树立勤俭节约的观念，加强爱护国家财产的责任感。

其次，要建立和健全仓库管理中的责任制度和管理制度，从物资的验收到发放的各个环节，都必须有一套适合于生产需要的制度和手续，必须有明确的责任制。只有这样，才能调动广大职工群众爱护国家资财的积极性，加速物资的流转，建立良好的生产秩序，避免物资的浪费和损失。

最后，仓库工作必须加强同各方面的联系和协作，例如，要加强同技术检验部门的协作，依靠技术检验部门对入库的物资进行严格的检验，并且根据物资的性能，提出对保管和保养工作的要求；要加强同车间的协作，督促车间严格按照规定的制度，向仓库办理领取物资、退还物资手续；要加强同财务部门的联系，取得财务部门对仓库业务核算的指导，等等。只有在各方面通力协作的情况下，企业的仓库管理工作才能够做好。

第五节　物资的节约和综合利用

在社会主义工业企业里，节约物资和综合利用物资，有非常重要的意义。它是加速企业生产发展的一个重要条件，也是降低产品成本、增加国家积累的一个重要手段。

一　物资的节约

工业企业生产的发展，决定于许多条件。其中的一个重要条件，就是物资的供应。工业企业所需要的物资，有的是由农业提供的，例如，棉花、亚麻、甜菜、烟叶，等等；有的是由工业内部的部门提供的，例如，煤炭、钢材、木材，等等。为了加速工业生产的发展，就必须大力发展农业，大力发展与之有关的工业，以便为工业生产提供更多、更好的物资，这是非常重要的。但是，在一定的物资供应的条件下，工业企业的生产能不能发展得更好一些，更快一些，这又取决于工业企业合理利用和节约物资的程度。如果工业企业能够合理地、节约地使用物资，那么，用同量的物资就可以为国家生产出更多、更好的产品，工业生产的发展，就会好一些，快一些；反之，工业生产的发展，就势必要差一些，慢一些。这就说明，合理地利用和节约物资，是加速发展工业生产的一个重要条件。

节约地利用物资，也是降低产品成本、增加国家积累的重要手段。在工业产品的成本中，物资消耗的费用一般要占70%左右。因此，在保证产品质量的前提下，节约地利用物资，减少单位产品的物资消耗，提高物资的利用水平，对于降低产品成本，增加积累，有很重要的作用。

正因为这样，每一个工业企业，都应当很好地重视物资的节约和合理利用。在社会主义工业企业里，合理利用和节约物资的道路是十分宽广的，方法是多种多样的。一般说来，主要有以下几个方面：

（一）加强物资的运输、保管工作，切实降低物资在储运过程中的损耗

物资在储运过程中，会发生一定的损耗。加强物资的运输和保管工作，尽可能地减少这种损耗，是合理利用和节约物资的一个重要环节。特别是某些农产原料和容易腐烂变质的物资，如果保管不好，在运输储存过程中的损耗，往往会超过加工过程中的损耗。对于这类物资，加强运输保管工作，尤其重要。某些物资，如果在保管过程中发生霉坏、变质，不仅会直接造成仓储损耗，而且会影响产品质量。所以，针对各种物资的性质和特点，制定严格的物资运输和保管制度，查定和控制运输损耗和储存损耗定额，切实加强这方面的管理工作，对于减少物资损耗，保证产品质量，都是很重要的。

（二）做好物资生产前的准备工作和发放工作，保证各种物资各尽其用，避免大材小用、优材劣用的浪费现象

许多物资，在投入生产以前，需要有必要的加工准备工作。做好这种工作，对于提高物资的性能，合理利用物资，有重要作用。例如，在冶金工业企业里，通过初步加工，把粗料变为精料，就可以大大提高金属产品的数量和质量；在以农副产品为原料的轻工业企业里，做好农产原料的选别分类工作，把好的原料用来生产好产品，把低次的原料用来生产质量要求比较低的产品，把不合格的原料、材料加以剔除或者组织备料加工，就可以有效地提高原料、材料的利用程度，如此等等。与此同时，严格地按照生产的要求来发放物资，避免大材小用、优材劣用，对于合理利用和节约物资也有重要的作用。

（三）改进产品结构，减轻产品的重量

一般说来，生产中消耗的物资的主要部分，是构成产品实体的部分。因此，改进产品结构，减轻产品本身的重量，对于节约物资消耗是十分重要的。这个问题，在本书的第十三章中，已经说过了。

（四）采用先进的工艺方法，减少工艺性的物资损耗

工艺性损耗，是生产中物资消耗的一个重要的构成部分。采用各种先

进的工艺方法，保证产品质量，尽可能地减少工艺性的物资损耗，就可以更合理地利用物资。这个问题，已在本书的第十三章中说过了。

（五）做好废旧物资的回收和利用工作，提高物资的利用率

（六）合理采用代用品

在保证产品质量的条件下，合理采用代用品，对于扩大物资来源，减少物资消耗，降低物资费用，都有重要的意义。代用品按其质量来说，一般不应当低于它所代替的物资。采用代用品的目的，或者是为了代替某种稀缺的物资，或者是为了改进产品的性能，提高产品的质量，或者是为了提高劳动生产率，降低产品成本，等等。例如，用塑料代替金属，用薯类甚至锯末代替稻谷、高粱制酒等，都有利于物资的合理利用和节约。

二 物资的综合利用

综合利用是合理利用和节约物资的一个重要方面。正因为它对于合理利用和节约物资具有特别重要的作用，所以，在这里，把它单独列出来，着重地说一说。

物资的综合利用，可以"化腐朽为神奇"，变无用为有用，变一用为多用，变小用为大用，真正做到物尽其用。这样，就可以大大提高物资的利用程度，充分实现物资的使用价值；大大降低产品成本中物资消耗的费用。

物资的综合利用，还可以扩大物资来源，增加原料品种。例如，用炼铁厂的矿渣制造水泥或者其他建筑材料，从钢、铅等有色金属冶炼中提取其他的稀有金属，从炼油、炼焦的过程中提取各种化工原料，等等。还有些原料、材料，只有在物资的综合利用中才能取得，例如，氩、氦、氖等稀有气体，就只有在对空气的综合利用中才能取得。如果对那些需要而且可以实行综合利用的物资，不积极地实行综合利用，那么，物资中许多有用的东西，往往成为废气、废水、废渣白白浪费掉，这对于国家和企业，都是不利的。

由此可见，物资的综合利用，对于减少企业人力、物力的消耗，提高企业的经济效果，以及改善职工的劳动条件和城市居民的环境卫生等，都有重要的意义。例如，钢铁厂的炉渣，火力发电厂的炉灰，如果不能利

用，就经常需要花费很大的运输力，把它们运送出去。而且，堆积这些灰渣，还要占用许多农田面积。冶炼厂和化工厂的废气、废水，常常含有许多有害人体健康的成分，如果不能加以利用和进行适当的处理，对于职工的健康和城市的卫生条件，郊区的农田水利建设都是有害的。反之，如果能够把这些废渣、废气、废水综合利用起来，那么，不仅可以充分发挥物资的作用，生产更多的有用产品，而且可以节约人力、物力的消耗，改善职工的劳动条件和城市的环境卫生，并且有利于城市郊区的农业生产。

物资的综合利用，是一项重要的技术政策。物资综合利用的程度，同科学技术的发展有密切的联系。它是一个国家科学技术发展水平的重要标志。每一个工业企业，都应当从实际出发，根据各种物资的特点，切实注意技术上的可能性和经济上的合理性，对于那些可以综合利用的物资，应当积极地实行综合利用，取得良好的经济效果。

第六节　运输的组织工作

工业企业的运输组织工作，同物资供应工作有着密切的联系。离开运输组织工作，物资供应工作是无法实现的。当然，工业企业运输组织工作的重要性，不限于物资供应这一个方面，工业企业的生产组织工作、产品销售工作，也都和运输的组织工作有着密切的联系。为了叙述上的方便，我们把运输的组织工作放在这一章来讨论。

工业企业的运输，可以分为厂内运输和厂外运输两种。厂内运输是在企业范围内进行的运输，它包括车间之间、车间和仓库之间以及车间内部原料、材料、半成品、成品等的运输。厂外运输是企业范围以外进行的运输，它包括通过铁路、公路、水路等运输方式，运入企业需要的各种物资和运出企业的产品和废渣、垃圾，等等。无论是厂内运输还是厂外运输，对于企业生产和再生产的正常进行，都是非常重要的。

一　厂内运输组织工作

厂内运输是工业企业生产过程的一个组成部分。通过厂内运输，才能使企业内部的各个生产环节脉络相通，把生产过程的各个阶段紧密地联系起来，并且，同企业外部的运输互相联结。在现代工业企业里，生产规模比较大，生产过程的各个部分，分工非常精细，联系非常密切，因此，厂内运输的任务是非常繁重的。每天都有许多原料、材料，要从仓库及时地运送到各个生产单位，有许多半成品，要从一个生产单位运送到另一个生产单位，有许多成品，要从生产单位运送到成品仓库，并交由厂外运输单位运送给用户。此外，还有不少生产过程排泄的废物、垃圾，要及时地清理运输出去。所有这些，都要求企业很好地组织厂内运输，否则，企业生产就不能够顺利地进行。并且，正因为现代工业企业中的运输量很大，消耗在运输上的人力、物力也是很多的。因此，合理地组织厂内运输，提高运输效率，节约运输方面的劳动消耗，对于提高工业企业的劳动生产率，降低产品成本，也有重要的意义。

为了很好地完成厂内运输任务，工业企业首先应当根据生产计划和其他有关的资料，正确地编制厂内运输计划。厂内运输计划的主要内容，是规定厂内的运输量和装卸量指标。

厂内运输量，是根据企业的生产任务、商品出产量、物资消耗定额，以及各车间及各有关单位提出的原料、材料、半成品和废弃物资的运输量等资料来确定的。厂内运输量，应当根据定额来计算。如果没有精确的运输量定额，也可以根据有关的统计资料进行计算。例如，在钢铁企业里，可以按照有关的统计资料确定生产一吨铁需要多少厂内运输量，然后根据生铁的生产任务求出厂内运输量。厂内运输量指标，应当按照火车、汽车等不同的运输工具分别计算，以便据此确定对各种运输工具的需要量。

装卸量指标，也应当根据定额来计算。在没有比较精确的定额的时候，也可以根据统计定额，即一吨运输量需要多少装卸量的比例来确定。

厂内的运输量和装卸量指标确定以后，要根据运输量指标计算所需要的各种运输工具；根据装卸量指标计算所需要的装卸工人数和装卸工具数。并且，把它们同企业现有的运输工具、装卸力量进行平衡。

在编制厂内运输计划的时候，还要计算运输设备的运行和检修所需要消耗的原料、材料、燃料和人工，运输工人和装卸工人的工资，以及有关运输工作的其他各项开支，以便确定运输成本，把运输计划同企业的劳动计划、物资供应计划和成本计划密切地联系起来。

厂内运输计划应当密切结合生产，为生产服务。同时，在保证生产需要的前提下，注意尽可能地减少相向运输和车辆空驶，提高运输效率，降低运输成本。

厂内运输计划不仅要按年编制，而且要按季、按月编制。在采掘、冶金等企业的厂内运输特别重要和特别复杂，还要编制旬和日的运输作业计划，作为具体组织和调度厂内运输的依据。

为了很好地完成厂内运输任务，工业企业还要做好厂内运输的调度工作和装卸的组织工作。

正确地进行运输调度工作，是实现厂内运输计划，保证生产正常进行的重要条件。运输调度工作要根据生产的需要，合理地调配运输工具和运输力量，及时地发现和解决运输工作中存在的问题，保证运输过程顺畅地进行。运输调度工作，要努力防止运输脱节、路线堵塞等不良现象，注意提高运输车辆的利用率和运输效率。在运输调度工作中，还要特别注意运输安全，注意厂内运输和厂外运输的密切结合。

做好装卸工作，对于顺利进行厂内运输也是很重要的。装卸工作的效率和质量，对于加速车辆的周转，保证运送物资的质量和减少运输消耗，都有直接的关系。同时，提高装卸工作的效率，也是运输过程中节约劳动力的一个重要方面。在装卸工作中，要注意提高装卸技术，根据需要和可能的条件，有步骤地实现装卸工作的机械化，改进装卸工作的劳动组织，改进装卸方法，以保证提高装卸效率和质量，节约运输费用。同时，在合理组织装卸工作的同时，必须注意物资的合理存放，不能任意卸车、任意堆放，以免堵塞线路和造成物资的损坏。

二　厂外运输组织工作

厂外运输是生产过程在流通过程内的继续。通过厂外运输，工业企业的生产才能同整个国民经济密切地联系起来，才能把供、产、销密切地联系起来。工业企业进行生产所需要的各种物资，只有经过厂外运输，才能及时地运到厂内；工业企业的产品，也只有经过厂外运输，才能运送到需用者手里，才能在社会经济生活中发挥它的作用。正如马克思在《资本论》中所说的："生产物由一个生产场所到另一个生产场所的运输，又有完成生产物由生产领域到消费领域的运输跟在后面。生产物要完成这些运动，方才是完成而可以消费的。"可见，如果工业企业不重视厂外的运输工作，那么，企业的物资供应和产品销售就不可能顺利地实现，生产过程就不可能顺利地进行。

社会主义的生产和流通都是有计划进行的。这就决定了社会主义的运输也必须有计划地进行。工业企业要组织好厂外运输工作，首先，必须编制正确的厂外运输计划。工业企业在编制厂外运输计划时，应当注意以下一些要求：

（1）厂外运输计划应当根据企业的生产计划、物资供应计划、产品销售计划、和装卸能力以及其他有关的资料编制，它必须保证供、产、销互相结合，保证各项计划的统一性和运输计划的正确性。

（2）运输计划必须考虑到近产、近销，尽可能地避免不合理的相向运输和过远的运输。

（3）在编制运输计划的时候，要注意合理选择运输方式，根据各种物资运输的要求和可能，有效地利用铁路、水路、公路、航空等各种运输工具，以便提高运输效率，降低运输费用。例如，对于运量大、运程远又不太急需的物资，如果可以水运的，应当尽量考虑水运，因为水运的费用比较便宜。

（4）运输计划必须区分哪些物资是直达供货的，哪些物资是小额供货的，以便尽可能地减少中转环节，节约运输费用。

（5）在编制运输计划的时候，还应当同企业的各有关部门取得密切联系，了解它们对厂外运输的要求，防止运输计划和实际要求脱节。

厂外运输计划，应当按年度运输计划、季度运输计划和月度要车计划分别编制。

在编制年度运输计划的时候，企业应当根据国家批准的计划任务，参照上年度本企业实际的运输情况，结合计划年度的运输条件、合同规定的交货地点、日期，以及其他有关的情况，经过分析研究，确定物资的运输量，并且，划分出利用铁路、公路、水路等各种运输方式的运输量和分季的运输量。

季度运输计划，是根据年度运输计划和季度的合同交货情况来编制的。它是年度计划的具体化，也是制定月度要车计划的主要依据。

月度要车计划，是组织厂外运输的具体依据。当月要车计划提出以前，运输部门应当配合生产、供销、仓库等有关部门，摸清货源和品种规范，然后结合运输情况，在切实掌握订货和销售合同的基础上，进行编制。月度要车计划编制以后，企业必须把计划和编制计划的有关根据，如订货合同号码、调拨命令号码、销售合同号码、自行采购计划等，一并报有关主管单位审核批准。

工业企业在编制厂外运输计划的时候，要特别注意填清物资的名称、类别、运输的时间和起讫站等内容，数字要正确，并且应当详细写明收发货人，以免遗漏和发生错误。如有特殊需要注意的事项，必须在备注中注明，以利于运输。厂外运输计划是否正确，不仅影响企业的生产经营活动，而且还直接关系到国民经济的运输计划，因此，在编制厂外运输计划的时候，应当采取严肃认真的态度，力求避免差错。

在正确编制厂外运输计划的基础上，工业企业必须做好日常的厂外运输的组织工作。在这里，正确地处理工业企业与运输部门的关系，有重要的意义。工业企业编制的厂外运输计划，经有关主管单位批准以后，必须及时送给运输部门，以便纳入各个运输部门的计划。工业企业应当把自己的运输要求及时地向运输部门反映，同时也要主动了解运输的情况，同运输部门密切配合协作，共同完成企业的厂外运输任务。一些厂外运输量比较大的企业，常常派专人驻在运输部门，运输部门也派专人驻厂，以便加强运输业务的联系，及时沟通情况，迅速地、正确地解决运输工作中出现的各种问题。社会主义的运输部门，是为工农业生产服务的，为社会主义建设服务的。它们同社会主义工业企业之间的关系，是同志式的分工合作关系。但是，由于分工不同，观察问题的角度不同，在工业企业和运输部门之间，在日常的运输工作中，也经常会产生这样那样的矛盾。例如，铁路运输部门为了加速货车的周转，要求尽可能地缩短车辆在货场的停车时间，要求企业尽可能地快装、快卸；而企业常常因为卸车力量不足，或者因为料场准备不及，要求延长车辆在厂时间，这就会发生矛盾。工业企业必须正确地处理这种矛盾，应当从全局出发，尽可能做好各项准备工作，及时地装车卸车，加速车辆的周转。

综上所述，工业企业运输的组织工作，是一项重要而复杂的工作。尤其在一些大型的工业企业里，运输组织工作的任务是十分繁重的。因此，在这些企业中，一般都应当建立专门的运输部门和运输指挥系统，统一负责组织和指挥全厂的运输工作。同时，为了做好企业的运输组织工作，除了必须严格地遵守国家有关运输的各项规定和制度以外，企业内部也必须建立和健全必要的运输制度和责任制度，以便确保生产顺利进行。

第二十一章
社会主义工业企业的产品销售工作

社会主义工业企业不仅要按照国家计划生产产品，而且要按照国家计划销售产品。产品销售和物资供应一样，是工业企业组织生产活动的有机组成部分。在讨论了工业企业的物资供应工作以后，需要接着讨论工业企业的产品销售工作。

在这一章里，将讨论工业企业产品销售工作中的一些主要问题。下面分以下三节来说：

一、社会主义工业企业产品销售的特点；

二、产品销售计划；

三、产品销售的组织工作和结算工作。

第一节　社会主义工业企业产品销售的特点

产品销售，是联系工业企业生产和社会需要的纽带，是工业企业再生产过程中的一个不可缺少的环节。顺利地进行产品销售，对于保证国家建设和人民生活的需要，对于加速企业生产和整个国民经济的发展，都有重要的作用。

社会主义工业企业生产的目的，是为了满足社会需要。工业企业能不能很好地实现这个目的，不仅取决于企业是否能生产出合乎社会需要的产品来，而且也取决于这些产品是否能及时地销售出去。这是因为，工业企业的产品，只有销售给有关的用货单位，才能进入消费领域，实现自己的使用价值，满足社会的需要。如果工业企业的产品生产出来了，由于不能销售出去而积压起来，那么，这些产品就不能发挥作用，生产就不能转化为消费，社会的需要就得不到满足。这样的生产，不但没有实际的意义，反而积压了物资和资金，对企业、对国家都是不利的。

不仅如此，通过产品销售，工业企业还可以更具体地了解社会需要，更好地为社会需要服务。例如，在销售产品的过程中，工业企业可以更清楚地知道，哪些产品是社会需要的，哪些产品是不需要的；哪些产品的质量好，受到用货单位的欢迎，哪些产品的质量不好，需要改进；用货单位需要什么新的产品，有什么新的要求，等等。这样，工业企业就可以进一步改进产品品种，提高产品质量，使自己的生产更好地符合社会的需要。

产品销售不仅是联系企业生产和社会需要的纽带，而且是保证工业企业的再生产过程周而复始地不断进行的重要条件。我们知道，工业企业在生产产品的过程中，要消耗一定的人力、物力，支用国家拨给的一定的资金。工业企业只有把生产出来的产品销售出去，取得销售收入，才能够收回自己在生产中消耗的资金，并且为国家提供积累。这样，工业企业才能够重新购买原料、材料，支付职工工资，组织新的生产过程。如果工业企业的产品不能销售出去，企业的再生产过程就会遇到困难，甚至会发生中断。工业企业的产品销售得越是顺利，越是迅速，流动资金的周转速度就越快，企业用国家拨给的同量资金，就可以办更多的事，生产更多的产品。如果每个工业企业都能够这样做，那么，整个国民经济的物资流转就会大大加快，社会生产就会迅速地发展。

从上面的分析中可以看出，工业企业能不能顺利地销售产品，是一件十分重要的事情。每一个社会主义工业企业，都不能只管产品生产，而不管产品销售；不能只重视生产的组织工作，只注意原料、材料的供应工作，而不重视、不注意产品的销售工作。如果这样，那是不正确的。

产品销售，是任何工业企业都要进行的。但是，社会主义工业企业的产品销售，无论在性质上还是方式上，都同资本主义工业企业有根本的、原则的区别。

　　资本主义工业企业销售产品的目的，是为了实现劳动者在生产过程中创造的剩余价值，是为了追求利润。产品在什么时候销售，销售给谁，销售多少，都完全以能否给资本家带来更多的利润为转移。与此相适应，资本主义工业企业的产品销售，完全是在无政府状态的条件下，通过市场竞争自发地进行的。资本家在市场上争相角逐，相互排挤，垄断市场，抬高价格，无所不用其极。结果，必然使社会生产的无政府状态进一步加剧，社会财富遭到巨大的浪费。

　　与资本主义根本相反，社会主义工业企业产品销售的目的，是为了满足社会需要。社会主义工业企业的产品销售，是在国家的集中领导和统一计划下，有计划、有组织地进行的。每一个工业企业，都必须严格地按照国家规定的调拨计划和产品价格销售产品，而不能违反国家计划任意地处置自己的产品。

　　产品归谁占有，归谁支配，是所有制的重要标志。社会主义国营工业企业是全民所有制的经济组织，它的产品属于国家所有，必须由国家进行统一分配和统一调拨。社会主义国家生产资料和重要消费品的统一调拨和统一分配计划，是根据党的路线、方针和政策，根据各个时期面临的政治和经济任务，统筹兼顾，全面安排，在综合平衡的基础上确定的。每一个工业企业，只要是严格地按照国家的统一计划销售产品，就能够保证产品有稳定的、可靠的销路，就能够有计划地、顺利地销售产品，而不会像资本主义企业那样，必然要发生这样或者那样的销售危机，造成人力、物力、财力的巨大浪费。这是社会主义工业企业的产品销售，大大优越于资本主义的根本之处。

　　社会主义工业企业的产品销售，是有计划、有组织地进行的，因此，企业的销售部门完全可以不像资本主义社会那样，到处奔走经营，寻找销售对象。但是，这是不是说，工业企业的产品销售工作是非常简单的，不要费什么力量就可以做好的呢？

　　当然不是的。

　　恰恰相反，正因为社会主义经济是计划经济，社会主义工业企业的产品是由国家统一分配和统一调拨的，因此，就要求产品销售的组织工作做得更加细致。如果工业企业产品销售工作做得不好，就不仅会影响某一些企业的生产，甚至还会影响到整个国民经济的顺利发展。工业企业销售工作的责任是重大的，任务是艰巨的。它要保证严格地按照国家规定的要求交货，满足用货单位的需要；要提高工作效率，加速流动资金的周转速度，保证及时地实现企业的上缴利润；要深入地了解用货单位的要求，了解社会需要的动向，促进企业生产技术和经营管理的不断改进。每一个工业企业，只有很好地利用社会主义制度所提供的有利条件，切实做好产品销售的计划工作、组织工作和结算工作，才能顺利地销售产品，促进生产迅速发展。

第二节　产品销售计划

每个工业企业，都要在国家的统一计划下，有组织地进行产品销售工作。工业企业正确地编制和执行产品的销售计划，不但可以保证国家对各种物资的有计划的分配，而且可以促进企业生产、技术、财务计划的顺利实现。

工业企业产品销售计划的主要内容，是确定产品（包括工业性作业，下同）的销售数量和销售收入。产品销售计划，应当根据国家的物资分配计划进行编制，保证按品种、按质、按量、按期限履行合同，全面完成产品销售任务。产品销售计划，应当和生产计划密切结合，正确处理生产与销售之间的关系，保证产销衔接。产品销售计划，还应当和财务计划密切结合，尽可能地降低销售费用，加速流动资金的周转，及时实现企业的盈利。

工业企业在编制产品销售计划的时候，首先要确定计划年度内可供销售的产品数量。它可以按下面的公式计算：

计划年度内可供销售的产品数量 = 计划年初产品库存量 + 本期产品生产数量 - 计划年末产品库存量

计划年初产品的库存量，通常就是报告年末的预计库存量。它是企业计划年度内可供销售的产品，应当列入销货资源中。计划年末的产品库存量，是指由于包装、选配和为组成一批等待发运等原因而形成的产品库存量。这种产品库存是必要的，但是，应当尽可能使它的数量保持合理的水平，不能过多，以免积压物资和资金。这部分库存产品，虽然是企业在计划年度内生产出来的，但是，它们不能作为计划年度内可供出售的产品，因而不应当列入可供销售的产品数量中。

本期的产品生产数量，是构成企业计划年度内销货资源的主要部分。在确定本期产品生产数量时，应当区别以下两种情况：

（1）凡是在年度生产计划中已经具体确定了产品品种和产量的，就按照生产计划中所确定的数字，按各种产品的产量来逐一计算企业的可供销售的产品数量。

（2）凡是在编制年度生产计划时，还不能具体确定产品的品种、数量的，就无法进行具体计算，要等生产任务具体落实以后，才能加以确定。

工业企业在确定计划期内的可供销售的产品数量时，必须切实地考虑自己的生产能力，对于一些还没有试制成功或没有经过鉴定的新产品，不能列入可供销售的产品数量中，这样，企业的销货资源才有可靠的保证。如果由于某种原因而使产品的品种和数量发生变动时，就必须相应地修改可供销售的产品数量。

工业企业确定了计划期内的销货资源指标以后，应当上报给国家的有关主管机关，进行统一平衡和分配。根据国家的统一分配计划，工业企业就可以着手编制年度、季度和月度的产品销售计划。

工业企业在编制年度产品销售计划的时候，应当收集整理报告年度有关产品销售、产品库存和在途商品的情况和资料，并且进行切实的分析研究；应当掌握计划年度各种产品的商品产量、产品库存、在途天数和销售单价等资料，并且要对计划年度产品销售的条件，进行具体的分析。在具体地分析和研究有关资料的基础上，确定计划年度的产品销售数量和销售收入。

产品销售的数量，是根据国家统一分配的订货任务和计划年初、年末的在途商品的情况确定的。所谓在途商品，是指已经发出但尚未收回货款的产品。计划年初的在途商品，虽然是企业在报告年度发出的，但是它在计划年度才能取得货款，完成销售过程；计划年末的在途商品，虽然是企业在计划年度接受订货和发出的，但是，它要到下一年度才能取得货款。因此，计划年初的在途商品，应当列入计划年度的销售量中；计划年末的在途商品，则应当加以扣除，列入下一个计划年度的销售量中。

在确定了产品销售的数量以后，根据产品的销售价格，可以计算出计划年度的销售收入。它的计算公式如下：

计划销售收入 = 计划产品销售量 × 单位产品的销售价格

计划工作中应用的价格，一般有不变价格和现行价格两种。计算产品销售收入时，应当采用现行价格。

产品的销售价格，应当以国家有关机关审定的产品出厂价格为标准，主要的有以下两种：

（1）国家统一规定的价格。在我国，主要工业产品的出厂价格都是由国家统一规定的。凡是有国家统一规定的价格的产品，在计算产品销售收入时，都必须以国家规定的统一价格为根据。

（2）销售合同协议的价格。除了一些主要工业产品的出厂价格，是由国家统一规定以外，还有一些次要产品的价格，一般是由产销双方在签订经济合同的时候，协商规定的。计算这些产品的销售收入，就应当以合同中协议的价格为根据。

工业产品的出厂价格，还不是销售价格，在确定产品销售价格时，还必须在出厂价格的基础上，进一步考虑产品销售过程中的运杂费用。在采用发货站交货的销售方式的时候，产品的销售价格，应当在产品出厂价格的基础上，加上把产品从企业运达发货站所需的费用；在采用到达站交货的销售方式的时候，产品的销售价格，应当在产品出厂价格的基础上，加上把产品由企业运到到达站所需的费用。

由于销售方式、交货地点等因素直接影响着产品的销售价格，因此，工业企业在编制销售计划的时候，必须具体掌握这些情况，以便正确地确定销售价格，保证销售收入计划的准确性。

在确定了计划年度内产品销售量以后，还可以计算出库存成品所占用的资金。

工业企业年度销售计划的格式（见表 21–1），举例如下：

表 21–1

产品名称	计算单位	期初结存	商品产量	计划产品销售量和销售收入						成品资金			备注
				上期在途商品	本期发出商品	本期在途商品	本期销售量	单位产品销售价格（元）	销售收入（元）	期末库存	单位成本（元）	占用资金	
10m/m元钢	吨	500	5000	50	5100	100	5050	500.00	2525000	400	400	160000	

工业企业不仅要编制年度的产品销售计划，而且要编制季度、月度的产品销售计划，以便把年度计划根据各季、各月的生产和订货情况，逐步具体化。

第三节 产品销售的组织工作和结算工作

编制产品销售计划的目的，是为了保证顺利地进行产品销售，完成对用货单位的产品供应工作。因此，工业企业在编制了产品销售计划以后，必须进行一系列细致的组织工作，具体地执行和实现销售计划。同时，在产品销售过程中，还必须做好结算工作，以便及时地收回货款，加速资金周转。

一 产品销售的组织工作

工业企业产品销售的组织工作，主要包括以下一些内容：（1）同用货单位签订销售合同；（2）会同计划部门按合同安排产品的生产；（3）监督产品出产情况；（4）做好成品的保管工作；（5）组织发货运输工作。

下面，分别来说一说这些工作。

（一）同用货单位签订销售合同

同用货单位签订销售合同，是工业企业销售部门的一项重要工作。在社会主义制度下，工业企业是按照国家计划和根据国家计划签订的产品销售合同来组织生产的。销售合同的工作组织得好不好，对企业生产经营的关系很大。企业的销售部门，在同用货单位签订销售合同的过程中，对于产品的品种、规格、质量、数量、价格和交货期限，以及其他应当承担的经济责任，等等，都必须进行具体的协商，在合同中明确地规定下来，以便于企业组织生产。销售合同签订以后，必须有专人负责督促和检查合同的执行情况，加强合同的管理工作，这个问题，在下面"社会主义工业企业的厂际协作和经济合同的管理工作"一章中，将做专门讨论。

（二）会同计划部门按合同安排产品的生产

产品销售合同签订以后，工业企业销售部门就应当会同计划部门按合同具体地安排生产。在生产安排上，无论是产品的品种、质量和数量，还是产品的出产期限，都必须和合同的规定相符合，只有这样，产品销售计划的实现，合同的履行，才有可靠的保证。

（三）监督产品出产情况

为了保证产品销售计划的实现，按合同的规定交货，工业企业的产品销售部门，必须经常对产品的出产情况进行检查督促。要经常了解成品入库的情况。必要的时候，要在车间或者企业行政负责人召集的生产调度会议上，提出意见，提请生产部门设法保证按期出产产品。入库的成品，必须严格按照规定的质量和数量进行验收，产品不符合质量要求的，要及时向有关部门反映，督促它们采取措施加以改进。不符合质量要求的成品，不能入库。

（四）成品的保管

产品生产出来以后，一般要送入成品库保管。做好产品保管工作，使产品不受损坏，对于实现销售计划和维护国家财产，都是十分重要的。工业企业的成品仓库，应当根据各种产品的性质和特点，采取妥善的方法加以保管，要防火、防盗、防止产品损坏变质。同时，产品在向用货单位发货以前，通常还需要做许多发货的准备工作。例如，粘贴商标、打印记、包装、捆扎，等等。有些产品，还需要进行产品搭配或配套包装等。这些工作，有的是由有关的车间做的，有的是由成品库做的。做好这些工作，对于保证产品质量，便利运输，都有很大的作用。

（五）发货运输工作

按照合同规定，组织及时地向用货单位发货，也是销售部门的一项重要工作。如果产品生产出来了，由于发货工作组织得不及时，而积压在仓库里，那么，不仅销售合同不能及时兑现，而且会积压流动资金，占用仓库面积，影响生产的进行。因此，工业企业的销售部门，应当根据合同规定的发货数量、日期，等等，及早做好准备，提出要车计划，保证产品能够及时地运送给用货单位。在实际工作中，也有的是由用货单位来组织产品的运输工作的，在这种情况下，工业企业就应当及早通知用货单位，到时前来提货，防止产品积压。

二　产品销售的结算工作

工业企业在产品销售过程中，还要做好结算工作。工业企业的产品销售，一般是在向用货单位发运出产品并且收回了货款以后，才完成它的全部过程。因此，产品销售货款的结算，是产品销售工作最后的，也是非常重要的一个环节。

社会主义工业企业产品销售的结算方式，是由国家统一规定的。每一个工业企业，都是按照国家统一的规定，通过国家银行进行结算。这种结算方法，可以充分发挥国家银行的监督作用，加速物资和资金的周转，巩固合同制度，加强企业经济核算，对于社会扩大再生产的顺利进行，具有重要意义。

工业企业在同外地的用货单位进行结算的时候，主要采用"托收承付"的结算方式。这是工业企业根据合同，在发运产品以后，委托银行向外地购货单位收取货款的结算方式。

采用这种结算方式，工业企业在按照合同规定的条件发出商品，并向运输机构取得运输凭证以后，必须在三天以内提出发货账单，发出商品清单和结算凭证，向开户的国家银行办理托收手续。

国家银行接受工业企业的托收申请以后，将结算凭证寄到购货单位的开户银行，通知购货单位承兑付款。购货单位除了由于发货条件和合同规定不符，可以声明拒付货款以外，无论购货单位是否声明承付，国家银行在承付期三天届满后，就将货款从购货单位的结算账户转出，拨入售货企业的结算账户中。

采取"托收承付"的结算方式，可以充分发挥国家银行对企业之间进行结算的监督作用，既可以促使售货企业及时办理结算手续，又可以督促购货企业及时承兑货款。这对于巩固企业的经济核算和加速资金的周转，都有很大的好处。

工业企业在同本地的购货单位进行结算的时候，主要是采取支票的方式。支票是购货单位签发的，通知银行从它的账户中支付款项的凭证。支票有两种，即现金支票和转账支票。在企业单位之间进行结算，主要用转账支票。工业企业给购货单位发出产品以后，从购货单位取得票面金额与货款相等的支票，然后，到银行进行转账。这种非现金的结算方式，有利于国家银行对现金的集中管理，也有利于国家银行对企业的生产经营活动进行监督。

工业企业产品销售货款的结算方式，除了上面所说的以外，还有许多种，例如，同外地购货单位进行结算的时候，还有信用证结算、特种账户结算和汇兑结算等方式；同本地购货单位进行结算的时候，还有付款委托书、限额支票和同城"托收承付"等方式。因为这些方式一般用得不多，这里就不再一一说明了。

工业企业要及时地收回货款，加速资金周转，就必须很好地组织结算工作。在产品发出以后，就应当及时向国家银行办理结算手续，不能疏忽，不能拖延。同时，工业企业还应当对已经发出的产品货款的支付情况，进行系统的监督。如果发生了购货单位拒付货款的情况的时候，工业企业一定要查明原因，凡是由于本企业工作的缺点造成的，就应当积极地改进工作，克服缺点；凡是由于购货单位无理拒付的，就要同购货单位进行交涉，及时加以处理，以保证结算工作顺利进行。

第二十二章
社会主义工业企业的厂际协作和
经济合同的管理工作

在第二十、二十一两章里，讨论了国营工业企业在物资供应工作和产品销售工作中的一些主要问题。大家知道，在社会主义制度下，工业企业的物资供应和产品销售，都是根据国家的统一计划，通过厂际协作和经济合同，在有关的工业企业之间以及工业企业同其他经济单位之间进行的。厂际协作和经济合同，把工业企业的生产过程和流通过程紧密地联结起来，它是工业企业顺利地进行生产的一个重要条件。没有这个条件，工业企业的生产就不能够连续地、周而复始地进行。所以，在社会主义工业企业管理这门课程里，有必要对于厂际协作和经济合同问题，加以讨论。

这一章，分以下三节来说：

一、社会主义工业企业的生产专业化和厂际协作；

二、厂际协作的组织工作；

三、经济合同的签订和执行。

第一节　社会主义工业企业的生产专业化和厂际协作

工业企业的厂际协作，是在生产专业化的基础上发展起来的。生产专业化和协作，都是生产社会化的表现。生产专业化把社会生产分解为各个独立的生产部分，而协作又把各个专业化生产的部分联结成一个有机的整体。生产专业化是厂际协作的基础；厂际协作是生产专业化的必要条件。它们是相辅相成、互相促进的。社会经济越发展，社会分工越精细，工业企业的生产越是专业化，就越要求工业企业之间加强协作。这是不以人们的意志为转移的社会经济发展的客观规律。

现代工业生产是一种高度社会化的生产。在现代工业生产中，社会分工很细，生产专业化程度很高。一个完整的工业产品，往往需要经过许多工业企业的加工，才能最后制造成功。而每一个工业企业，只能完成整个产品生产过程的一个阶段或者一个部分。例如，有的工业企业，专门为制造某种产品提供原料、材料、燃料；有的工业企业，专门为制造某种产品提供半成品；有的工业企业，专门进行某种产品生产的装配加工，如此等等。因此，每一个工业企业，都要同其他许多企业和经济单位发生密切的生产联系，进行多方面的协作。

一方面，每个工业企业进行生产所需要的原料、材料和其他各种物资，必须由别的企业和单位供应，如果别的企业和单位不能够及时地供应各种必需的物资，那么，这个工业企业的生产，就不可能正常地进行，甚至要发生中断；另一方面，每个工业企业所出产的产品，也必须及时地出售给别的企业和单位，满足这些企业和单位的需要，并且由此取得销售收入，保证有必要的资金来组织新的生产过程。如果工业企业不能够及时地把合乎需要的产品提供给别的企业，那就会影响别的企业不能正常地进行生产，同时也会使自己的生产陷于困难的境地，不能周而复始地顺利地进行。

不仅如此。在现代工业生产中，各个工业企业在工艺技术方面的联系，也越来越密切，需要进行多种多样的协作，例如，各种工艺性加工的协作，合理利用大型、精密、专用设备的协作，以及有关设备维修、材料检验和计量工作方面的协作，等等。正确地进行这种协作，也是保证工业企业生产正常发展的重要条件。

所有这些都说明，在工业企业生产专业化的情况下，协作是生产的一个不可缺少的重要条件。没有协作，工业企业的生产就无法进行，整个社会生产也无法进行。

协作不仅是参加协作的各个工业企业力量的简单相加，而且是这些力量的有机结合和协同活动。合理地组织厂际协作，可以发挥各个企业的集体力量，节约生产资料，充分利用资源，合理利用生产设备和生产时间，减少多余的、不必要的生产操作过程，一句话，可以节约社会劳动，大大地提高社会劳动生产率。

专业化和协作，是现代工业发展的方向。科学技术越发展，工业生产越发展，就越是需要工业企业实行高度的专业化，企业之间的协作就越加显得重要。正确地处理工业企业之间的协作关系，把现有的工业生产能力合理地组织起来，把工业与农业以及各方面的生产联系大大地加强起来，这对于改善企业管理和工业管理，多快好省地进行我国社会主义建设，具有十分重要的意义。因此，每一个工业企业，都必须在国家的集中领导和统一计划下，努力做好厂际协作工作。

社会主义经济是计划经济。社会主义工业企业的厂际协作，是在整个国民经济范围内有计划地组织起来的。它体现着国民经济各个部门、各个地区和企业之间的相互支援和同志式的合作。同资本主义制度下，各个工业企业，在尔虞我诈、钩心斗角的残酷竞争中自发进行的协作相比较，社会主义工业企业的厂际协作，有着无比的优越条件。我们必须充分地运用这种条件，根据生产发展的客观要求和内在联系，自觉地搞好厂际协作。

在社会主义社会里，有着国家统一的计划，只要每个工业企业都严格地执行国家的统一计划，工业企业之间的生产衔接问题，也就可以自然而然地解决，为什么还需要强调厂际协作呢？

当然，社会主义工业企业的协作，是根据国家统一计划进行的。组织社会主义企业协作的目的，正是为了加强生产的计划性和组织性，使产、需之间更好地衔接起来。如果离开实现国家计划，而另搞一套所谓协作，这是与社会主义工业企业的性质不相容的。

在社会主义国民经济计划里，全面地安排了主要生产指标、主要生产资料的供应和主要生活资料的分配。这些安排，无疑为工业企业的厂际协作创造了有利的条件。但是，国民经济计划并不能代替厂际协作的组织工作。因为在国家的统一计划里，无论如何也不可能把各个工业企业完成国家计划的具体生产活动和具体要求都统统包括在内。一般说来，国家在统一计划中只给工业企业规定产量、质量、品种等主要的生产指标，和基本的原料、材料、燃料的供应指标，而每个工业企业究竟生产哪种规格的产品，什么时候生产，什么时候交货，用什么方式交货，生产产品所必需的原料、材料、燃料由哪个单位供应，怎样供应，所有这一切具体事项，都需要通过厂际协作，由供需双方去进一步具体商定，才能够把国家计划具体化，保证国家计划的实现。同时，在国家的统一计划中，也不可能把所有的产品都列进去。对于那些没有列入国家计划的产品的生产，就更加需要通过厂际协作，把供需双方密切地联系起来。由此可见，合理地组织厂际协作，是贯彻执行国家统一计划的一个重要保证，是实现国家计划的重要手段。

不仅如此。合理地组织厂际协作，还有利于正确地制定国家计划，有利于提高国家计划的准确性。这是因为，根据生产固有的规律性，广泛地建立起来的企业之间的协作关系，可以为做好国民经济计划的平衡工作，提供比较可靠的依据。我国两个五年计划的经验证明，在国民经济各部门的比例关系有了合理的安排以后，在一个经济部门内部，各个行业、各个企业的生产经营活动，还需要做许多具体的安排，在建立了正常协作关系的条件下，这种安排就方便得多。拿机械工业来说，当一些生产主机的工业企业，接到国家的计划控制数字以后，它们就可以把要求外部协作的产品和原料、材料的品种、规格、数量，通知有关的协作企业，协作企业就可以根据上级下达的计划控制数字，和各个生产主机的企业对它们提出的协作要求，编制出比较正确的计划草案，供上一级计划机关做进一步的平衡。这样，各个生产环节之间的生产计划就会紧密衔接，避免在主机和配套产品之间，产品的生产任务和原料、材料等供应的可能之间，出现很大的缺口，或者出现生产不符合需要的现象。

由此可见，在社会主义制度下，把计划工作同加强企业协作分割开来，把组织社会主义工业企业之间的协作关系看做可有可无的事情，那是不正确的。

我们国家的重要物资，都是由国家统一分配的，在工业企业之间建立起协作关系，会不会影响和打乱国家对于重要物资的统一分配呢？

在我国，重要物资的分配和建立工业企业之间的协作关系，都是在国家统一计划的指导下进行的，并且都是服务于国家统一计划的。根据国家统一的物资分配计划，建立工业企业之间正常的协作关系，就可以使生产同需要密切结合，更好地完成国家的物资分配计划。这样做，还可以使物资供应工作中的许多具体业务问题，不必通过物资管理部门，而由供需单位直接协商解决。这不仅可以大大减少物资的积压浪费，提高物资的利用率，而且可以大大减少供销工作中的许多中转环节，节省大量的人力、物力和财力，大大简化物资分配上的许多不必要的行政工作，这对于物资管理部门克服官僚主义、提高工作效率，是有很大好处的。

社会主义工业企业之间的协作，是在国家的集中领导和统一计划下进行的。工业企业的主要协作关系，必须由国家各级经济管理机关有领导、有计划、有组织地加以安排。当然，这绝不是说，组织厂际协作只是上级主管机关的工作，不是工业企业本身的工作。

我们知道，工业企业的协作关系是多种多样的。有工业企业与工业企业之间的协作，有工业企业同交通运输企业、商业企业以及集体所有制的企业之间的协作。这些协作关系，不可能都由上级主管机关一一加以安排。上级主管机关只能给企业安排主要的协作关系，还有一些次要的协作关系需要企业自己安排，需要企业按照国家规定的计划，以及有关的方针政策和财经制度，积极地进行组织。而且，即使是由上级主管机关统一安排的协作关系，无论在这种协作关系的安排过程中，还是在安排好以后，具体地实现这种协作关系的过程中，都需要工业企业进行一系列的工作。因此，在国家的集中领导下，组织好厂际协作，是每个工业企业的一项重要的管理工作。研究社会主义工业企业管理，必须讨论工业企业厂际协作的问题。那种把厂际协作只看做工业管理部门或国民经济管理机关的事情，认为在社会主义工业企业管理这门课程中，不必要讨论厂际协作问题，这种观点，显然是不妥当的。

第二节　厂际协作的组织工作

前面说过，每个工业企业的生产，都是在同其他企业的密切联系中进行的。因此，每一个工业企业，在组织自己的生产活动的时候，都必须考虑这样两方面的问题：一方面，要很好地为社会就是说为别的企业服务；另一方面，又要主动地取得其他企业的协助。厂际协作的组织工作，就是要妥善地解决这两个方面的问题。

一　厂际协作的内容

为了正确地组织厂际协作，首先要正确地了解厂际协作的内容。社会主义工业企业厂际协作的内容，是很丰富的，协作的种类和项目，是多种多样的。总的来说，工业企业的厂际协作，主要可以分为供应协作和生产协作两类。所谓供应协作，是指工业企业生产所需的主要原料、材料、燃料、配套产品和备品配件的协作；所谓生产协作，是指工艺性加工，大型、精密、专用设备的合理利用，设备维修、检验、计量工作等方面的协作，以及技术协作等。具体地来说，有以下几个方面：

（一）原料、材料、燃料等供应方面的协作

这是工业企业之间最一般的生产联系。它表现为一些工业企业，按照一定的需要，有计划地生产一定的产品，供应给需要这些产品的工业企业。例如，钢铁厂按照拖拉机厂的需要，生产和供应一定规格、品种的钢材；煤矿按照钢铁厂的需要，生产和供应一定煤种、一定煤质的洗煤；针织厂按照橡胶厂的需要，生产和供应制造胶鞋的衬垫，等等。

原料、材料、燃料等供应的协作，是比较复杂的。每个工业企业需要的原料、材料，品种十分繁多，数量多少不等，需用的时间，也迟早不同。每个工业企业，都应当根据国家的统一计划，区别各类物资的不同情况，采取不同的方式，妥善地安排这种协作关系。

（二）产品配套的生产供应协作

现代工业的产品，往往是由许多零件、部件组成的。这些零件、部件，往往由许多工业企业按照统一的计划，分别地进行生产。有的工业企业，生产一种产品的主要部分，有的工业企业，生产这种产品的其他部分。只有这些工业企业进行密切协作，整个产品才能及时地生产出来，满足社会的需要。这种协作关系，在机器制造工业中特别重要，也特别复杂。一些复杂的机器产品，往往需要几十个、几百个企业的协作配合，才能生产出来。像我国生产的"东方红"牌拖拉机，共有一万多个零件，其中有三百八十种零件是由全国各地的四十多个协作厂生产供应的；长春第一汽车厂生产的"解放"牌汽车，它所需要的电气设备、仪表、轴承、五金、橡胶制品、玻璃等，也是由国内八十多个协作厂生产供应的。

由于有些机电产品往往需要配套成为一个机组才能使用，因此，凡是生产成套产品的有关工业企业，必须密切配合协作，才能及时地为社会提供出成套的机电设备。

产品配套协作，是更为直接和密切的协作。凡是有产品配套任务的工业企业，都必须互相沟通情况，切实搞好协作关系。

（三）工艺性加工，大型、精密、专用设备的合理利用等方面的协作

这是有关的工业企业，相互解决生产上存在的某些薄弱环节和相互利用多余生产能力的协作。我们知道，现代工业企业，是生产技术十分复杂的有机体。在技术力量上，在设备利用上，都会经常出现不平衡的情况。有的工业企业，这种生产设备的能力可能有富余，而别的工业企业则可能感到不足；特别是某些大型、精密和专用的机器设备，并不是每个工业企业都有的，而拥有这种设备的企业，设备负荷又不一定充分。有的工业企业，拥有必要的生产设备和技术力量，能够对产品进行某种工艺加工，而有的工业企业，则可能不具备进行这种工艺加工的技术条件。凡此种种，都要求工业企业之间广泛地开展工艺性加工和合理利用设备的协作，互通有无，取长补短，以便充分发挥每个工业企业的生产潜力，增加工业产品。这种协作的具体形式是很多的。有的工业企业，可以用自己多余的生产能力，生产一些"中间产品"供应其他企业，如汽车厂利用多余生产能力生产活塞环，供应其他企业；有的企业，要把某种零件、部件的某道工序或者热处理等，请别的企业协作完成，如此等等。

重大的工艺协作，都是由国家计划和有关主管机关统一安排的。此

外，凡是有这类协作要求的企业，也都应当主动地做出计划，找好协作对象，能够自行接洽解决的，就直接接洽解决；需要经过上级经济管理机关帮助解决的，就提请有关机关帮助解决。凡是需要为别的企业承担这类协作任务的企业，应当主动地同提出协作要求的企业进行协商，积极地帮助对方解决困难。

（四）设备维修和配件供应的协作

由于工业企业生产专业化的发展和精密设备的不断增加，工业企业中许多机器设备的备品、配件，常常要由专门的企业来生产和供应。不仅如此，在修理某些技术比较复杂、大型、精密、专用机器设备的时候，承担维修任务的技术工人，也不是每个工业企业都具有的。有的机器设备的检修，甚至需要送到专门的企业去进行。因此，为了加强机器设备的维修工作，保证机器设备经常处于良好状态，工业企业在安排其他各种协作关系的同时，也必须很好地安排设备维修和备品、配件供应的协作。

（五）技术协作

这是指工业企业之间在解决生产技术问题上的协作。我们知道，各个工业企业的技术力量和技术水平是不同的。并且，由于生产的性质和条件不同，每个工业企业在生产技术方面，都可能有自己的独到之处。一个先进经验，可能在这个企业已经普通推广，而那个企业还不了解；有些技术上的难题，可能在这里已经解决了，而在那里还是一个"难关"。特别是某些技术问题的解决，某些先进技术的运用，往往需要靠各有关企业和单位的共同努力，才能收到预期的效果。所有这些，都要求在工业企业之间广泛地开展技术协作。开展这种协作，可以充分发挥集体力量，调动各方面的积极性，迅速解决企业生产技术上的关键问题，促进先进技术在生产中的普通推广，不断地提高企业的技术水平。所以，每个工业企业，都必须十分重视企业之间的技术协作，采取多种多样的形式，组织这种协作关系。

二　厂际协作的组织

上面说的，是工业企业厂际协作的主要内容。对于这些方面的协作，工业企业都应当在国家的集中领导和统一计划下，很好地加以组织。

那么，怎样组织厂际协作呢？

一般说来，组织工业企业的厂际协作，有两种方法：一种是建立临时的协作关系，另一种是建立固定的协作关系。在工业企业的厂际协作中，临时的、一次性的协作，虽然往往是不可缺少的，但是，需要大量建立的，是经常的、固定的协作关系。

所谓建立经常的、固定的协作关系，就是把工业企业所需要的生产和供应的协作关系，合理地、长期地固定下来。这在企业的供应协作方面，就是要把工业企业生产所需要的主要原料、材料、燃料、配套产品和备品、配件等的协作关系，尽量固定下来，实行定点供应；在工业企业的生产协作方面，就是要把企业的各种生产协作，包括工艺性加工和设备的合理利用、设备维修等方面的协作关系，凡是能够固定的，都通过计划，把它固定下来。实践证明，固定企业的协作关系，实行原料、材料、燃料等的定点供应，对于改善工业管理和企业管理，发展生产，厉行节约，具有十分重要的意义。

第一，固定工业企业之间的协作关系，实行原料、材料、燃料等的定点供应，可以加强工业生产的计划性和组织性，有助于计划的综合平衡工作。工业企业之间的协作关系，突出地反映了国民经济各行业、各部门之间相互促进、相互制约的内在联系。这种联系，不但表现在数量方面，而且反映在品种和质量方面。把这种相互的联系固定下来，就可以使生产和需要密切衔接，为做好综合平衡工作创造有利条件，使计划工作越做越细，从而大大提高工业生产的组织程度。固定协作，定点供应，对于加强工业企业内部的计划管理，组织均衡生产，减少产品和物资的积压浪费，也有很大的作用。工业企业建立了固定的协作关系以后，就可以在年度生产计划正式确定以前，预先做好生产准备工作，这就可以提高生产的计划性和稳定性，避免前松后紧的现象，有助于企业建立正常的生产秩序。

第二，固定工业企业之间的协作关系，实行原料、材料、燃料等的定点供应，是改善物资管理工作的重要途径，也是组织好物资供应工作的一项带根本性的措施。把工业企业所需要的原料、材料、燃料等协作关系固定下来，实行定点供应，就可以大大简化物资分配订货的手续，改进物资管理工作；可以减少物资供应的中间环节，节省大量运输力量和运输费用，从而有利于加速流动资金的周转和降低产品成本。同时，实行固定协作、定点供应以后，工业企业生产所需要的原料、材料、燃料有了保证，这就使企业能够集中精力搞好生产，并且大大减少常住外地的物资采购人员。

第三，固定工业企业之间的协作关系，实行原料、材料、燃料等的定点供应，还可以加强企业之间相互了解，促进技术交流，有助于产品质量的提高，产品品种的增加。在协作关系不固定的情况下，企业作为供应方面，不可能熟悉用户的具体要求，而所生产的产品又不一定是长期需要的产品，这就妨碍技术经验的积累和生产的改进。同时，企业作为需要方面，由于供货单位不固定，对需要的产品品种和质量的要求，不能直接反映给生产这些产品的企业，因而问题也不能及时解决。协作关系固定以后，供、需双方就可以经常联系，在长期的协作中，彼此熟悉情况，交流对产品的意见。这对于改进产品质量、发展产品品种，有很重要的作用。例如，上海柴油机厂过去只生产两种型号的柴油机，通过固定协作关系，该厂摸清了社会需要情况，并且根据需用单位的具体要求，发展成32种变型产品，更好地满足了不同方面的需要。

第四，固定工业企业之间的协作关系，实行原料、材料、燃料等的定点供应，就可以使供、需双方直接见面，做到产需衔接，供货对路，生产稳定，浪费减少，提高原料、材料、燃料的利用率。以洛阳拖拉机厂为例，过去生产每台"东方红"牌拖拉机，实际消耗钢材2800多公斤，协作关系固定后，由于钢材厂能够按照拖拉机厂要求的品种、规格和质量标准供货，使每台拖拉机的钢材消耗定额下降到2400多公斤，如以年产1万台拖拉机计算，即可节省钢材4000多吨，相当于生产1600台拖拉机所需的钢材数量。这充分说明，固定协作关系，对于节约物资消耗的经济效果是很大的。

第五，固定工业企业之间的协作关系，实行原料、材料、燃料等的定点供应，还可以进一步加强协作观念，密切企业之间的联系。协作关系固定以后，供需双方企业的责任感都加强了，为了协调生产，提高产品质量，及时解决生产中的关键问题，供需双方企业就可以建立直接的联系，交流生产作业计划，协调检修设备的时间，进行相互访问、相互支援、相互帮助。

综上所述，建立工业企业之间固定的协作关系，实行原料、材料、燃料等定点供应，好处是很多的。因此，在组织厂际协作的时候，凡是有条件固定的协作关系，都应当尽可能地固定下来。一般来说，在原料、材料、燃料、配套产品等供应的协作方面，凡是基本上具备下列条件的，都应当建立固定的协作关系，实行定点供应。

（1）产品定型，常年需要；

（2）产、需双方生产情况比较稳定；

（3）需要量较大，或者需要量不大但有特殊要求；

（4）可以固定品种、规格、数量和质量要求。

在生产协作方面，除了那些一次性的生产协作，不宜于建立固定的协作关系以外，其余凡是能够固定的，也应当尽可能建立固定的协作关系。

固定企业协作关系的具体方法，是多种多样的。在原料、材料、燃料等供应协作方面，实行固定协作，定点供应，基本上有三种做法：

第一种是定计划量。这种做法，是在国家的生产计划已经确定的企业里，把生产所需要的主要原料、材料、燃料和配套产品等同时确定下来，分别经各级经济管理机关的批准，纳入国家计划，同有关的企业建立固定的协作关系，由固定的协作单位按照规定的品种、质量、数量和时期供应，不再参加每年的集中订货。

第二种是定基本量。这种做法，是在国家的生产计划已经大体确定，变动不会很大的企业里，由供、需双方协商，确定一个协作的基本量（常年的或者逐年的）。在每年国家的计划确定以后，协作双方再根据计划做相应的调整。这些产品，也不再参加每年的集中订货，至于每年调整增减的数量，可以由有关主管部门审查批准。

第三种是定点不定量。这种做法，是在一些不能实行定量或者一时还不能实行定量的工业企业之间，可以只固定供应关系，把需要协作的主要产品品种、规格及质量要求确定下来，而不固定供应数量，每年的供应数量，则根据国家的年度物资分配计划来确定。

无论采取哪种做法，在建立工业企业之间固定协作关系，实行原料、材料等定点供应的时候，都必须根据国家的统一计划，在统筹安排、全面平衡、保证重点、照顾一般，先全国、后地方的前提下，遵循就近就地、经济合理的原则，并且，适当的照顾某些特殊需要。只有这样，才能使固定的协作关系，符合生产发展的要求，有利于社会主义经济事业的发展。具体地说来，工业企业在组织厂际协作的过程中，必须注意以下几个问题：

第一，要从全局出发，局部利益服从整体利益。社会主义工业企业之间的协作，体现着社会主义的互助合作关系。从根本上说，各部门、各地区和各个工业企业的利益是一致的，它们的努力，都是为了多快好省地建设社会主义这个共同的目的。但是，也应当看到，每一个工业企业、地区和行业，都有自己的特点和要求。这些要求，在很多场合下，是同整个国民经济的要求相一致的，但是，在有些场合下，也可能出现一些矛盾。

例如，在安排协作关系的时候，有的工业企业，只希望生产主机，不愿意生产配套产品；有的工业企业，不愿接受产值小、工艺复杂的协作任务，等等。这些情况，显然是不利于国民经济发展的。

又例如，在某些情况下，从一个企业出发，提出这样或者那样的协作要求，希望建立这样或者那样的协作关系，看来是合理可行的，但是，从整个国民经济的全局来看，却可能是不合理的。

这就是说，在安排协作关系的时候，往往会遇到企业的局部利益同国家的整体利益发生矛盾的情况。在这种情况下，工业企业必须坚决把自己的局部利益服从整体利益。每一个工业企业，在进行厂际协作的时候，都不能只算本单位的小账，不算国民经济的大账。如果有这样的企业，不顾社会需要，不顾上级经济机关的安排，哪一项协作对自己有利，就孜孜以求，不然就加以拒绝，那就会导致脱离社会主义轨道的后果。这在我们的国家里，是绝对不能允许的。

当然，各级经济管理机关在安排企业固定协作关系的时候，应当照顾工业企业的正当利益。要充分考虑经济合理的要求，不能乱点"鸳鸯谱"。从本质上来看，照顾企业的正当利益和合理要求，归根结底，对于国家也是有利的。同时，只有这样，才有利于充分发挥工业企业进行协作的积极性，使协作关系建立在更加稳固的基础上。

第二，要力求经济合理，协作双方必须考虑就近就地、合理运输、直达供货等条件，固定协作关系。

我国地区辽阔，工业企业的分布很广，协作关系也很复杂，为了使工业企业的协作能够很好地促进生产的发展，节约社会劳动，在固定协作关系的时候，应当力求经济合理。凡是当地可以供应的产品，应当就地供应、就地解决，不要到外地去找协作对象；凡是当地不能解决必须由外地供应的，也应当注意就近协作，尽量避免过远的运输；凡是可以直达供货的大宗物资，应当由生产单位直接送到需用单位，不再经过其他中间环节的周转。这样做，可以合理地发挥当地工业生产的潜力，避免物资的长途运输和同类产品的相向运送，从而大大地节约人力、物力和财力。例如，沈阳水泵厂配套所需要的电机，过去由 13 个省 20 多个城市供应，共有32 个供应点，遍及全国各地。1962 年组织定点供应，这个厂所需要的电机改由就近五省的 11 个企业供应，结果使生产储备周期由 205 天下降到175 天，同时节约运输费用 15 万多元。这个例子说明，只有根据经济合理的原则来固定协作关系，才能取得显著的经济效果。

在考虑就地就近固定协作关系的时候，常常会碰到协作对象的隶属关系问题。我国的工业企业，分属中央各部和各地方管理。在安排协作关系的时候，有的工业企业和主管机关，往往愿意在本部门内部进行协作，而不愿意和其他部门的企业协作。一般说来，和本部门的企业进行协作，由于工艺相近，产品相似，主管机关又统一，当然有许多方便之处。但是，这种做法，也往往会违背就地就近进行协作的原则，造成人力、物力的浪费。因此，凡是就地就近同其他部门的企业进行协作，在技术上和经济上都更加合理的，就应当优先考虑固定这种协作关系，而不应受工业企业隶属关系的约束。

第三，要从实际出发，对于那些应当固定而且能够固定的协作关系，必须尽量固定下来，对于那些不能固定或者暂时不能固定的协作关系，就不要勉强固定，而可以组织临时性的协作。例如，在原料、材料、燃料等物资供应方面，负责供应的企业的生产很不稳定，或者需要单位不能固定的产品，以及一般的原料、材料的小额供货，等等，都不宜于固定协作，实行定点供应。在工业企业的生产协作方面，某些一次性的协作，也可以在需要协作时，经企业双方协商，或报请有关主管机关安排解决，而不建立固定的协作关系。凡是能够固定的协作，不去积极地建立固定的协作关系，这是不对的。凡是不能固定的协作关系，不顾条件地去要求固定协作，这也是不对的。

第四，在固定工业企业之间的协作关系的时候，还要考虑到原有协作关系的状况。随着工业生产的发展，在各个工业企业之间，逐步建立了多方面的协作关系。其中有的协作关系，还可能是历史上长期形成的。对于工业企业之间原有的协作关系，必须采取郑重的、科学分析的态度。除了某些不合理的协作关系，应当及时地进行调整以外，对于那些又经济又合理的协作关系，则必须继续保持，绝不能片面中断。就是对于那些不合理的原有协作关系，也必须在建立了新的合理的协作关系以后，才能加以终止。这样，才有利于保证企业生产的正常发展。

为了做好厂际协作的组织工作，工业企业应当根据需要和具体的条件，设置相应的机构和人员，负责这项工作。例如，在协作关系比较复杂的工业企业里，除了供销部门以外，还可以设置必要的机构，专门管理配套产品的协作和工艺性加工、设备利用等方面的协作；在协作关系不太复杂的工业企业里，除了供销部门以外，也可以指定专人负责生产协作工作，等等。工业企业中负责厂际协作的部门和人员，都必须经常了解本企业和其他有关企业的生产任务和生产情况，掌握协作的情况，及时发现问题，解决问题，保证厂际协作的顺利进行。

第三节　经济合同的签订和执行

工业企业的协作关系一经建立，就应当使协作双方始终确认和认真履行彼此承担的经济责任，并且使这种协作关系相对地固定下来。用什么办法来做到这一点呢？那就是签订经济合同。

一　经济合同的意义

合同，作为协作双方履行各自承担的经济责任的经济契约，是巩固协作关系的重要形式。协作关系是一种经济关系，主要应当采取经济的办法来处理这种关系。采取合同制，就是以经济的办法来正确处理协作双方之间的关系。广泛地推行经济合同，对于发展社会主义的厂际协作，有着重要的作用。

合同，是适应协作关系的需要而产生的。同时，它又可以促使协作关系更加完善起来。通过合同，可以使在国家统一计划指导下建立起来的协作关系，真正起到把生产和需要直接地、具体地联结起来，把国家统一计划同生产单位的具体活动联结起来的作用。在合同中，对于产需双方的实际需要做出具体的规定，可以使生产单位更加具体地了解需要单位的要求，并且按照这种要求安排自己的生产，提高产品质量，增加产品品种和规格；可以使需要单位根据供应单位给他们提供的产品的具体情况，来具体地安排和调整本单位的生产。总之，通过千百万个合同，就可以使各个工业企业的生产，在国家统一计划下，进一步协调起来，联结成一个统一的社会主义生产过程。反之，如果不采取合同制，那么，即使建立了协作关系，也难以把协作的内容具体化，难以使各个工业企业的生产更好地适应社会的需要。

合同，还是执行和检查计划的重要工具。通过合同，可以使国家下达的计划进一步精确化和具体化，使企业的生产活动，同国家计划吻合起来。同时，通过合同，又为国家提供了及时了解企业生产情况，并且对它们进行切实帮助的可靠根据。通过合同的执行，还可以使国家便于改进生产组织工作和计划工作。

合同，又是加强工业企业的责任制的重要手段。在社会主义的工业企业之间，既然存在着分工协作，就需要建立彼此间严格的责任制度。这也就是每个工业企业对社会、对国家的严格责任制度。有了这种严格的责任制度，才能保证分工、协作的正常发展和国家统一计划的实现。

二　经济合同的内容和形式

为了充分地发挥经济合同的作用，经济合同要有正确的内容和适当的形式。

适应各种不同的需要，经济合同的形式是多种多样的。例如，有供应合同、租借合同，预购合同、运输合同、劳务合同以及基本建设合同，等等。就工业企业经常运用的供应合同来说，又可以分为长期合同和短期合同。

供应合同中的长期合同，一般有两种，即长年定点供应合同和定点供应协议。短期合同，一般就是根据国家每年的物资分配计划签订的具体订货合同。在工业企业建立固定协作、定点供应关系的时候，凡是实行定点定量供应的，应当签订长年定点供应合同。在定点供应合同有效期间，工业企业所需要的物资，由物资分配部门和供方企业根据国家计划，按定点供应合同直接调拨和供货，不再参加集中订货。必要的时候，供、需双方可以根据需要，每年签订一个执行定点供应合同的具体条款，以补充定点供应合同的不足。凡是只固定了供应关系而没有固定供应数量的，应当签订长年的定点供应协议，每年根据国家的物资分配计划，再签订具体的订货合同。

长年定点供应合同和年度订货合同的内容，要求比较具体。一般来说，在合同中，对于协作产品的品种和规格，质量标准和技术要求，产品数量，单位产品的价格和总价格，交货日期、交货方式和交货地点，产品包装要求，各种税款、包装费、运杂费、装卸费等的分担办法，违反合同的处理办法，解决纠纷的程序，以及有关本合同的各种附件，等等，都要做明确的规定。年度的订货合同，因为有物资供应合同和配套产品供应合同的区别，在签订的时候，还要根据具体情况，做某些特殊的规定。

定点供应协议的内容，可以比定点供应合同的内容原则一些。在定点供应协议中，不规定产品的供应数量，但是，对于协作产品的主要品种、规格、质量标准以及技术要求，等等，都应当明确地规定下来。

在合同中所规定的协作双方应当履行的义务和责任，需要协作双方相互信守。无论是长年的定点供应合同还是年度的订货合同，它们一经签订，就都具有法律效力。协作双方都应当自觉地严肃对待合同中的每一项规定，按品种、规格、质量、数量，按规定的交货日期和交货方式，来全面地履行合同。协作的任何一方，既不能拒不执行合同，也不能片面地废除和修改合同。随着生产和技术的发展，已经固定的协作关系可能要做相应的调整，协作的范围和要求，也可能有发展和变化，例如，供、需双方因生产任务发生变动，需要追加或者削减年度供应量，等等。在这种情况下，合同的修改和解除，都需要经过协作双方的协商同意和上级有关机关的批准，而不能随意改变或者中断合同关系。

不执行合同的单位，不但要负道义上的责任，而且要负经济上的责任。要对不合格的产品包修、包换、包退，并且，要负责赔偿对方的损失。任何一个工业企业，在同一时期内，既要使用别的企业提供的产品，又要为别的企业提供产品；既是订货一方，又是供货一方。所以，不管在哪一方面不履行合同，都会影响与之相联系的一系列经济单位的正常活动。因此，每一个工业企业，无论订货或者接受订货，都要严格按合同办事，体谅对方的需要和困难，发扬把方便让给别人，把困难留给自己的共产主义风格。这是建立协作关系和执行经济合同的最重要的思想保证。

让那些不执行合同的工业企业，负经济上赔偿对方损失的责任，是对不执行合同的企业的一种经济制裁。为了巩固社会主义的经济纪律，保证国民经济生活的正常秩序，这种经济制裁是必要的。

有人对于不执行合同的工业企业要负经济上的责任，采取否定的态度。他们认为："反正羊毛出在羊身上，归根结底，还不是国家花钱?!"这种看法，是不对的。

当然，工业企业不履行合同所造成的经济损失，首先受害的是国家。每个企业领导人应当认识到这一点，应当对于合同的履行具有严肃的政治责任感。同时，让不执行合同的企业负经济上的赔偿责任，不仅可以加重它们在道义上的责任感，而且由于在经济上赔偿对方的损失，将会减少本企业的利润，因而有助于促进那些不执行合同的企业加强整体观念，有助于督促他们改进生产和经营管理，加强经济核算。

工业企业实行定点供应的产品和物资，以及重要的生产协作任务，都要分别地纳入各级生产计划和物资分配计划。固定协作，定点供应合同签订后，各级物资部门和企业的主管部门，必须按照合同进行物资分配和安排生产，组织物资供应。并且，要经常认真地检查定点供应合同或协议的执行情况，及时发现问题，解决问题。如果由于特殊的原因，不能按照固定协作、定点供应合同的要求来安排企业的生产和组织供应时，原批准机关可以调整企业的协作关系和供应数量。

三　按合同组织生产

为了保证经济合同切实得到执行，每个工业企业，必须严格地按合同组织生产，按合同交货。订货合同是国家计划的具体化。一个企业是否严格地按合同组织生产和交货，是反映它对待国家计划和对待兄弟企业的协作任务，是否采取严肃负责的态度，是否从全局出发的一个重要标志。同时，按合同生产、按合同交货，不仅对全局是有利的，而且也完全符合工业企业本身的利益。因为只有按合同组织生产，企业的产品，才是国家所需要的，才能充分发挥企业增产节约的效果。如果不按合同进行生产，那么，即使生产的产品很多，但因为不是国家和用户所需要的产品，就只能积压在仓库里，影响企业流动资金的周转，反而会造成浪费。这无论对国家还是对企业当然都是不利的。

为了按照合同规定的产品品种、规格、质量、数量和交货日期进行生产，工业企业必须加强技术管理，在品种、质量上切实下工夫。因为一个企业完成合同的好坏，往往同这个企业在产品品种、质量方面的工作能否做好，一些关键品种和稀缺品种能否按时、按质交货，有很大的关系。

为了按合同进行生产，工业企业还必须加强生产组织工作。每一个工业企业，都应当根据签订合同的情况，编好生产作业计划，做好生产的综合平衡工作和生产准备工作，使保证完成合同的各项生产任务，能够具体地落实到车间、小组，并且在原料，材料、技术条件、生产设备和生产工艺等方面，加以切实的保证。同时，还要加强计划执行情况的检查和考核工作，及时发现和解决问题，保证全面地完成合同规定的各项要求。

为了保证经济合同的贯彻执行，工业企业还必须加强合同的管理工作。企业的供销部门和其他负责厂际协作的部门，应当设专人负责合同的登记工作和保管工作。应当设立合同登记簿和登记卡片，合同的种类、号码、供货者或者订货者的名称、地址、订立合同的日期、合同规定的产品品种、规格、数量、到货或者发货日期等，都要按先后次序记录下来。对于不执行合同、延误交货日期、违反供货要求的情况，也要如实加以登记。加强合同管理，还要经常地检查合同的执行情况。从签订合同、安排生产，一直到交货、发运，都应当有专人负责。对某些关键产品和专案任务，更需要有专人掌握，及时检查，随时注意克服薄弱环节，保证如期完成。

为了使工业企业的各个生产单位和职能部门，都能够严肃地履行合同，工业企业还必须把合同的执行情况，作为考核这些单位和部门的工作成绩的一个重要条件。凡是认真执行协作任务和经济合同的，应当受到表扬；凡是不能很好地执行协作任务和经济合同的，应当受到批评，以便促使企业全体人员更好地履行合同，全面完成协作任务。

第二十三章
社会主义工业企业的经济核算

经济核算是社会主义工业企业管理的一条重要原则。社会主义工业企业在进行计划管理、技术管理、劳动管理、物资管理，以及其他一切管理工作的时候，都应当严格地实行经济核算，力求以尽可能少的人力、物力、财力，取得尽可能大的经济效果。经济核算是工业企业管理工作的一项重要工作。工业企业的生产和管理工作的好坏，归根结底，都会影响企业的经济效果，都会直接或者间接地在企业经济核算中得到反映。通过经济核算，可以及时地发现企业经营管理的成绩和缺点，促进各项管理工作越做越细，越做越好。所以，在讨论了社会主义工业企业的计划管理、技术管理、劳动管理和物资管理等方面的问题以后，要接着说一说社会主义工业企业经济核算的问题。

这一章，分以下四节来说：

一、勤俭办企业；

二、社会主义工业企业经济核算的内容；

三、社会主义工业企业经济核算的方法；

四、社会主义工业企业的经济活动分析。

第一节　勤俭办企业

社会主义制度要求不断地节约劳动时间，提高劳动生产率，以便用尽可能少的劳动消耗，占用尽可能少的资金，生产出尽可能多、尽可能好的产品，满足整个社会日益增长的物质和文化的需要。

社会主义制度，也是历史上最节约的制度。在社会主义制度下，国民经济能够有计划按比例地发展，因而可以避免在生产资料私有制条件下由于生产的盲目竞争和无政府状态所造成的巨大浪费；科学和技术摆脱了私有制的束缚和剥削阶级的狭隘阶级利益的局限，可以获得广阔的发展天地；更重要的是，劳动群众成了自己生产的主人，增产节约成为广大劳动群众所热切关心的事业。所有这些，使社会主义制度同历史上任何其他的社会制度相比，都更能够节约地利用社会的劳动资源和物质资源，创造出更高的劳动生产率。这是社会主义制度优越性的一个重要表现。

但是，社会主义制度的优越性，是不可能自发地发挥出来的。社会主义制度是历史上最节约的制度，这是从客观上来说的，是一种可能性。要充分利用这种可能性，并且把这种可能性完满地变成现实，还需要我们主观努力，需要我们做好许多工作，需要我们在一切事业中，特别是在经济事业中，全面地、严格地、持久地执行勤俭的原则、节约的原则。只有每一个职工、每一个企业、每一个单位以及整个国家都厉行勤俭节约，认真贯彻勤俭建国的方针，社会主义生产才能够多快好省地发展，我们的国家，才能够迅速地繁荣富强起来。

坚持勤俭节约，反对铺张浪费，也是社会主义企业中不同的经营思想斗争的一个重要方面。勤俭节约是劳动人民的本色。相反，对国家和人民的财产漠不关心，铺张浪费，正是剥削阶级思想的表现。阶级敌人腐蚀我们的干部，也常常是从这里开始的。因此，我们正确地抵制和克服资产阶级思想的影响，巩固和发展社会主义的全民所有制，就必须持久地坚持厉行勤俭节约的原则，坚持反对铺张浪费的斗争。

毛泽东同志历来都十分重视勤俭节约。早在第一次国内革命战争时期和抗日战争时期，他就这样反复地教导我们：财政的支出，应该根据节省的方针。节省每一个铜板为着战争和革命事业，为着我们的经济建设，是我们的会计制度的原则[1]。节约是一切工作机关都要注意的，经济和财政工作机关尤其要注意[2]。新中国建立以后，在社会主义建设时期，毛泽东同志进一步指出：我们要进行大规模的建设，但是我国还是一个很穷的国家，这是一个矛盾。全面地持久地厉行节约，就是解决这个矛盾的一个方法。我们六亿人口都要实行增产节约，反对铺张浪费。这不但在经济上有重大意义，在政治上也有重大意义[3]。他又说：勤俭经营应当是全国一切农业生产合作社的方针，不，应当是一切经济事业的方针。勤俭办工厂，勤俭办商店，勤俭办一切国营事业和合作事业，勤俭办一切其他事业，什么事情都应当执行勤俭的原则。这就是节约的原则，节约是社会主义经济的基本原则之一[4]。

毛泽东同志正是从这样原则的高度上提出勤俭节约问题的。我们管理社会主义的国营工业企业，一定要严格地遵循毛泽东同志的这些论述，认真地贯彻执行勤俭办企业的方针。

那么，在社会主义国营工业企业里，怎样才能做到勤俭办企业呢？

最重要的，就是要在对职工广泛地进行社会主义教育，进行勤俭建国、勤俭办企业的教育的同时，实行严格的经济核算。

社会主义工业企业的经济核算，就是每个企业都要在国家的统一计划下，严格地、精确地计算和比较生产中的消耗和成果，努力节约劳动消耗和物资消耗，合理使用国家拨给的资金，不断地提高经济效果。

在社会主义阶段，由于社会上还存在商品生产和商品交换，价值规律还发生作用，因此，社会主义工业企业的经济核算，除了用实物形式进行核算以外，还要采取货币形式，还要利用价格、成本、盈利等价值形式作

---

① 毛泽东：《我们的经济政策》，《毛泽东选集》第一卷，人民出版社 1952 年第 2 版，第 129 页。

② 毛泽东：《抗日时期的经济问题和财政问题》，《毛泽东选集》第三卷，人民出版社 1953 年第 2 版，第 897 页。

③ 毛泽东：《关于正确处理人民内部矛盾的问题》，人民出版社 1957 年版，第 35、36 页。

④ 毛泽东：《勤俭办社》一文按语，载《中国农村的社会主义高潮》上册，人民出版社 1956 年版，第 16 页。

为核算企业经济效果的工具。

通过经济核算，可以使工业企业和全体职工及时地了解和关心生产经营活动的经济效果，加强他们勤俭节约的观念和责任心，调动他们努力增产节约的积极性；通过经济核算，可以帮助企业发现生产经营中的缺点和浪费现象，促使企业改进生产，改进技术，改进经营管理；通过经济核算，可以促进企业全面地完成和超额完成国家计划，在努力扩大产品品种、提高产品质量、增加产品数量的同时，努力节约消耗，降低成本，增加企业盈利。所以，经济核算是社会主义工业企业管理中的一项重要工作，是实现勤俭办企业的一个重要手段。我们要办好工业企业，就必须认真地实行经济核算。

早在抗日战争时期，毛泽东同志就明确地指出了经济核算的重要意义。他说：有了严格的核算制度之后，才能彻底考查一个企业的经营是否是有利的[①]。在社会主义建设时期，毛泽东同志又强调指出：任何社会主义的经济事业，必须注意尽可能充分地利用人力和设备，尽可能改善劳动组织、改善经营管理和提高劳动生产率，节约一切可能节约的人力和物力，实行劳动竞赛和经济核算，借以逐年降低成本，增加个人收入和增加积累[②]。

但是，并不是所有的人对于社会主义工业企业的经济核算，都有足够的认识。有的人认为，社会主义国营工业企业是全民所有制的企业，赚钱亏本都是国家的，反正"肉烂在锅里"，实行不实行经济核算，没有多大关系。这种看法显然是错误的。

社会主义的国营工业企业，是属于全体劳动人民所有的。每个国营工业企业的主要的经济活动，都有国家计划的统一安排，并且得到国家强有力的支持。这是国家给予企业进行经济核算的良好条件。每个企业都应当很好地运用这些条件，把经济核算工作做得更好，使自己的生产经营活动，取得更大的经济效果。而绝不可以错误地以为有国家做"靠山"，企

[①]　毛泽东：《经济问题与财政问题》，解放社 1944 年版，第 114 页。

[②]　毛泽东《真如区李子园农业生产合作社节约生产费用的经验》一文按语，载《中国农村的社会主义高潮》中册，人民出版社 1956 年版，第 768 页。

业就可以大手大脚，不讲究经济效果。我们知道，社会主义经济是由许许多多企业组成的。只有每个企业都实行严格的经济核算，给国家提供更多的物质财富和资金积累，整个社会主义经济，才能够多快好省地向前发展。反之，如果每个企业都不讲效果，不计工本，不顾盈亏，浪费国家的人力、物力、财力，那么，社会主义经济要实现多快好省的要求，是根本不可能的。

还有的人认为，在社会主义工业企业里，主要地要算政治账，至于算不算经济账，那是无关紧要的。这种把政治账和经济账、政治工作和经济工作截然对立起来的观点，显然也是不对的。

政治工作是一切经济工作的生命线。任何经济工作，脱离了无产阶级的政治，离开了马克思列宁主义的思想政治工作，就会迷失方向，就一定不可能取得良好的经济效果。这是一条马克思列宁主义的普遍真理，是我们什么时候都不能够忘记的。但是，这并不是说，政治工作可以代替经济工作。恰恰相反，政治挂帅要求工业企业在企业党委的统一领导下，认真地贯彻执行党的路线、方针和政策，全面地完成和超额完成国家计划，要求企业在执行国家计划的过程中，不断地加强职工的社会主义教育，要求企业坚持勤俭办企业的原则，反对铺张浪费，把经济工作越做越细致，越做越好，使政治工作和经济工作很好地结合起来。在社会主义的工业企业里，政治和经济是统一的，而不是对立的。经济核算是一项经济工作，但是有重大的政治意义。在经济工作中，既要算政治账，又要算经济账；既要算大账，又要算细账。我们绝不可以因为要加强经济核算，就忽视政治挂帅；也绝不可以因为强调政治挂帅，就不重视经济核算。在社会主义的工业企业里，处处精打细算，克勤克俭，厉行节约，努力完成国家规定的计划，这正是体现了无产阶级艰苦奋斗的革命精神和政治上高度的责任感。相反，对国家和人民的财产漠不关心，铺张浪费，这正是资产阶级思想的表现，是忽视政治的表现。

社会主义工业企业的经济核算，同资本主义企业的核算是有原则区别的。这种区别，主要表现在以下两个方面：

第一，社会主义工业企业经济核算的目的，是为了多快好省地发展生产，满足人民的需要和为社会主义创造积累。这样的经济核算，是同工人阶级和全体劳动人民的利益一致的。工人阶级是企业的主人，他们关心企业的生产，也关心企业的经济核算。在社会主义工业企业里，经济核算，绝不只是领导干部、管理人员的事情，也不只是少数财务人员的事情，而是全体职工的事情。

与此相反，资本主义企业核算的目的，是为了追逐利润，为了少数剥削者发财致富。这种经济核算，同无产阶级的利益、同全体劳动人民的利益，是完全对立的。因此，资本主义企业的核算，只能是资本家及其少数代理人的事情，它必然要遭到广大工人群众的抵制和反抗。

第二，社会主义经济是计划经济。社会主义经济不仅有一个企业范围内的经济核算，而且有整个社会范围内的经济核算。社会主义工业企业的经济核算，是从社会的整体利益出发的，是在国家的统一计划和集中领导下进行的。因此，不仅在一个企业范围内，而且在全社会范围内能够取得最大的经济效果。

与此相反，在资本主义制度下，尽管在一个企业的范围内有相当精确的核算，但是，整个社会生产是无政府状态的。每个资本主义企业，都只为自己牟取暴利，根本不顾整个社会的利益；它们盲目生产，相互竞争，结果必然造成整个社会的巨大浪费。

由此可见，社会主义工业企业的经济核算比资本主义企业的核算有着不可比拟的优越性。只要我们善于运用社会主义制度所提供的有利条件，采取正确的方法，切实做好工作，就一定能够很好地进行经济核算，不断地提高工业企业的经济效果。

那么，在社会主义制度下，怎样才能够促使每个国营工业企业都认真地进行经济核算呢？

社会主义国营工业企业，是全民所有制的企业。在前面已经说过，社会主义国营工业企业的生产资料和产品，都是国家的财产，由国家统一调拨；企业的生产活动，要服从国家的统一计划和集中领导；企业的利润，要上缴给国家，由国家集中使用。在这种情况下，为了充分调动每个企业和广大职工进行经济核算的积极性，在加强思想政治工作，教育广大职工牢固地树立勤俭建国、勤俭办企业的观念的同时，还必须创造一定的条件，建立一定的经济核算制度，使每个国营工业企业都能够计算生产中的消耗和成果，都能够对自己的经营状况直接负责，就是说，要使国营工业企业成为在国家统一计划和集中领导下实行经济核算的单位。这些条件，主要的就是：

其一，国家要为企业规定适当的生产计划，以及劳动计划、财务计划、物资供应计划和产品销售计划等，要拨给企业一定的资金（包括固定资金和流动资金），要赋予企业一定的经营管理权力，使企业在国家的统一计划和集中领导下，在经营业务上有相对的独立性，可以按照国家的规定和计划，运用国家拨给的资金组织生产经营活动。

其二，企业要用出售产品的收入来补偿生产中的支出，并且，要按照规定向国家缴纳基本折旧基金，缴纳税金和上缴利润。企业要有独立的资产负债表，完整的会计核算，并且在银行设立结算账户。

其三，企业有权按照国家规定从银行取得贷款，同时，要按照规定支付利息，并且按期偿还银行的贷款。

其四，要严肃财政纪律和信贷纪律。国家的财政机关和银行，一方面要按照国家的规定和计划，向企业供应资金，保证企业生产正常周转的需要；另一方面，要督促企业严格遵守国家的财政纪律和信贷纪律，通过货币形式对企业的生产经营活动进行监督。

其五，企业之间产品的交换，要遵守国家规定的计划和价格，建立严格的合同制度。对于一切违反合同的行为，要给予必要的制裁，要有经济赔偿制度。这样，使每个企业都能够对自己的生产经营活动负责。

其六，国家要对企业规定合理的奖励制度。企业全面和超额完成了国家计划，取得了良好的经济效果，可以按照规定从企业利润中提取一定的奖励基金；反之，就不能提奖，以促使企业更好地关心经济核算，全面完成国家计划。

上面这些，就是促使企业认真地进行经济核算的主要条件。在政治挂帅的前提下，有了这些条件，确立了这种制度，就能够比较充分地调动工业企业进行经济核算的积极性，使企业的经济核算能够比较顺利地进行。

但是，有了这种条件和制度以后，工业企业的经济核算是不是就一定能够进行得很好呢？

不一定。因为工业企业的经济核算能不能搞好，还要取决于企业本身的许多组织工作。例如，每一个工业企业如何合理地确定经济核算的指标，正确地组织企业内部厂级、车间、小组三级的经济核算和各个职能科室的经济核算，广泛地开展经济活动分析，等等。这些问题，将在以下各节加以讨论。

第二节　社会主义工业企业经济核算的内容

在说明了社会主义工业企业为什么要实行经济核算以后，需要进一步讨论经济核算的内容问题。

社会主义工业企业经济核算的主要内容是什么呢？

概括地来说，社会主义工业企业经济核算的主要内容，有以下几个方面：

一　生产成果——产品的品种、质量、数量、产值的核算

一般地说，工业企业的生产成果主要是产品。社会主义工业企业的经济核算，首先要核算企业的生产成果——产品。

工业企业的产品，有质的方面，也有量的方面。质和量这两个方面，都应当核算。这种核算，主要是通过品种、质量、产量等指标来进行的。品种指标表现产品种类的多寡；质量指标反映产品合格率的高低；产量指标表示产品数量的多少。这些指标结合在一起，才能够全面地反映产品的使用价值。很明显，如果只核算产量指标，不核算品种、质量指标，那就不可能正确评定工业企业的生产成果。

工业企业的产品是多种多样的。不同品种的产品无法综合计算。因此，为了综合地核算工业企业的生产成果，还必须利用价值指标，即产值指标。产值，可以用生产总产值表现，也可以用商品产值表现。产值指标，会受产品价格变动的影响，在这种情况下，就不但要采用现行价格计算，而且要采用不变价格计算。同时，在使用总产值指标的时候，还会受

转移价值大小的影响，在这种情况下，就不但要计算总产值，而且要计算净产值。这是在用产值指标核算企业生产成果的时候，必须要注意到的。

二 劳动消耗和物资消耗的核算

工业企业生产产品，要消耗一定的劳动和物资。这里说的劳动消耗，是指生产中活劳动的消耗；物资消耗则是指物化劳动的消耗，包括原料、材料、燃料的消耗和机器设备的磨损等。劳动消耗和物资消耗的核算，是工业企业经济核算的一个重要内容。

核算劳动消耗的目的，就是要节约人力，提高劳动生产率。

劳动生产率，是生产中消耗的劳动同它所创造的产品数量之间的比例。劳动消耗的节约，表现为劳动生产率的提高。劳动生产率是企业经济核算的一个重要指标。关于劳动生产率的计算方法，在第十四章第三节中，已经详细地说过，这里不再重复。

经济核算不仅要核算劳动消耗，而且要核算物资消耗。在大多数工业产品中，物资消耗，即物化劳动消耗要占更大的比重（在我国一般约占2/3）。并且，随着生产的机械化程度日益提高，物化劳动消耗所占的比重，也会越来越大。所以，物资消耗的核算，在经济核算中同样占有重要的地位。

物资消耗的核算，可以用实物计算，比如，发一度电消耗多少煤炭，纺一件纱用多少棉花。但是，为了计算一件产品所消耗的各种物资的总和，就不能按实物计算，而只能按价值计算。在这方面，原料、材料、燃料的价值，在一次生产过程中就全部转移到产品中去了，计算起来比较容易。机器设备的价值，要在许多年中逐步地转移到产品中去，每年机器设备的损耗，要用折旧的形式计入产品成本。

劳动消耗和物资消耗的节约，综合地反映在产品成本中。产品成本，是工业企业生产和销售产品中所支出的费用总和。它是反映工业企业生产经营活动质量的一个重要指标。无论是劳动生产率的高低，机器设备的合理利用程度，原料、材料和燃料等物资消耗的多少，以及生产和销售产品中其他有关支出的节约和浪费，最终都会在产品成本中得到表现。所以，成本核算是工业企业经济核算的一个最重要的内容。通过成本核算，可以有力地促使企业改进管理，厉行节约，提高经济效果。

在成本核算中，既要核算全部产品的总成本，也要核算单位产品的成本，还要核算可比产品成本的降低率。应当把这些指标同计划进行比较，同其他同类先进企业的水平进行比较，力争不断地降低产品成本。

三　资金的核算

工业企业在生产中，不仅要消耗一定的劳动和物资，而且要占用一定的资金。生产单位产品所占用的资金越少，工业企业用同量的资金就可以生产出更多的产品；或者，生产同量产品就可以用较少的资金，国家就可以把节约出来的资金用来发展其他迫切需要的事业。这样，社会主义的扩大再生产就能够更迅速地进行。因此，社会主义工业企业不仅应当核算成本，而且应当核算资金。资金核算，也是经济核算的一个不可缺少的重要内容。

工业企业的资金，分为固定资金和流动资金两个部分。这两个部分，都应当进行核算。

固定资金，包括机器、设备、厂房等，是工业企业生产的物质技术基础。加强对固定资金的核算，在企业经济核算中占有重要地位。固定资金的利用状况，通过折旧在产品成本中有一定的反映。但是，除了采掘和电力等少数工业部门，折旧在成本中占的比重比较高以外，大多数工业部门，折旧在成本中占的比重是很小的。因此，只通过产品成本来核算固定资金的利用状况，是很不充分、很不全面的，必须有专门的指标来核算固定资金利用的情况。这种指标，就是固定资金的利用率。

固定资金利用率，可以分别按各种不同的机器设备来计算，比如，高炉有效容积的利用系数，平炉有效炉底面积的利用系数，机床有效台时的利用系数，等等。要综合反映工业企业全部固定资金的利用程度，还可以用价值指标来计算。比如，可以用每一元固定资金的产值指标来表示固定资金的利用效果。它的计算公式如下：

$$固定资金利用率 = \frac{全年总产值}{固定资产全年平均价值}$$

流动资金，是工业企业用于购买劳动对象、支付职工工资和用于成品销售过程中的资金。在工业企业的再生产过程中，流动资金处于不断的周转和运动之中，它灵敏地反映着工业企业生产经营活动的各个方面的状况。因此，工业企业的经济核算，同样必须重视流动资金的核算。

核算流动资金利用效果的主要指标，是流动资金的周转速度，它可以用下面三种方式来表示：

（1）周转次数。即流动资金在一年内周转多少次。计算公式是：

$$流动资金周转次数 = \frac{全年销售产品价值}{流动资金全年平均余额}$$

（2）周转天数。即流动资金每周转一次需要的天数。计算公式是：

$$流动资金周转天数 = \frac{流动资金全年平均余额 \times 360}{全年销售产品价值}$$

（3）占用系数。即每销售一元的产品需要多少流动资金。计算公式是：

$$流动资金占用系数 = \frac{流动资金全年平均余额}{全年销售产品价值}$$

上面这三个公式，表现方式虽然不同，反映的内容却基本上是一样的。这就是：工业企业占用的流动资金，同它运用这些资金所创造的成果之间的关系。

一般来说，工业企业的物资储备、生产和销售等方面的经济活动，组织得越是合理，进行得越是顺利，流动资金的周转速度就越快。流动资金周转速度越快，企业用同量的资金就可以办更多的事情，取得更好的经济效果。但是，有的时候，流动资金周转速度的加快，可能是由于企业工作的缺点，吃掉了必要的物资储备的结果。这种情况，从短时期来看，似乎增加了生产，节约了流动资金，但是从长期来看，由于没有必要的物资储备，必然会影响企业生产的正常发展，甚至会造成生产的中断。这当然是不对的。所以，对于流动资金周转速度的指标，要结合企业生产的具体情况，进行分析，而不能笼统地对待。

工业企业的经济核算，不但要分别核算固定资金和流动资金，而且要对全部资金的利用状况进行综合核算。这种核算，可以通过计算全部资金的利用指标来进行。工业企业全部资金的利用指标，可以用创造每一元产值需要多少资金来表示，它的计算公式是：

$$\frac{全部资金年平均余额}{全年总产值}$$

也可以运用每一元资金创造了多少产值来表示，它的计算公式是：

$$\frac{全年总产值}{全部资金年平均余额}$$

四　利润的核算

社会主义工业企业，必须努力降低成本，增加利润，为国家提供积累。利润也是反映工业企业生产经营活动质量的一个重要指标。加强对利润的核算，对于促进工业企业不断地改善经营管理，提高经济效果，是十分重要的。

当然，我们核算利润，同资本主义企业的唯利是图是有原则区别的。社会主义工业企业取得利润，必须遵循正当的途径，即增产节约的途径，绝不能违反国家的政策、制度和计划。只有这样核算利润，才能真正有利于促进企业经营管理水平的提高，真正有利于社会主义扩大再生产。

工业企业的经济核算，必须要计算和考核企业利润数额的大小。有些企业还计算利润率的高低，作为本企业反映生产经营活动经济效果的参考数据。利润率可以按产品成本计算，也可以按资金计算。按产品成本计算的利润率是利润对成本的比率，称为成本利润率。按资金计算的利润率，是利润对资金的比率，称为资金利润率。成本利润率主要反映工业企业成本的降低情况。在产品价格不变的条件下，成本越低，企业利润就越多，成本利润率就越高。资金利润率主要反映工业企业资金的运用情况。企业占用的固定资金和流动资金越少，生产的产品越多、越好，成本越低，资金利润率就越高。所以，利润率的这两种计算方法，在反映工业企业的经营成果上，各有各的作用。在我国，国家下达的指标中只有上缴利润数额的指标，而不下达成本利润率和资金利润率指标。

这两个指标，只作为企业经济核算中的参考数据。有人认为，成本利润率特别是资金利润率是反映企业生产经营活动的主要指标以致唯一指标，这种观点，是完全错误的。

综上所述，社会主义工业企业经济核算的内容，主要包括生产成果——产品的品种、质量、数量和产值的核算，劳动消耗和物资消耗的核算，以及资金核算和盈利核算等几个方面。这些方面的核算，都是通过相应的指标来进行的。经济核算的各项主要指标，也就是计划的指标。在测量工业企业经营成果的时候，不是单看各项指标完成的绝对数字，而是要以各项指标的完成情况同计划指标相比较，因为我们的核算，是根据国家的统一计划进行的。

工业企业经济核算的各项指标，是相互依存、相互配合、相互制约的。其中有数量方面的，也有质量方面的；有消耗方面的，也有效果方面的；有反映多和快的，也有反映好和省；有价值方面的，也有使用价值方面的。它们是统一的，同时又是矛盾的。对于增加产量是有利的措施，对于扩大品种和提高质量不一定有利；从物化劳动来看是节约的措施，从活劳动来看不一定节约；在降低成本的方面是合理的措施，在资金利用方面不一定合理，如此等等。工业企业经济核算的任务，就是要正确地处理这些矛盾，使数量与质量、多快与好省、价值与使用价值，在最有利于企业生产发展，最有利于全面完成和超额完成国家计划的条件下统一起来，保证企业获得最大的经济效果。

第三节　社会主义工业企业经济核算的方法

在社会主义工业企业里，经济核算的内容很多，任务很重，那么，怎样才能做好经济核算的工作呢？

经济核算，是一件十分复杂和细致的工作。工业企业要做好经济核算工作，必须从多方面进行努力。这里主要的是：要以厂级为中心，把厂级、车间和小组三级的经济核算正确地结合起来；要以财务部门为中心，把各个职能部门的经济核算正确结合起来；要以专业核算为主体，把专业核算与群众核算正确结合起来。而要做到这些，就必须正确处理企业内部上下左右的关系，正确处理它们之间的矛盾；必须认真贯彻群众路线，充分调动全体职工的积极性；必须建立与健全各项有关的规章制度，特别是企业经济工作的责任制度；必须做好各种基础工作、核算工作和经济活动分析工作，等等。

下面，就几个主要的方面，分别说一说。

一　正确组织厂内各级的经济核算

我国国营工业企业管理，一般分为厂级、车间和小组三级。这三级都应当实行经济核算。

厂级是社会主义工业企业内部三级管理中最高的一级，是工业企业内部管理工作的司令部。厂级各项管理工作的好坏，对于企业生产经营活动的效果，有决定性的影响。因此，要做好工业企业经济核算的工作，首先要做好厂级的经济核算工作。

厂级的经济核算，是工业企业内部全面的、综合的、系统的核算，它要全面核算企业生产经营活动的成果。厂级核算的指标，应当包括品种、质量、产量、产值、劳动生产率、成本、资金和利润，等等。在这些指标中，既要核算成本、资金和利润这些价值指标，因为这些指标，能够比较综合地反映整个企业的经营成果，同时，也必须核算产量、品种、质量等实物指标和劳动生产率指标。这是因为，成本、资金、利润等指标，虽然比较综合，但也有局限性。只是这些指标，还不能完全正确地反映企业的经营成果。例如，有的时候，企业的成本指标和利润指标都完成得很好，但是，产品的品种和质量却没有完成国家计划。所以，要把综合性的价值指标同实物指标结合起来，进行核算。

厂级的经济核算，在企业经济核算中，处于主导的地位。车间、小组的经济核算，都应当在厂级经济核算的指导下进行。只有这样，工业企业才能够取得良好的经济效果。

当然，只有厂级的经济核算，还是不够的，必须有车间和小组的经济核算。

车间、小组都是工业企业内部组织生产的单位。国家交给企业的生产任务，要靠各个车间、小组分工协作地完成；企业各项技术经济指标的提高，要靠各个车间、小组共同努力来实现。所以，搞好车间、小组的经济核算，对于企业的经济核算有十分重要的意义。

车间应当全面地核算车间范围内能够核算的各项指标。车间是工业企业的一个组成部分。它没有独立资金，不同其他的企业发生经济往来。所以，车间没有核算盈亏的问题。车间核算的主要指标是：品种、质量、产量、劳动生产率、设备利用率、生产资金（在制品、半成品等）周转率和车间成本等。

小组应当核算小组范围内能够核算的各项指标。小组是工业企业的基层生产单位。它往往只完成产品制造的一道或者几道工序，很难独立计算成本。因此，小组主要是核算本身能够掌握的单项指标，即：产量、质量、工时利用、原料、材料和工具的消耗等。小组核算的指标，可以按货币计算，也可以按实物计算。在小组核算中，一般以实物指标为主，因为它同工人的日常生产活动联系更密切、更直接，更有利于促进工人增产节约。

车间、小组的经济核算，是企业内部的局部性的核算。它要服从厂级的核算，同时，也是搞好厂级核算的基础。厂级核算的原始资料，极大部分是从车间和小组来的；厂级对于全厂各个单位、各个环节生产情况的分析检查，先进和落后的比较，离不开各个车间和小组的核算；厂级核算的各项指标，要通过车间、小组的核算，逐步具体化，并且同广大职工群众的日常生产活动直接地结合起来。所以，要做好厂级核算的工作，离不开车间和小组的核算。

那么，怎样才能调动厂内各级实行经济核算的积极性呢？

最重要的是，在做好思想政治工作、不断提高职工的思想觉悟的同时，正确地处理厂级、车间和小组三级之间的关系。一方面，厂级要给车间、小组下达计划和核算的指标，明确地规定它们应负的责任；另一方面，厂级要根据统一领导、分级管理的原则，赋予车间和小组必要的权力，以充分发挥它们进行经济核算的积极性和主动性。在这方面，如果厂级管得过多、过死，是不利于激发车间、小组精打细算、认真核算的积极性的。反之，如果权力下放过多，管理过于分散，削弱了厂级的集中领导和严格监督，也会妨碍经济核算的正常进行，给工作造成损失。

实行车间和小组的经济核算，还需要正确处理各个车间之间、各个小组之间的关系。我们知道，在各个车间和小组之间，存在着相互提供在制品、半成品和劳务的协作关系。为了正确地评定车间和小组的工作成效，使它们对自己的工作负责，必须在这种协作关系中，建立严格的经济责任制度。工业企业应当规定统一的厂内计划价格，车间之间相互提供的半成品和劳务，应当按照厂内计划价格实行结算，而不能实报实销，以实际成本结转，以便划清各自的经济责任。在考核车间和小组的工作成果的时候，要考虑到由于其他车间、小组工作的好坏，对于这个车间或者小组的影响，以便使车间和小组加强对自己工作的责任心，更好地同其他的车间和小组进行协作。

为了鼓励车间、小组实行经济核算的积极性，还要对车间、小组规定合理的奖励制度。对于认真进行经济核算，生产获得显著成效的车间、小组和个人，应当在竞赛评比中给予表扬，此外，要按照国家的规定给予适当的物质奖励，以便促使车间、小组和职工更好地关心自己的工作成果，不断改进各项技术经济指标。

二　正确组织厂内各个职能部门的经济核算

工业企业的厂部和车间，按照生产和管理的需要，设有各个职能机构（或人员，下同），如计划科、生产调度科、供销科、劳动工资科、财务科，等等。这些职能科室，都从各自的专业方面管理生产活动，也都应当从主管的方面参加经济核算工作。它们在经济核算中的作用，主要有两方面：一方面是代表厂部分管国家下达的有关计划指标，帮助和督促车间努力完成；另一方面，是对它们本身应当负责完成的经济核算指标，必须积极采取措施，保证实现。

　　在工业企业的各个职能部门中，财务部门是企业经济核算的综合部门和指导部门，它在经济核算中居于很重要的地位。但是，要做好工业企业的经济核算工作，只靠财务部门是不够的，必须把各个职能部门的力量，充分地动员和组织起来。

　　怎样才能调动各个职能部门实行经济核算的积极性呢？

　　除了不断地加强全体管理工作人员的经济核算观念以外，最重要的是，工业企业必须在集中领导和统一计划下，明确地规定各个职能部门的责任，赋予它们相应的权力。一方面，要把经济核算的指标交由各有关的职能部门分工、归口管理；另一方面又要根据各个职能部门的职责范围，给它们本身规定一定的经济核算指标。例如，给供应部门规定采购运输费用指标，给销售部门规定发货装运费用指标，给工具部门规定单位产品的工具消耗指标，等等。同时，在核定的定额范围以内，要给有关的职能部门在资金使用上以一定的权力；并且要认真地考核各个职能部门经济核算指标的执行情况；把它同各个职能部门之间的竞赛、奖励紧密地结合起来。只有这样做，才能够把各个职能部门经济核算的积极性更好地调动起来，使它们在自己所管理的工作中，认真讲究经济效果，做好工业企业的经济核算工作。

　　三　正确组织专业人员的核算和群众的核算

　　厂级和车间的经济核算，是由财务部门和其他职能部门的专业人员，依靠群众来进行的，通常叫做专业人员的核算。小组的经济核算，是在厂级和车间专业人员的指导下，由工人群众直接参加和进行的，通常叫做群众的核算。工业企业必须既做好专业人员的核算，又做好群众的核算，并且把它们正确地结合起来。这是在经济核算工作中，贯彻执行群众路线的重要环节。

　　一个车间、一个工业企业，要实行全面的经济核算，必须有财务部门和其他职能部门的专业人员，进行经常的、系统的核算工作。专业人员的核算，是企业和车间全局性的核算。它反映一个企业、一个车间生产经济活动的全面情况，是工业企业经济核算中的主体。每一个工业企业，都应当十分重视专业人员的核算，采取切实有效的措施，不断加强这种核算。

不重视这种核算，不发挥专业核算人员的作用，不注意全面的、综合的、整体的核算，这是不正确的。

同时，要做好经济核算工作，还必须认真贯彻群众路线，充分调动广大工人群众的积极性。一方面，专业核算人员在进行厂级和车间经济核算工作的时候，必须坚持从群众中来、到群众中去的工作方法，经常深入工人群众，听取群众的意见；另一方面，还必须使广大的工人群众直接参加小组的经济核算工作。只有这样，工业企业的经济核算才有广泛的群众基础。

工人群众直接参加小组经济核算，可以大大激发工人群众的主人翁责任感和当家理财的积极性。工人在小组经济核算中的作用，主要应当表现为讨论计划指标，参加经济活动分析，认真地填写原始记录，关心经济成果。小组经济核算中的具体计算工作，可以由不脱产的工人核算员担任，也可以由专业核算人员担任。工人核算员担任计算工作时，也应当是他们力所能及的范围，不能负担过重，以免影响他们的生产、学习和休息。

群众的核算，是企业和车间中局部性的核算，它应当接受专业核算人员的指导。同时，群众的核算同企业日常生产活动的联系最直接，它核算的指标最具体。通过群众的核算，可以及时发现生产中存在的问题，并且及时加以解决，促进生产的发展。只有把专业人员的核算同群众的核算紧密地结合起来，企业的经济核算，才能够生气勃勃，充分发挥作用。

四　做好会计核算、统计核算和业务核算工作

工业企业生产技术财务计划的执行情况，经济核算各项指标的完成程度，要通过一系列的核算工作，才能够完整地、如实地、及时地反映出来。做好上述一系列核算工作，对于企业经济核算是十分重要的。

实行经济核算，首先要做好会计核算工作。会计核算的内容，包括三个方面：

（1）工业企业经营动态的核算，就是记录和计算企业各项财产物资和资金的增减变化和使用的情况；

（2）工业企业各种生产耗费的支出情况的核算，就是记录和计算企业产品的成本；

（3）工业企业以货币反映的生产成果的核算，就是记录和计算企业销售收入的取得，以及利润的实现、分配和解缴的情况。

通过会计核算，可以准确地掌握企业的财产物资和经营资金的实有数量，并且保证完整无缺，反映资金的使用是否合理，以及节约或者浪费资金的情况和原因；可以反映企业成本计划的执行情况，以及成本降低或者升高的原因；可以反映企业利润计划的执行情况，以及盈亏的原因，等等。不仅如此，通过会计核算，还可以监督企业在生产经营活动中严格执行国家的财政纪律和财务制度，促使企业合理地使用物资和资金，节约生产费用，不断提高生产经营的效果。

为了做好会计核算工作，首先，要建立与健全有关的原始记录和原始凭证制度，保证会计资料的完整和准确可靠；其次，要按照国家的规定，设置必要的账簿，做好记账、算账、对账和报账工作，保证账账相符、账款相符、账物相符；再次，要根据各种账簿核算的资料，及时地、准确地编制报表，汇总企业一定时期内财务成本指标完成的情况，以便进行分析。为此，必须认真地执行国家规定的会计人员职权试行条例，充分发挥会计人员的积极性。

实行经济核算，除了要很好地运用会计核算这个重要的工具以外，还需要运用统计核算和业务核算。统计核算，是根据大量的调查资料或者抽样调查的资料，来说明工业企业生产经营活动变化和发展规律的方法。业务核算，则是一种反映和监督工业企业个别生产经营活动的方法。会计核算反映和监督的范围，仅限于那些能够用货币反映的经济活动，企业还有许多不能利用价值形式进行管理的经济活动，就需要通过统计核算和业务核算来反映。会计核算、统计核算和业务核算，是相辅相成、互为补充的。只有把会计核算、统计核算和业务核算三者有机地结合起来，才能够正确、全面地反映企业生产技术财务计划的执行情况，更好地促使企业全面完成经济核算的各项指标。

五　做好核算的基础工作

经济核算的基础工作，主要包括定额工作、原始记录工作、计量工作以及制定厂内计划价格的工作，等等。做好这些工作，是做好经济核算工作的前提条件。

在定额方面，实行经济核算，要求建立和健全完整的、先进的技术经济定额体系，要求按定额编制计划，按定额制定经济核算指标，按定额发放物资和控制有关的费用开支，要求建立各种定额的归口管理制度和定期修改制度，等等。

在原始记录工作方面，实行经济核算，要求建立和健全生产、劳动、供销和财务等各方面的原始记录，统一规定各种原始记录的格式、内容、计算办法，以及填写、签署、报送、传递、存档等制度，做到准确、及时地反映生产经营活动的情况。

在计量工作方面，要求设置必要的计量器具，经常保持计量器具的准确性。为此，计量器具必须有专人负责，建立计量器具的保管、使用，以及周期校正和检修制度。

在制定厂内计划价格工作方面，要求价格制定得合理，要通过价格促进物资的节约和劳动生产率的提高，防止各种浪费。

无论是定额、原始记录表格或者是计量器具和厂内计划价格等等，不仅专业工作人员要熟练地掌握并且要善于运用，而且技术人员和生产工人也必须学会掌握和善于运用。只有这样，企业的全体人员才能更好地参加经济核算。

六 建立和健全各种有关的规章制度

前面说过，企业各项管理工作的好坏，都会影响到企业的经济效果。因此，要搞好企业的经济核算，就要建立和健全各种有关的规章制度。例如：

在计划管理方面，要求建立完整的经济核算指标体系，加强指标的综合平衡工作，对指标的执行情况，进行经常、及时的检查、分析与严格的考核制度等。

在技术管理方面，要求建立各项技术方案的经济审核和会签制度等。

在劳动管理方面，要求确定合理的编制定员，严格执行工资基金的使用制度等。

在物资管理方面，要求建立科学的仓库管理制度，建立全厂物资归口分级管理制度等。

在财务管理方面，要求建立现金收支管理制度，流动资金的归口分级管理制度，固定资产的保管、维修和使用的责任制度等。

建立与健全了上述这些管理制度，企业的经济核算工作，就有可能做好。

第四节   社会主义工业企业的经济活动分析

经济活动分析，是企业经济核算工作的重要内容之一。经济活动分析，是对工业企业经济活动全面的调查研究工作。毛泽东同志指示我们，做任何工作都要……实事求是的深入调查研究，按照具体的时间、地点、条件解决问题[①]。他又说：大略的调查和研究可以发现问题，提出问题，但是还不能解决问题。要解决问题，还须作系统的周密的调查工作和研究工作，这就是分析的过程[②]。经济活动分析，正是工业企业中发现问题、提出问题和解决问题的一种重要的方法。很好地掌握这个方法，对于提高企业的领导水平，改进经营管理，提高企业经济效果，有很重要的作用。

工业企业经济活动分析的内容，是很广泛的。生产技术财务计划的执行情况，经济核算指标的完成程度，都应当进行分析，都是经济活动分析的对象。通过经济活动分析，不仅要检查各项计划的执行情况，而且要查明计划完成或者没有完成的原因，提出改进生产的建议。

经济活动分析的具体方法，在不同的企业，是有区别的。但是，一般说来，有以下几个方面：

第一，汇集资料，掌握情况。汇集、整理和占有资料，是分析工作的基础。为了全面地系统地做好分析工作，必须汇集企业的各种计划资料和核算资料。计划资料，反映企业在计划期内应当完成的各种经济指标和完成计划的措施。核算资料，包括会计核算、统计核算和业务核算的资料，

---

① 毛泽东：《经济问题与财政问题》，解放社 1944 年版，第 16 页。

② 毛泽东：《反对党八股》，《毛泽东选集》第三卷，人民出版社 1991 年版，第 839 页。

反映企业实际执行计划的进程及其结果。这些资料，应当包括历史的和现在的。除了各种核算资料以外，有关的原始记录，也应当汇集和整理起来。汇集的资料，应当是全面的、充分的，不能根据某些零碎材料就进行分析。汇集的资料，必须注意准确性。必要的时候，对于某些主要问题，还要进行专门的调查，以便充分地占有资料，掌握情况。

第二，对比分析，发现问题。有了资料，就可以进行分析和比较。国家计划是分析的出发点。首先，应当把实际完成的数字，同计划进行比较，分析计划执行的情况。同时，也要用本期的数字同上期的数字对比，用本企业的数字同其他同类型企业的数字进行对比，特别是同先进企业对比，以便更好地挖掘生产潜力。除了单项经济指标的对比以外，还要有综合性指标的对比；除了整个企业经济指标的对比以外，还要有各个车间、小组之间经济指标的对比。以便发现先进单位，推广先进经验。

第三，综合概括，抓住关键。经过对比分析，弄清了各方面存在的问题以后，还要加以综合，找出主要矛盾，查明产生问题的原因。影响企业经济活动的因素，是多方面的。有生产技术方面的，也有生产组织方面的；有经济管理方面的，也有思想政治工作方面的；有企业内部的，也有企业外部的。这些因素，都是相互联系的。进行综合分析，就是要从各种因素的相互作用中，找出影响企业生产经济活动的主要因素，以便抓住关键，提出正确的解决办法来。

第四，提出措施，贯彻执行。提出的措施，应当具体落实；实现措施，要定人、定时间。措施一经确定，就要组织各方面的力量贯彻执行。

由此可见，进行经济活动分析的过程，正是毛泽东同志在《实践论》中所说的从感性认识而能动地发展到理性认识，又从理性认识而能动地指导革命实践，改造主观世界和客观世界[1]的过程，是对企业经济活动的状况和规律，逐步深入认识和掌握的过程。

在社会主义工业企业里，为了广泛地开展经济活动分析，充分发挥它改进工作、促进生产的作用，应当和企业内部三级管理、三级核算相适

---

[1]　毛泽东：《实践论》，《毛泽东选集》第一卷，人民出版社1991年第2版，第296页。

应，建立和健全厂级、车间和小组三级经济活动分析制度，定期举行各级的经济活动分析会议。

厂级的经济活动分析会议，应当在厂长的主持下举行。各车间、各职能部门的负责人，要出席厂级经济活动分析会议，并且，应当有有关的技术人员和工人代表参加。经济活动分析会议，是企业经济工作中采取"三结合"方法的一种具体形式。企业的经济活动分析报告，由财务部门会同计划部门，根据有关的核算资料和调查研究的结果提出，参加会议的代表，要对提出的报告进行广泛的讨论和审查。讨论分析报告的过程，就是进一步发现矛盾和解决矛盾的过程，也是企业上下左右各个部门相互交流情况，进行批评与自我批评的过程。经过充分的讨论，会议在厂长的主持下，要做出相应的决议，并分别指定有关的部门和人员，负责决议的贯彻执行。一般来说，厂级的经济活动分析会议，每季举行一次，有条件的企业，也可以每月举行一次。

车间的经济活动分析会议，由车间主任主持举行。各生产小组组长、车间各职能部门的负责人，应当出席会议，会议还要吸收有关的技术人员和工人代表参加。车间的经济活动分析报告，由车间有关计划、经济部门提出。经过分析、讨论以后，凡是车间本身能够解决的问题，要做出一定的决议，并且指定专人负责执行；凡是需要厂部解决的问题，要向厂部的有关部门提出建议，由厂部统一考虑解决。车间的经济活动分析会议，一般每月要举行一次。

小组的经济活动分析会议，由小组长主持召开，小组的全体工人参加。小组的核算员，要提出经济活动分析报告。经过小组工人讨论以后，凡是本小组能够解决的问题，要做出决定，采取措施，加以解决；凡是需要车间或者厂部解决的问题，要向车间或者厂部提出建议。小组的经济活动分析会议，一般可以每周或者每两周举行一次。

为了开好各级的经济活动分析会议，各级的行政负责人（厂长、车间主任、小组长），应当根据生产中存在的问题，亲自进行调查研究，做好会前的准备工作。经济活动分析报告，应当在深入进行调查研究的基础上提出，要做到有情况，有分析，有问题，有建议。报告所用的核算资料，必须经过仔细核实。分析会议要有明确的目的，必须紧密围绕当前的生产实际。会议上，既要有全面的分析，又要突出重点；既要有综合的分析，又要有专题的分析。要充分发扬民主，使各个方面、各种不同的意见，都有充分发表的机会，保证对问题进行自由的、切实的讨论。分析会议应当同竞赛评比相结合，会上有表扬、有批评，为竞赛评比工作提供依据。

厂部、车间、小组三级的经济活动分析会议，虽然主持者不同，参加会议的成员不同，召开会议的时间不同，但是，应当注意它们之间的相互衔接。这样，才能够更有效地解决企业在生产经营中存在的各种问题。

第二十四章
社会主义工业企业的成本管理

工业产品的成本是社会主义工业企业经济核算的一个重要内容。在讨论了经济核算的一些综合性的问题以后，这一章要说一说社会主义工业企业成本管理问题。分以下四节来说：

一、降低成本的意义；

二、成本计划的编制；

三、成本的核算和分析；

四、降低成本的途径。

第一节　降低成本的意义

工业产品成本，是工业企业用于生产和销售产品的费用总和。工业企业为了生产和销售产品，要支付一定的工资，耗用一定的原料、材料、燃料和动力，补偿机器设备的磨损费用和厂房及其他建筑物的折旧费用，开支一定的管理费用和销售费用，等等。这些消耗和费用，总合起来，就是产品的成本。

产品成本，是反映工业企业生产经营活动质量的一个重要指标。无论劳动生产率的高低，机器设备利用的好坏，原料、材料、燃料等消耗的多少，最终都会在产品成本中表现出来。在完成产品产量计划和保证产品质量的情况下，产品成本越低，表示工业企业经营管理的水平越高。

社会主义经济的发展，要求每个工业企业不断地降低产品成本。

产品成本的降低，就意味着节约了生产中活劳动和物化劳动的消耗。在这种情况下，工业企业就可以用比较少的生产耗费，制造出同量的产品，国家可以把节约的人力、物力用来扩大生产规模，增加生产，从而促进社会主义生产更迅速地发展。

产品成本的降低，也是增加企业盈利，扩大社会主义积累的最重要的途径。社会主义扩大再生产的进行，要求积累大量的资金，要求工业企业努力增加盈利。怎样才能增加企业盈利呢？在产品价格不变的情况下，成本越低，盈利越高，为国家积累的资金也越多。相反，成本越高，盈利就越少，能够为国家积累的资金，也就越少。如果产品的成本比价格还高，那么，企业就不但不能盈利，反而要发生亏损；不但不能为国家积累资金，反而要国家给予财政补贴。这显然是不利于社会主义的扩大再生产的。

工业产品成本的降低，对于促进国民经济各部门的技术改造，特别是农业的技术改造，有十分重要的意义。工业是向国民经济各个部门提供物质技术装备的部门。工业产品的品种越多、质量越好、数量越多、成本越低，其他的部门就能够以同样多的资金，得到更多、更好的技术装备，就能够加快技术改造的进程。

工业产品成本的降低，还是提高城乡人民物质文化生活的重要条件。工业不仅是向国民经济各部门提供技术装备的部门，而且也是向城乡居民提供生活资料的部门。工业产品的成本越低，就有可能降低工业产品的价格，这就在实际上提高了城乡人民的生活水平。

对于工业企业本身来说，降低产品成本，是提高企业经营管理水平，全面实现多快好省的一个重要环节。成本不只是消极地反映工业企业生产经营工作的质量，而且有积极地推动企业改进工作的作用。通过降低成本的努力，可以促进企业经常克服工作中的缺点，不断发掘生产中的潜在力量，努力改善经营管理，保证全面地实现多快好省的要求。

由此可见，降低工业产品成本，是一个极其重要的问题。企业的盈利，国家的积累，生产的发展，人民物质文化生活水平的提高，等等，都要求不断地降低成本。降低成本，是贯彻执行党的社会主义建设总路线和发展国民经济总方针的重要环节。它不仅有重大的经济意义，而且有重大的政治意义。每个社会主义工业企业，无论什么时候，都应当十分重视降低成本的问题，都应当在国家的集中领导和统一计划下，在努力扩大产品品种、提高产品质量、增加产品数量的同时，不断地降低产品成本。

社会主义制度，不仅要求工业企业不断地降低产品成本，而且为工业企业降低成本提供了十分有利的条件。

在资本主义制度下，降低产品成本，就意味着资本家从工人身上榨取更多的血汗，使广大工人群众的生活更加贫困。因此，工人群众不但不会关心成本的降低，而且必然会起来反抗资本家的统治和剥削。与此相反，在社会主义制度下，产品成本的降低，是在不断地改进职工劳动条件和生活条件的情况下实现的。由于成本降低而形成的积累，由国家用于发展社会主义的生产，这是进一步改善人民物质文化生活的基础。因此，在社会主义工业企业里，职工群众非常关心成本的降低；降低成本的工作，具有广泛的群众基础。

在资本主义制度下，新的科学和技术成就能不能得到运用，决定于垄断资本集团的利益。这给广泛地运用先进的科学技术成就，不断地降低成本，造成了许多障碍。与此相反，在社会主义制度下，不存在竞争和垄断，科学技术的发展具有广阔的天地。每个社会主义工业企业，在国家的统一计划和强有力的帮助下，都可以不断地提高自己的生产技术水平，广泛地运用新的科学技术成就；都可以根据自己的条件，运用其他企业的先进经验。这就给不断地降低产品成本创造了重要的条件。

在资本主义制度下，由于存在着竞争和社会生产的无政府状态，企业不可能合理地利用生产能力，并且，必然要发生庞大的非生产开支，如大量的广告费、代理机构的维持费，等等。一个企业降低成本，不但不能得到其他企业的支持和帮助，而且要遭到竞争对手的限制和打击。与此相反，在社会主义制度下，工业企业的生产和销售，都是有计划地进行的，根本不必要开支大量的非生产性费用。每个工业企业，都可以在国家的统一计划下，实行合理的生产专业化，合理利用原料资源，同其他企业建立固定的协作关系。每个工业企业降低产品成本，都能够取得其他部门、其他企业的密切协作。

由此可见，社会主义制度为工业企业不断地降低产品成本，开辟了非常广阔的道路。只要善于利用社会主义制度所提供的有利条件，认真做好工作，工业企业就完全可以不断地降低产品的成本。

降低产品成本，是一项复杂细致的工作。它要求工业企业加强成本管理，做好成本的计划工作，做好成本的核算和分析工作，依靠群众，发动群众，寻找降低成本的途径，不断挖掘降低成本的潜力。

第二节　成本计划的编制

在社会主义工业企业里，一切生产经营活动都是有计划地进行的。降低产品成本同样需要有严格的、精确的计划。

成本计划，是工业企业生产技术财务计划的一个有机组成部分。在成本计划中，要规定工业企业在计划期内的全部生产费用指标、主要产品单位成本指标、全部商品产品总成本指标，和可比产品成本降低指标。这些指标，主要是通过编制企业生产费用预算、按成本项目分列的工业产品成本计划、按产品分列的工业产品成本计划来确定的。

成本计划同工业企业生产技术财务计划的其他部分一样，是根据国家下达的任务来编制的。国家根据国民经济综合平衡的要求，和工业企业的具体条件，给每个企业下达降低产品成本的任务，企业必须保证完成国家规定的任务。

成本计划同工业企业生产技术财务计划的其他各个部分之间，有着密切的联系。成本计划应当根据其他计划的有关指标来编制；同时，也应当给其他的计划以积极的影响，使这些计划的指标的确定，考虑到降低成本方面的要求，保证完成国家规定的成本降低任务。只有同生产技术财务计划的各个部分密切联系起来编制成本计划，只有把成本计划的指标同生产计划的指标、技术组织措施计划的指标、劳动计划的指标、物资供应计划的指标等进行反复的综合平衡，成本计划才有可靠的根据，才能真正起到动员和组织广大职工努力降低成本的作用。脱离了其他的计划来编制成本计划，成本计划是没有基础的，是不可能编好的。

为了使成本计划能够发挥对工业企业降低成本的指导作用，成本计划的各项指标的确定，必须既是先进的，又是可靠的。成本计划应当依据各种先进合理的消耗定额，在充分发掘生产潜力的基础上来编制。成本计划的指标，应当对降低成本起组织动员的作用。在编制成本计划的时候，各种各样的保守思想是必须反对的。同时，成本计划的编制，也必须从实际出发，进行具体的分析和精确的计算。确定的成本指标，必须是有客观根据的，而不是主观的推算；必须是有具体措施保证的，而不是没有保证的。只有这样，才能够很好地调动广大职工群众的积极性，为完成和超额完成成本计划而努力。

编制成本计划，必须严格遵守党和国家有关的方针、政策法令和财经制度。例如，在挖掘节约原料、材料和工时消耗潜力的时候，必须保证产品质量，而绝不能偷工减料，降低产品质量；在挖掘设备利用潜力的时候，必须保证机器设备正常的维护和修理，而绝不能损害机器设备的生产能力；在挖掘提高劳动生产率潜力的时候，应当主要地依靠改进技术，合理调整劳动组织，而不能片面地增加劳动强度；在挖掘节约费用开支潜力的时候，不能减掉必要的、合理的劳动保护费用，以免影响职工的健康和安全，等等。成本计划只有遵循这些要求，而不是违反这些要求，才能真正促使工业企业提高各项技术经济指标，达到改善经营管理，降低产品成本的目的。

成本计划的编制，同编制生产技术财务计划其他的部分一样，必须采取群众路线的工作方法，必须同发动广大职工群众比先进、找差距、抓关键、提措施，挖掘生产潜力，紧密地结合起来。

根据上面说的精神，怎样具体地来编制工业企业的成本计划呢？

编制成本计划的具体方法，在不同的工业企业里是不完全相同的。一般地说，大致可以分为两个阶段：（1）试算平衡阶段；（2）正式编制阶段。

一　成本计划的试算平衡

工业企业在接到国家下达的降低产品成本的任务之后，在正式编制成本计划之前，要进行试算平衡工作。试算平衡工作的目的是：挖掘降低成本的潜力，拟订降低成本的措施，保证完成国家规定的任务。通过试算平衡工作，可以使成本计划的编制，一开始就同生产技术财务计划其他部分的编制工作，密切地结合起来。

为了做好成本指标的试算平衡工作，事前必须有充分的准备，掌握有关的资料。主要的资料是：报告期经济活动分析的资料；各项有关的计划定额和间接费用的预算；报告期预计达到的成本水平和国家下达的控制数字，等等。在掌握这些资料的基础上，试算平衡工作应当根据企业生产的特点，抓住重点，按照原料、材料和工时消耗等主要的成本项目来进行。在试算平衡的过程中，应当充分发掘各个方面的潜力，进行反复的平衡计算，应当拟订切实的措施作为保证。所有的措施一经确定，都要列入技术组织措施计划，以保证贯彻执行。成本指标试算平衡的结果，必须保证完成和超额完成国家下达的控制数字。

在不同的工业企业里，成本指标试算平衡的具体方法，不能强求一致。一般来说，可以分为以下几个方面进行：

首先，计算由于产量的增加而引起的成本降低额。这是指车间经费、企业管理费等固定费用，在产量增加时相对不变而带来的成本降低额。它可以按下列公式计算：

$$
\begin{array}{l}
\text{因产量增加而造成} \\
\text{的固定费用节约额}
\end{array} = \left[\left(1 - \frac{100}{100 + \text{产值增长}\%}\right) \times \begin{array}{l}\text{不变费用占}\\\text{成本的比重}\end{array}\right] \times
$$

按报告期平均单位
成本计算的计划期
可比产品总成本

其次，计算由于报告年度期末达到的成本水平同年度平均成本之间的差异而带来的节约额，通常叫做递延节约额。它可以按下列公式计算：

$$递延节约额 = \left(\begin{array}{c}报告年度单位\\产品的平均成本\end{array} - \begin{array}{c}报告年度第四季\\度单位产品成本\end{array}\right) \times 计划期产量$$

再次，计算由于计划年度实现各项技术组织措施，使材料消耗定额降低、劳动生产率提高、废品减少等带来的节约额。这可以按下面各个公式分别计算：

$$\begin{array}{c}原料、材料\\的节约额\end{array} = \left(\begin{array}{c}报告年度第四季\\度材料消耗定额\end{array} - \begin{array}{c}计划年度材\\料消耗定额\end{array}\right) \times 单价 \times \begin{array}{c}计划年\\度产量\end{array}$$

$$\begin{array}{c}由于劳动生产率增长\\大于平均工资增长而\\带来的工资节约额\end{array} = \left[\left(1 - \frac{100 + 平均工资增长\%}{100 + 劳动生产率增长\%}\right) \times \begin{array}{c}生产工人工\\资占成本比重\end{array}\right] \times$$

$$\begin{array}{c}按报告年度平均单位品成本\\计算的计划年度可比产品总成本\end{array}$$

关于减少废品损失而带来的节约额，可以根据计划规定的废品率降低的情况来确定。

最后，根据上面的计算，求出总的节约额。如果节约总额还不能达到国家下达的成本降低指标，或者，虽然达到了国家指标，但还有潜力可挖，那么，企业要进一步找出经营管理中的缺点和薄弱环节，进一步挖掘潜力，采取补充措施。并根据这些措施的效果，再计算成本降低额。这样反复地平衡计算，反复地挖掘潜力，就可以使成本指标确定在比较先进和合理的水平上。

二　成本计划的正式编制

通过试算平衡，工业企业就可以开始成本计划的正式编制工作。

编制成本计划的主要内容，就是编制企业生产费用预算表、按成本项目分列的工业产品成本计划、按产品分列的工业产品成本计划。在不同的工业企业里，编制成本计划的方法，也不完全相同。下面，就编制成本计划的几个主要内容分别地说一说。

（一）企业生产费用预算表的编制

生产费用预算表（见表24－1），是工业企业成本计划的一个重要组成部分。在生产费用预算表里，要规定企业在计划年度内的全部生产费用，并且表现出各项主要生产费用要素之间的相互关系。

表 24−1 　　　　　　　　　　　工业企业生产费用预算

19××年度　　　　　　　　　　　　　　　　　单位

生产要素	19××年实际		19××年计划	
	金额	占生产费合计的% $\left(\dfrac{1\ \text{栏}}{1\ \text{栏}\ 9\ \text{项}}\times100\%\right)$	金额	占生产费合计的% $\left(\dfrac{3\ \text{栏}}{3\ \text{栏}\ 9\ \text{项}}\times100\%\right)$
甲	1	2	3	4
1. 原料及主要材料（扣除回收废料价值）				
其中：外购成品半成品				
2. 辅助材料				
3. 外购燃料				
4. 外购动力				
5. 工资				
6. 工资附加费				
7. 折旧费				
8. 其他费用				
9. 生产费合计（1 + 2 + … + 8）				
10. 减：不包括在工业总产值之内的非工业生产费用				
11. 加：上期结转的待摊费用和结转下期的预提费用				
12. 减：结转下期的待摊费用和上期结转的预提费用				
13. 工业总产值的生产费（9 − 10 + 11 − 12）				
14. 加：在产品半成品的期初余额				
15. 减：在产品半成品的期末余额				
16. 商品产品工厂成本（13 + 14 − 15）				

续表

生产要素	19××年实际		19××年计划	
	金额	占生产费合计的% $\left(\dfrac{1 栏}{1 栏 9 项}\times 100\%\right)$	金额	占生产费合计的% $\left(\dfrac{3 栏}{3 栏 9 项}\times 100\%\right)$
甲	1	2	3	4
17. 销售费				
18. 商品产品全部成本（16＋17）				
19. 按现行价格计算的产品产值				
20. 每千元商品产值的总成本（18÷19）				
21. 按不变价格计算的工业总产值				
22. 按现行价格计算的工业总产值				
23. 每千元工业总产值的生产费用（13÷22）				

生产费用预算表的费用要素，是按照各种费用的原始形态来划分的。它包括：（1）原料及主要材料;（2）辅助材料；（3）外购燃料；（4）外购动力；（5）工资；（6）工资附加费；（7）折旧费；（8）其他费用。其中每一个项目，都包括了该种要素的全部费用，而不管它们的用途和计入产品成本的方法是否相同。例如，工业企业用的外购电力，就全部归纳在"外购动力"这个项目里，而不管其中有些是直接用于生产的，有些是用于照明或其他方面的；也不管直接用于生产的电力费用，可以直接计入产品成本，而用于照明或其他方面的电力费用，要经过一定比例的分摊，间接地计入产品成本。

生产费用预算表中全部项目的合计，就是工业企业的全部生产费用。从全部生产费用中减去不包括在工业总产值之内的非工业生产费，再加上或者减去预提费用和待摊费用的期末、期初差额，就是工业总产值的生产费用。工业总产值的生产费用，再减去期末、期初在制品和自制半成品的差额，就是商品产品的工厂成本，加上销售费，就是商品产品的全部成本。

通过生产费用预算表，可以使成本计划同生产技术财务计划的其他部分直接联系起来，以便用货币形式监督和检查其他计划的正确执行。通过对生产费用预算表中各个费用项目的分析，可以了解企业的生产费用主要发生在哪些方面，哪些费用多了，从而找出企业降低成本的主要方向。生产费用预算表，区分了企业生产中消耗的活劳动和物化劳动，因此，它还是企业计算净产值和国家计算国民收入的重要依据。所以，正确地编制和利用生产费用预算表，对于加强计划管理，促进降低成本，以及加强国民经济的综合平衡工作，都有很重要的作用。

工业企业生产费用预算表的编制方法，大体说来有下面三种：

第一种：根据生产技术财务计划其他部分的有关指标，按生产费用预算表的费用要素分类汇总，直接编制生产费用预算表。这种编制方法，比较简单，便于保证成本计划和生产技术财务计划其他各个部分的结合。

第二种：先编制各个车间的生产费用计划和企业管理费预算，然后，再按生产费用预算表的费用要素分析汇总。在汇总时要扣除厂内重复计算的部分。例如，一个基本车间用的自制半成品，是由其他基本车间供应的。因此，在汇总全厂生产费用的时候，只应当计算一次，重复计算的部分必须加以扣除。这种编制方法，可以使全厂的生产费用预算同各个车间（部门）的生产费预算密切结合，有利于加强车间的经济核算。

第三种：先编制各种产品的计划成本，然后，再根据各种产品的计划单位成本及其总产量，汇总编制生产费用预算。在汇总时，一切成本都应当按照预算分类法划分为生产费用要素。这种方法，可以使生产费预算的编制，不会因为生产技术财务计划其他部分的指标没有确定而受到影响。

在有条件的工业企业里，这三种方法可以同时使用，相互核对。在条件不具备的工业企业里，例如，有的工业企业，按车间编制生产费用计划有困难，则可以根据条件，尽可能同时采用其中的两种方法来编制生产费用预算表，以便互相核对，保证生产费用预算的正确性。

（二）按产品分列的工业产品成本计划的编制

按产品分列的工业产品成本计划（见表24－2），也是工业企业成本计划的重要组成部分。它要规定企业计划年度内生产的商品产品的单位成本和总成本，以及可比产品成本的降低额和降低率。通常所说的国家给企业规定的成本降低任务，就是指可比产品成本的计划降低额和降低率来说的。

表 24 - 2　　　　　　　**工业产品成本计划（按产品分列）**

19××年度

主要产品名称	型号及规格	计量单位	19××年计划产量	单位成本		总成本			
				19××年实际	19××年计划	按19××年实际单位成本计算（1×2）	按19××年计划单位成本计算（1×3）	降低额（4-5）	降低率（⁶⁄₄×100%）
甲	乙	丙	1	2	3	4	5	6	7
一　可比产品									
1.……									
2.……									
3.……									
……									
其他可比产品									
可比产品小计									
二　不可比产品									
1.……									
2.……									
3.……									
……									
其他不可比产品									
不可比产品小计									
三　全部商品产品合计									

按产品分列的工业产品成本计划的编制，可以按可比产品和不可比产品两个部分进行。

可比产品是指上一年或者以前年度曾经正常生产过的产品。不可比产品，则是指今年初次生产或者在上年度试制而没有正式投入生产的产品。

在划分可比产品和不可比产品时，应当注意以下几种情况：

（1）上年生产量小，而在生产初期成本又特别高的产品，计划期是否列为可比产品，应当由工业企业报请上级行政主管机关决定。

（2）上年生产过的产品，虽然产品质量有改进，产品结构有部分改变，生产工艺过程也有某些变化，但是基本上没有改变产品的型号和规格的，仍然应当列为可比产品。

（3）上年虽然进行大量生产或者成批生产的产品，但在计划期，产品的基本部件改变较大，以致影响到产品结构和加工工艺程序的改变，因而使成本有较大的变化，确实不能同前期成本相比较的，应当由企业提出具体资料，报请上级行政主管机关批准以后，列为不可比产品。

（4）生产周期较长，上年是单个或者是出产整个产品的某一个部件（如重型机械、船舶等），在计划期继续生产的，应列为可比产品。

（5）系列产品可比与不可比产品的划分：上年或者以前年度（指两三年），生产过的产品，计划期继续生产，产品的主要规格在以前生产过的规格范围以内，结构和材料都没有较大变化的，应当按产品种类，确定适当的组距，选择代表产品的规格列为可比产品。如果订货单位所要求的规格、结构和材料等有很大变化的，可以列为不可比产品。

可比产品成本降低计划的编制方法，是首先编制出可比产品的单位成本，再乘以计划产量，求出可比产品的计划总成本，然后，和上年预计总成本比较，求出可比产品成本的降低额和降低率。

不可比产品计划成本的编制方法，有下列几种不同的情况：

（1）对已经确定了产品名称、型号和大致规格并有类似的产品可以比照的，可以参照类似的产品确定单位成本，然后，乘以计划期的产量，求出总成本。

（2）对已经确定了产品名称、型号和大致规格，但没有类似的产品作为比照的，可以根据技术资料大致算出材料消耗、工资和综合费用的数额，确定单位成本，然后，乘以计划期产量，求出总成本。

（3）对虽已确定产品名称，但没有型号和规格，或者连产品名称都没有确定的，则只能根据报告年度商品产品成本与商品产值的比例，并参照计划年度可比产品成本降低的情况，来推算其总成本。

（三）按成本项目分列的工业产品成本计划的编制

按成本项目分列的工业产品成本计划（见表24-3），也是工业企业成本计划的一个重要组成部分。它主要要确定企业在计划期生产的全部商品产品和可比产品的成本构成情况。从成本的构成和各个成本项目的分析中，可以确定企业降低成本的侧重点和发掘降低成本的潜力。

表 24 - 3　　　　　　　**工业产品成本计划（按成本项目分列）**

19××年度　　　　　　　　　　　　　　　　　　单位

成本项目	可比产品总成本				不可比产品计划总成本	全部商品产品计划总成本 (2＋5)
	按19××年实际单位成本计算	按19××年计划单位成本计算	降低额 (1－2)	降低率 ($^3/_1 \times 100\%$)		
甲	1	2	3	4	5	6
1. 原料及主要材料						
其中:外购成品及半成品						
2. 辅助材料						
3. 燃料						
4. 动力						
5. 生产工人工资						
6. 生产工人工资附加费						
7. 车间经费						
8. 企业管理费						
9. 废品损失						
10. 停工损失						
11. 商品产品工厂成本						
12. 销售费						
13. 商品产品全部成本						

　　在按成本项目分列的工业产品成本计划中，包括的成本项目有：（1）原料及主要材料；（2）工艺用辅助材料；（3）工艺用燃料；（4）工艺用动力；（5）生产工人工资；（6）生产工人工资附加费；（7）车间经费；（8）企业管理费；（9）废品损失；（10）停工损失。这些项目总合起来，就是商品产品的工厂成本，再加上销售费，就是商品产品的全部成本。

　　这里的"成本项目"同生产费用预算表中的"费用要素"有不同的内容。它不是按各种费用的原始形态，而是按它们的发生地点和用途来计算的。例如，直接用于生产的电力，就列入"工艺用动力"项目，用于车间照明的电力，就列入"车间经费"项目，而用于厂部办公室照明的电力，则列入"企业管理费"项目。此外，生产费用预算中按要素反映的生产费用，是工业企业在计划期内发生的全部生产费用，而按成本项目反映的生产费用，则只是计划期商品产品的生产成本，这也是不同的。

　　按成本项目分列的工业产品成本计划的编制方法，大体有以下两种：

　　第一种：由车间编起。先由各车间编制车间的成本计划，上报厂部，厂部的经济计划部门或者财务部门，在接到各车间编制的成本计划以后，根据各车间工艺特点和各项计划定额，进行逐项审查，并且在这个基础上，汇编全厂的成本计划。

　　第二种：由厂部直接编制全厂的成本计划。厂部的经济计划部门或者财务部门，根据各车间的生产任务和工艺特点，并且搜集有关的定额资料和费用资料，分车间或者不分车间编制出企业的产品成本计划。

　　一般来说，第一种方法能够比较好地贯彻群众路线，在编制成本计划的过程中，可以比较充分地发挥车间、小组和广大职工的积极性。因此，这样编制的成本计划，一般是比较先进可靠的，同时又给车间经济核算创造了条件。采取这种方法编制产品成本计划，要求车间有独立的成本核算，具备一定的核算力量，要有比较健全的定额管理工作，等等。凡是有条件的工业企业，都应当采取这种方法；凡是条件暂时不具备的企业，应当积极创造条件，尽可能地采用这种方法来编制成本计划。

　　以上所说，是工业企业编制成本计划的一般方法。在不同行业的工业企业里，由于生产技术条件和生产组织等方面的特点，编制成本计划的方法，也有不同。例如，在煤矿和发电等企业里，因为它们只生产一种产品，所以不编制按产品分列的成本计划。在煤矿企业里，煤炭的成本是经过从工作面到地面发车站等各个生产阶段逐渐累计而成的，为了分析生产过程各个阶段对煤炭成本的影响，除了编制总的生产费用预算以外，还要编制采煤准备、回采、井下运输、地面运输等生产阶段的生产费用计划。在冶金、纺织、机械等工业企业里，由于生产中有许多半成品，因此，它们不但要计划产品的成本，还要计划不同生产阶段上半成品的成本。

即使是同一行业的工业企业，由于在生产条件和生产组织方面的差别，也会影响编制成本计划的方法。例如，都是机械工业企业，在大量生产同类产品的企业里，可以同时比较详细地按成本项目和每种产品编制成本计划；在成批生产的企业里，按产品分列的成本计划，就只按几种主要产品来编制；而在单件生产的企业里，因为在编制年度成本计划时，产品的名称、型号和规格往往还不能确定，只能按平均吨位来计划产品的成本。

这就说明，在运用编制成本计划的一般的方法和原理时，必须结合各个工业企业的具体特点，从企业的实际情况出发。

第三节　成本的核算和分析

编制一个好的成本计划，对于加强工业企业的成本管理，促进成本降低，当然是很重要的。但是，更重要的，还在于认真地组织执行计划，保证计划的顺利实现。在这里，做好成本的核算和分析工作，有着十分重要的意义。概括地说来，成本的核算和分析工作，就是要对工业企业实际发生的生产费用和产品的实际成本，进行精确的计算，并且把它同成本计划进行比较，分析影响成本的各种因素。从而采取措施，杜绝生产中的浪费，改善经营管理，挖掘降低成本的潜力，以保证成本计划的完成和超额完成。

成本的核算工作和分析工作，是密切联系的。通常说成本核算，是把成本分析包括在内的。但是，为了便于叙述，下面准备分别说一说成本的核算工作和成本的分析工作。

一　成本的核算工作

成本核算工作的主要内容是：把工业企业一定时期内发生的全部生产费用汇集起来，按照生产费用要素分类和成本计算的要求，进行生产费用的核算和产品成本的核算。

成本的核算工作必须做到既正确又及时。正确的核算产品成本，就是要依据产品成本的客观内容，如实地反映产品生产过程中的劳动消耗和物资消耗。只有正确地核算成本，才能正确地反映企业的经营状况，发现工作中的成绩和缺点，才能采取正确的措施，促使成本降低。反之，如果产品成本的核算不正确，不能如实地反映生产过程中实际的劳动消耗和物资消耗，那么，不但不利于企业改进经营管理，而且会影响国家有计划地积累资金和正确地组织生产耗费的补偿，不利于国民经济有计划、按比例地发展。

同时，成本的核算又必须尽可能地做到及时。这就是说，要尽可能及时地反映成本计划的执行情况，及时地反映职工群众增产节约的经济效果。只有这样，才能够迅速地总结和推广生产中的先进经验，及时地发现和克服生产中存在的缺点，指导生产更好地进行。反之，如果成本的核算不及时，就容易使它成为事后的消极反映，而不能充分地发挥促进成本降低的积极作用。

那么，成本核算怎样才能够做到既及时又正确呢？

主要的应当注意以下几点：

（一）核算产品成本，必须严格遵守国家规定的成本开支范围

工业企业的成本，只能开支属于生产、管理上的耗费，这是成本管理工作的一条重要原则。如果把不属于成本范围内的开支，或者不应当由本企业负担的开支任意掺入成本，就不但会使成本不真实，而且会打乱按计划使用资金和物资的安排，这是一种违反国家财政制度的行为，是不能允许的。这里特别要注意的是：

（1）划清生产成本同基本建设、四项费用拨款（指技术组织措施费、新产品试制费、零星固定资产购置费和劳动安全保护措施费）的界限。

基本建设和四项费用开支，是用于增加或者更新劳动工具的费用，而不是在产品生产过程中直接的、一次消耗掉的费用。因此，它们是由国家预算拨款来开支的，而不应当在生产成本中开支。如果把这些费用列入产品成本，就使产品成本不能正确地反映生产产品的劳动耗费，并且，在实际上就是企业自行动用了应当由国家集中分配的积累。这是分散主义的一种表现。

（2）划清生产成本同各种专用基金的界限。国家为了解决企业生产、经营管理和职工生活上的一些实际需要，规定企业按照一定的比例，从产品成本和利润中提取一部分基金，例如，大修理基金、福利补助费、医药卫生补助费、工会经费、劳保基金和企业奖励基金等。这些基金，只能按照国家规定的比例提取，而不能任意提高比例。各项基金，都有专门的用途，属于这些基金开支的费用，都不能掺入成本，否则，就会加大成本，减少上缴利润。

（3）严格执行国家规定的开支标准，遵守财经纪律。所有的工业企业，都应当严格按照国家规定的标准掌握开支。例如，工资、奖励工资和工资附加费的发放，要执行国家工资政策和上级批准的工资基金计划，不经批准，工资基金计划是不能超过的。办公费、旅差费、会议费，要执行当地行政机关的开支标准，不能特殊化。采购属于社会集团购买力范围的物资，要按照国家的规定办理。为了保障成本真实，对于一切不符合国家规定的摊派款项，或者无偿调用的物资，应当坚决拒绝。

（4）正确地分摊费用。费用的发生时间不同，属于当年、当季、当月负担的，就要计入当年、当季、当月的成本；有些费用是应当几个车间或者几种产品负担的，属于哪一个车间的，就计入哪一个车间的成本，属于哪一种产品的，就计入哪一种产品成本。只有这样，才能保证成本的真实性。

（二）核算产品成本，必须根据工业企业工艺技术过程的性质和生产组织的特点，采取正确的成本计算方法

在确定成本计算方法之前，首先应当确定出产品成本计算的对象和成本计算期。

成本计算对象的确定，同工业企业的生产技术特点有密切联系。在只生产一种产品而生产过程在工艺技术上又不允许间断的工业企业（在成本工作中，通常称做简单生产的企业）里，例如，在发电厂里，成本计算的对象，就是一种产品的成本。在生产过程是由工艺技术上可以间断的许多生产阶段组成的工业企业（在成本工作中，通常称做复杂生产的企业）里，例如，在钢铁厂、纺织厂、机械厂里，如果只生产一种产品，那么，成本计算的对象，就是这种产品的成品和半成品的成本；如果生产几种产品，那么成本计算的对象，就是各种产品的成品和半成品的成本。

成本计算期的确定，主要决定于工业企业生产组织上的特点。在单件生产的条件下，产品成本的计算，只有在各该产品完工以后，才能进行，成本计算期同产品生产周期基本一致，它是不定期的。在大量生产条件下，生产活动是连续进行的，不按产品的件别划分。因此，成本计算只能定期（一般是每月末）地进行，成本计算期同产品的生产周期并不一致。在成批生产的条件下，小批生产同单件生产相似，大批生产则同大量生产相似。

确定了成本计算对象和计算期以后，可以确定具体的成本计算方法。一般来说，成本计算方法主要有下列三种：

（1）简易成本计算法。这种方法，适合于发电厂等简单生产的工业企业。在这种企业里，实际发生的全部生产费用就是生产总成本。把它除以实际的产品产量，就是实际的单位产品成本。

（2）分步成本计算法。这种方法，适合于复杂的大量生产或者大批生产的工业企业。它是以不同的产品（包括成品、半成品）为对象，并且按照加工阶段来计算成本的一种方法。在这类工业企业里，每一加工阶段所生产的半成品的成本，都是由原料、材料费用和不同加工阶段所支出的加工费组成的。因此，计算的方法是：先计算第一阶段的半成品成本，然后，再加上第二阶段的加工费，计算出第二阶段半成品的成本，以此类推，就可以在最后一个加工阶段内，计算出产品的成本，再加上企业管理费，求得产品的实际总成本。用实际完成的产品数量去除产品总成本，就可以计算出产品的单位成本。

在采用分步成本计算方法时，对于生产中发生的各项费用，首先要按加工阶段加以汇集，然后，把能够直接计入成本的费用，按每一加工阶段的各种产品进行汇总。对于每一加工阶段上需要分摊的间接费用，要选择合理的分摊方法，在各种产品之间进行分摊。

（3）订单成本计算法（或称分批成本计算法）。这种方法，适用于复杂的单件生产或者小批生产的工业企业。它是按照购货单位的每一张订单，来计算成本的方法。采用这种成本计算方法时，对于生产中耗用的并且可以按订单直接计入成本的费用，例如，原料和主要材料、生产工人工资和工资附加费，等等，可以按各该订单直接计入成本；对于由许多订单的产品共同耗用而不能直接计入成本的费用，要以适当的标准，在各种订单之间进行分摊。一般的管理费用，则通常先按发生地点登记，然后定期（每月一次）摊配到各个订单成本内。

最后，把每一订单的产量除以每一订单的总成本，就可以计算出订单产品的单位成本。

工业企业在计算成本的时候，还应当尽可能努力创造条件，应用定额法，进行成本计算。

定额法，就是在生产费用发生的当时，将符合定额（或计划）的费用和背离定额（或计划）的差异，分别进行核算，并且在定额成本的基础上，加、减各种差异，来计算产品实际成本的一种方法。这是一种先进的成本计算方法。

采用这种方法，能够把产品成本的计划工作、核算工作和分析工作有机地结合起来；能够在每一个原始凭证上，及时地发现各项生产费用是否超过了定额，从而有效地促进费用的节约，以便挖掘降低成本的潜力。

采用定额法，进行成本计算，需要具备哪些条件呢？这些条件主要是：（1）企业产品的种类较少，也较稳定；（2）产品已经定型，工艺规程比较稳定；（3）定额管理制度比较健全，各项消耗定额也比较正确和稳定；（4）生产成本核算工作的基础较好，特别是具有比较健全的有关核算凭证的传递和审核的制度。

（三）在成本核算中，应当实行统一领导、分级分口核算的方法，以便调动工业企业内部各级、各部门和广大职工群众的积极性

在社会主义工业企业里，要加强成本管理，搞好成本核算，归根结底，必须依靠广大职工群众的努力，调动他们当家理财的积极性。在这个方面，要结合工业企业内部厂部、车间和小组的三级经济核算和各个职能部门的经济核算，把成本计划的指标分解到各个车间、小组和各个职能部门，实行三级核算和各个职能部门的核算。关于这方面的问题，在经济核算一章中已经说过了，这里不再重复。

上面说的，是做好成本核算工作的几个主要的问题。除此以外，当然还有一些问题需要注意，例如，要有完整的原始记录和原始凭证，要有正确的账簿记录，要定期地盘点物资，等等。这些问题，在前面都分别叙述过，这里不再一一说明了。

二　成本的分析工作

成本分析工作，是工业企业成本管理的重要组成部分，也是企业经济活动分析的重要内容。进行成本分析的目的，就是在成本核算资料的基础上，通过找差距、查原因，分析成本计划的执行情况，寻求降低成本的途径，找出进一步降低成本的措施。

成本分析的主要内容是：分析生产费预算的执行情况，分析全部产品的成本计划完成情况，分析可比产品成本降低额和降低率的完成情况，分析主要产品单位成本的变化情况。成本的分析，应当具体地按照原料、材料的消耗，工资支出和费用支出等主要的成本项目来进行。

在分析材料费用变动情况的时候，主要要分析材料消耗定额的执行情况，查明哪一种材料，或者哪几种材料消耗过大，由于什么原因消耗过大。同时，也要分析废料数量的发生情况，和废料的利用情况，材料价格因素的变动，对于材料费用变动的影响。在有些企业，还要分析"配料比例"变动，采用了在计划时所没有预计到的一些原材料来代替计划规定的材料，对于材料费用变动的影响，等等。

对工资的分析，必须从两方面来进行。首先是分析企业各类工作人员工资总额的变动情况，其次，是要分析产品总成本中生产工人工资的变动

情况。至于其他计入综合费用项目内的各项工资变动情况，则可以在分析各项综合费用时加以研究。总的说来，无论是分析各类工作人员的工资总额，或者是分析生产工人工资的变动，主要要分析实际工资数的超支或者节约的程度及其原因，以便进一步研究改善企业工资的组织和管理工作。

综合性费用，主要是指车间经费和企业管理费。在这两项费用中，有一部分费用，是随着产量的增减而有所变动的，叫做相对变动费用。但是，大部分费用（特别是企业管理费中，相对变动费用很少），是与产量的增减没有直接依存关系的，叫做相对固定费用。因此，车间经费和企业管理费的变动，大致受两种因素的影响：一是车间经费或者企业管理费各个项目本身的节约或浪费；二是产量的增加或者减少。对综合性费用的分析，就是要检查企业对车间经费和企业管理费预算的执行情况，弄清这些费用的总额及其组成项目发生超支或者节约的原因。一般来说，先要分析这些费用总额变动的情况，然后，再深入一步，分析它们各个组成项目的变动情况。

在进行成本分析时，应当广泛地进行对比分析。不仅要把实际资料同计划进行对比，分析计划完成的程度；并且，还要把本期的实际资料同企业上期的实际资料进行对比，分析不同时期企业工作改进的情况，要把企业的指标同其他同类型的先进企业的指标相比，以便更好地学习其他企业的先进经验。

成本分析，既要有全面的综合分析，又要有重点的专题分析；既要有厂级的分析，又要有车间和小组的分析；既要有一年、一季比较长时期的分析，又要有一个月的比较短时期的分析，还可以根据需要进行不定期的分析。成本分析，也必须同竞赛、评比紧密地结合起来。只有这样，通过成本分析，才能够不断地激发广大职工增产节约的积极性，千方百计寻求降低成本的途径，才能保证完成和超额完成降低成本的计划。

第四节　降低成本的途径

无论是成本计划的编制，还是成本的核算和分析，最终的目的，都是为了组织和动员广大职工发掘生产潜力，寻求降低成本的途径，以便保证完成和超额完成国家规定的降低成本的任务。

在社会主义的工业企业里，降低产品成本究竟有哪些途径呢？

降低产品成本的途径是多方面的。为了说明这一点，先要分析一下产品成本的构成。

从前面的分析中可以看出，工业产品的成本，主要是由下列几个要素构成的：（1）原料、材料；（2）工资和工资附加费；（3）固定资产折旧费；（4）管理费。原料、材料、折旧费和管理费中的一部分，属于物力，即物化劳动的消耗；工资、工资附加费和管理费中的另一部分，则属于人力，即活劳动的消耗。这就是说，凡是能够节省生产中活劳动和物化劳动消耗的方法，都可以降低产品成本。

在不同行业的工业企业里，由于生产的产品不同，生产过程的机械化水平不同，各项费用在成本中占的比重也是不同的。例如，在采掘工业企业里，工资在成本中占的比重较大；在加工工业企业里，原料、材料的费用在成本中占主要地位；在石油和化工企业里，折旧费在成本中占的比重，要显著地高于其他的工业企业，如此等等。因此，在各个不同行业的工业企业里，降低成本的侧重点，就各有不同。即使在同一行业的工业企业里，因为各个企业在生产技术和生产组织等方面存在着差别，降低成本的措施，也不是完全一样的。

虽然，不同的工业企业，降低成本的侧重点是不同的，但是，由于各个工业企业构成产品成本的费用项目，基本上是一致的。因此，就降低成本所应当采取的措施的方面来说，各个工业企业又有共同之处。归纳起来这不外有以下几个主要的方面：

（一）节约人力，提高劳动生产率

提高劳动生产率不仅能够减少单位产品上的工资开支，而且可以降低产品成本中的其他费用，如折旧费、管理费，等等。提高劳动生产率带来的成本降低额，往往在全部产品成本降低额中占很大的比重。所以，提高劳动生产率对一切工业企业降低成本都是很重要的，而在采掘工业企业里，就有更加重要的意义。

（二）节约原料、材料、燃料等物资的消耗

物资消耗在成本中占很大比重。在保证产品质量的前提下，节约各种物资消耗，对于降低产品成本有很大的作用。特别是物资消耗在成本中所占比重较大的工业企业里，这一点尤其重要。

（三）合理利用机器设备，提高设备利用率

合理利用机器设备，充分发挥机器设备的效能，不仅可以通过单位产品折旧费的减少，降低产品成本，而且更重要的，它可以引起产品成本中其他费用的降低。因此，合理使用机器设备，充分发挥机器设备的效率，是降低产品成本的一个重要途径。

（四）提高产品质量，减少和消灭废品损失

提高产品质量，减少和消灭废品损失，是降低产品成本的一个重要途径。产生废品，不仅浪费了原料、材料和工资，而且会使单位产品所分摊的管理费用提高。不合格产品的返修，也要造成许多浪费，使产品成本增加。因此，要降低成本，就必须采取措施，加强技术管理，努力提高产品质量。

（五）精打细算，节约管理费用

在一般的工业企业里，管理费在产品成本中占的比重，仅取决于原料、材料和工资在成本中的比重。因此，它是降低成本的一个重要方面。不断地提高管理工作的效率，减缩各种不必要的开支，就可以降低产品成本。每个工业企业，都应当根据勤俭办企业的方针，发扬艰苦朴素的优良传统，处处精打细算，节约开支，坚决反对铺张浪费的做法。

上面说的，只是工业企业降低成本的几个主要的途径。关于这方面的问题，在前面有关的章节中，都已经详细地讨论过了。除此以外，还有其他一些途径。每个工业企业，必须根据自己的特点，对产品成本进行深入细致的分析，从而根据不同时期的具体情况，采取切实的、具体的措施。只有这样，才能有效地降低产品的成本。

第二十五章
社会主义工业企业的财务管理

社会主义工业企业要很好地进行经济核算，必须有健全的财务管理。加强财务管理，是促进企业改善经营管理，提高经济效果的重要手段。这一章准备讨论社会主义工业企业财务管理中的一些主要问题。分下面七节来说：

一、财务管理的任务；

二、固定资金的管理；

三、流动资金的管理；

四、专用基金的管理；

五、企业盈利；

六、财务计划的编制和组织执行；

七、财务管理的组织机构和责任制度。

第一节　财务管理的任务

财务管理是社会主义工业企业管理的一个重要组成部分。在社会主义阶段，社会上还存在着商品生产和商品交换，价值、价格、货币等经济范畴还发生作用，在这种条件下，工业企业要组织生产，必须进行一系列的财务活动。例如，工业企业要向国家领取必要的固定资金和流动资金，向银行取得贷款，向职工发放工资和奖金，向其他的企业和单位支付原料、材料、燃料的价款；在产品出售以后，要收回货款，并向银行归还贷款和向国家上缴税金和利润，如此等等。工业企业的这些财务活动是很复杂的。它反映着企业同国家、企业同企业以及企业内部许多以货币形式表现出来的经济关系。工业企业要顺利地进行生产，就必须很好地组织这些财务活动，正确地处理这些方面的货币关系。也就是说，必须做好财务管理工作。

在社会主义工业企业里，财务管理要解决什么问题呢？或者说，财务管理的主要任务是什么呢？

一　组织资金的供应，保证发展生产所需要的资金

工业企业要进行生产，需要有一定的厂房、机器设备以及其他各种劳动工具；需要购买原料、材料等生产物资，需要支付职工的工资和其他各种必要的费用，需要有一定的在制品、半成品和成品的储备，等等。因此，就需要有一定的固定资金和流动资金。财务管理应当在国家计划的指导下，做好资金的组织和供应工作，有计划地、及时地满足企业生产对资金的合理需要。

为了做到这一点，企业的财务管理部门要做好资金的开源和节流两方面的工作。这就是说，一方面，财务管理应当通过向国家预算请拨资金、向国家银行举借贷款，以及积极扩大销售收入等方法，筹集资金，满足生产的需要；另一方面，应当积极采取措施，节约资金，加速资金的周转，以便用最低限度的资金满足生产发展的需要。财务管理还应当做好调节企业收支的工作，尽可能地使企业的支出和收入在时间上相互协调，以便尽量减少银行贷款，充分发挥工业企业自有资金的效用。

二　按照国家的规定，分配企业的销售收入，按期向国家缴纳基本折旧基金、税金和利润

工业企业出售产品以后，取得了销售收入。销售收入中的一部分要补偿生产中消耗掉的物质资料，用来重新购买原料、材料和形成折旧基金。其中，折旧基金要按国家规定，上缴国家。从销售收入中扣除了用于补偿生产中物资消耗的部分以后，留下来的就是劳动者新创造的国民收入。国民收入中的一部分，是劳动者创造的必要产品，这一部分要根据国家统一规定的工资标准、工资制度和奖励制度，以工资和奖金的形式支付给劳动者，满足他们物质和文化生活的需要。国民收入中的另一部分，是劳动者创造的剩余产品，这一部分要以税金和利润的形式上缴给国家，满足整个社会的需要。社会主义工业企业销售收入的这种分配，是在国家的集中领导下，通过企业的财务活动实现的。做好这种分配工作，是工业企业财务管理的一项重要任务。

为了正确地分配企业的销售收入，企业的财务管理部门，必须核实生产中原料、材料的消耗和正确地提取与上缴折旧基金；必须按照国家的工资基金计划和工资政策，严格监督工资基金的支付，使国家规定的工资基金不被突破；必须严格根据国家规定的比例提取企业奖励基金和其他专用基金，并且按照国家的规定监督这些基金的合理使用；必须及时地向国家上缴税金和利润，等等。在这里，按时完成国家的上缴任务有特别重要的意义。因为这是我们国家取得建设资金的重要源泉。工业企业能不能及时向国家上缴税金和利润，直接关系到国家的财政收入，关系到整个社会主义建设的规模和速度。

三　组织全面的货币监督（财务监督），促使工业企业更好地贯彻勤俭节约的原则，多快好省地发展生产

在存在商品生产和货币关系的条件下，产品的计算和分配，产品的交换和流通，都要通过货币形式进行。一个工业企业的工作情况，通过货币收支才能够得到综合的反映。比如，一个企业有足够的资金支付货款，按期如数归还银行贷款、发放工资、上缴税金和利润，这就从一个方面说明这个企业的经营管理是正常的。反之，如果企业没有钱支付货款、不能按期如数缴纳税金、利润和归还银行贷款，这就说明这个企业的经营管理有问题，需要加以改进。因此通过货币形式对企业的生产经营活动进行全面的监督，是促使企业更好地贯彻勤俭节约原则，多快好省地发展生产的一种有效方法。

企业的财务管理部门必须通过对企业货币收支的组织，通过收款、付款、领款、交款、借款、还款等财务活动，对工业企业实行全面的货币监督；必须监督各种资金的完整无缺，维护全民所有制的财产不受侵犯；必须严格按照国家的政策、法令和制度，监督一切有关的财务活动；必须根据计划规定的限额，监督资金的消耗，严格控制一切超计划支出；必须同企业里一切违反国家财政制度、财政纪律的行为进行坚决的斗争。

从上面所说的可以看出，财务管理所担负的任务是十分重要的。很好地完成这些任务，对于工业企业生产经营活动的顺利进行，对于促使企业不断地改进工作，全面完成和超额完成国家计划，都有很重要的意义。

从上面所说的还可以看出，财务管理工作是十分复杂的。它不只是一件技术性、事务性的工作，而且是一件包含着丰富的经济内容和政治内容的工作。它要正确地贯彻执行党的方针、政策和国家的法令、制度，要正确地处理企业外部和内部多方面的关系，推动生产向前发展。因此，要做好财务管理工作，必须从许多方面努力，而其中最主要的是：在财务管理工作中牢固地树立生产观点、政治观点和群众观点。

社会主义工业企业的财务管理，必须从生产出发，很好地为生产服务。

早在1942年，毛泽东同志就这样教导我们：……财政政策的好坏固然足以影响经济，但是决定财政的却是经济。……未有经济不发展而可以使财政充裕的[①]。在生产运动中，不注重发展经济，只片面地在开支问题上打算盘的保守的单纯的财政观点，是错误的[②]。在工业企业里，生产是主导的，财务是从属的。生产决定财务，财务反过来又积极地促进生产。只有生产发展了，劳动生产率提高了，物资消耗节约了，成本降低了，才能够节约资金和增加盈利。所以，工业企业的财务管理，必须积极地为生产服务，促进生产的发展。那种脱离生产的片面的财务观点，是不正确的。

---

① 毛泽东：《抗日时期的经济问题和财政问题》，《毛泽东选集》第三卷，人民出版社1991年第2版，第891页。

② 毛泽东：《开展根据地的减租、生产和拥政爱民运动》，《毛泽东选集》第三卷，人民出版社1991年第2版，第911页。

财务管理要很好地为生产服务，一方面，必须尽可能地保证生产发展对资金的需要；另一方面，也必须正确发挥财务对生产的监督作用，促使生产沿着多快好省的道路发展。这就是说，凡是有利于生产的开支，要千方百计地积极保证；凡是不利于生产的开支，要一毛不拔，坚决卡死。只有这样，才能充分发挥财务为生产服务、促进生产发展的积极作用。如果把财务管理为生产服务，只理解为对生产消极地进行监督，因而不去积极地开辟财源，筹集资金，供应生产发展的需要，这是片面的，是不正确的。这样做，就会妨碍生产的发展，使企业的财务状况陷于困境。反之，如果把财务管理为生产服务，只理解为给生产供应资金，因而放弃必要的财务监督，忽视资金的合理使用，这也是片面的、不正确的。因为这样做，也不能真正促进生产的发展，改善企业的财务状况。因此，我们在财务管理工作中，必须把上述两个方面正确地结合起来。

社会主义工业企业的财务管理，还必须坚持政治挂帅，为无产阶级的政治服务。

财政从来是为政治服务的。它是国家政权实现自己政治任务的一个重要工具，是阶级斗争的一个重要工具。毛泽东同志早就说过：苏维埃的财政政策，建筑于阶级的与革命的原则之上[①]。在社会主义建设时期，我们的财政是为实现党的社会主义建设总路线、发展国民经济的总方针及其有关的各项方针、政策服务的。工业企业是建设社会主义的重要基地。工业企业的财务管理，应当更好地为贯彻执行党的路线、方针和政策服务。

社会主义工业企业的财务活动，包含着企业同国家、企业同企业以及企业同职工等多方面的关系。所有这些关系，都必须在党的领导下，根据党的方针政策和国家的法令、制度，加以正确地处理。社会主义工业企业的财务管理，必须坚决维护国家的统一计划，维护国营工业企业的全民所有制，同一切分散主义作斗争；必须加强全局观点，同一切本位主义作斗争；必须严格执行国家的财政制度、财政纪律，同一切违法乱纪、贪污浪

---

① 毛泽东：《中华苏维埃共和国中央执行委员会与人民委员会对第二次全国苏维埃代表大会的报告》（1934年1月），《苏维埃中国》，中国现代史资料编辑委员会1957年翻印本，第275—276页。

费的行为作斗争。社会主义工业企业的财务管理，必须同企业中各个时期党的中心工作密切结合；必须同马克思列宁主义的思想政治工作密切结合，只有这样，财务管理工作才能够做得生气勃勃，很好地完成自己的任务。

社会主义工业企业的财务管理，还必须依靠群众，认真贯彻群众路线。

在社会主义工业企业里，一切管理工作都必须依靠群众，贯彻执行群众路线，财务管理是不是可以例外呢？当然不可以。

财务是工业企业生产经营活动的综合反映，它同企业内部各个部门、各个单位和广大职工群众都有密切的联系。一方面，财务活动的结果是由企业中各个部门、各个单位和广大职工共同努力取得的；另一方面，财务活动的结果又密切关系着企业各个部门，各个单位的工作和广大群众的长远利益和目前利益。因此，财务管理同其他各项管理工作一样，必须充分依靠群众，认真贯彻群众路线。那种把财务工作神秘化，看做只是少数财务人员的事情的观点，是不正确的。

为了做好财务管理工作，除了在财务管理工作中，要贯彻上述三个观点以外，还有一个很重要的问题，就是必须要正确处理工业企业内部各级和各方面在财务工作上的关系。在这里，既要集中财权，保证统一计划、统一收支；又要给各级和有关部门一定的机动财力。只有这样，才能在厂级的集中领导下，充分发挥各个部门、各个单位和职工群众当家理财的积极性，提高财务工作的质量。

社会主义工业企业财务管理的内容是十分丰富的，它包括固定资金的管理、流动资金的管理，专用基金的管理、企业盈利的管理以及财务计划工作等方面。下面我们分节加以说明。

第二节　固定资金的管理

工业企业的固定资金，是指各种机器、设备、房屋和建筑物等固定资产的货币表现。社会主义国营工业企业的固定资金，属于全民所有，是国家的财产。很好地管理工业企业的固定资金，保证它们不受侵犯，并且使它们得到合理的、有效的利用，对于巩固企业的全民所有制和促进企业生产的发展，都有很重要的意义。

为了管好和用好工业企业的固定资金，企业的财务管理主要应当做好哪些工作呢？

一 要保证和监督固定资金的完整无缺

保证和监督固定资金的完整无缺，不仅是维护全民所有制不受侵犯的一个重要方面，也是保证企业正常进行生产的必要条件。工业企业要管好固定资金，首先就要保证企业的固定资金在生产经营过程中完整无缺。工业企业固定资产的账面价值，必须正确地反映具有良好技术状态的固定资产的实际价值，账面上有多少固定资金，就必须实际上也具有多少同等价值的固定资产。

为了保证和监督固定资金的完整无缺，工业企业必须做好固定资产的核算工作。对于所有的固定资产，都要设置固定资产卡片进行详细登记，不应当有所谓账外的固定资产。工业企业的固定资产账目，必须正确，及时地反映各种固定资产增减变化的情况。财务部门要根据国家规定的制度和程序，对企业固定资产的变化情况加以监督。凡是违反制度规定，擅自拆除、调出、挪用、赠送、外借、变卖固定资产的行为，财务部门都应当及时报告企业的行政负责人加以制止和处理。对于工业企业的各类固定资产，应当经常清点和定期清查，以保证账实相符。如果在清点和清查中发生盘亏，必须查明原因，按照规定的程序和手续加以处理。在这个方面，我们必须树立对国家财产高度负责的观念，必须依靠群众，经常教育职工爱护国家财产，同一切贪污、浪费、盗窃国家财产的行为作斗争。

二 要监督和促进工业企业合理使用固定资金，不断提高固定资金的利用效果

合理地使用固定资金，提高固定资金的利用效果，是发展工业企业生产的重要途径。

为了监督和促进固定资金的合理使用，工业企业的财务部门应当对本企业的固定资产进行适当的分类，研究和改善企业固定资产的结构。一般地说，工业企业的固定资产按照它们在生产中的地位和作用，可以分做以下五大类：

（1）工业生产用的固定资产；

（2）非工业生产用的固定资产；

（3）未使用的固定资产；

（4）不需用的固定资产；

（5）土地。

第一类固定资产是直接参加工业企业的生产过程的。因此，为了提高固定资金的利用效果，就应当在保证生产正常进行和满足职工对生活福利、文化设施等合理需要的条件下，努力缩减非生产用的固定资产的比重，扩大工业生产用的固定资产的比重。对于未使用的固定资产，应当查明原因，采取措施，尽量减少它的数量，以便使现有的生产设备尽可能地投入生产。工业企业不需用的固定资产，应当及时报告上级主管机关，积极加以处理，将它迅速调到需用的地方去。

为了监督和促进固定资金合理地利用，财务部门对于一些确实陈旧而必须更新的机器设备应当会同生产技术部门进行研究，积极提出设备更新的建议，报请上级行政主管部门审查批准。

为了监督和促进固定资金得到更好的利用，财务部门还应当积极支持生产设备的技术革新和技术革命。对于职工提出的合理化建议和有关的技术措施，财务部门应当仔细地计算它的经济效果，分析它在经济上的合理性；对于那些经过试验确定在技术上可靠和经济上合理的建议和措施，财务部门应当积极保证资金的供应，促使它及早实现。

为了监督和促进固定资金得到更好的利用，财务部门还应当计算和分析固定资产利用的综合指标——固定资金产值率和固定资金利润率。通过对这些固定资产利用综合指标的分析研究，发现企业在使用固定资产方面存在的问题和缺点，及时向企业的行政负责人和有关部门反映，以便采取措施克服这些缺点，提高固定资金的利用效果。

为了保证固定资金的合理使用，每个工业企业都必须建立与健全固定资产的管理制度和责任制度。固定资产是由企业中各个部门、各个单位和各个职工使用的，明确地规定这些部门、单位以至个人对所使用的固定资产的责任，可以提高大家的责任心，调动大家的积极性，更有效地利用固定资产。

三　要正确地计算固定资产折旧，保证及时完成基本折旧基金的上缴任务，并且监督企业合理地使用大修理基金

工业企业的固定资产，一般都要使用许多年，固定资产在使用过程中逐渐磨损（包括有形磨损和无形磨损），它们的价值按照在一定时期内的平均磨损程度，一部分、一部分地逐渐地转移到产品的成本中去。这部分由于磨损而转移到产品成本中的固定资产价值，称为折旧。折旧对固定资产价值的比率，称为折旧率。

固定资产的折旧有两种：基本折旧和大修理折旧。基本折旧用于重置固定资产，它是按固定资产的原价和使用年限，并且估计到固定资产报废清理时所得的残值（指报废清理时所剩下的材料、零件等的残余价值）收入和所支付的各项清理费用（指报废清理时所需要的拆卸、搬运等费用）两个因素，来计算的。大修理折旧则用于固定资产的大修理，它是按固定资产的使用年限和在使用期间内进行几次大修理的费用总额计算的。在国营工业企业里，折旧的计算一般采用以下的公式：

$$\frac{年度基本}{折旧率} = \frac{固定资产原价 - 报废时的残值 + 清理费用}{固定资产原价 \times 使用年限} \times 100\%$$

$$\frac{年度大修理}{折旧率} = \frac{固定资产使用年限内大修理次数 \times 每次大修理费用}{固定资产原价 \times 使用年限} \times 100\%$$

以上所举的公式是分项固定资产计算折旧的基本方法。为了简化计算折旧基金的手续，工业企业可以采用分类折旧率或综合折旧率。分类折旧率是按照固定资产的性质、结构等标准，分类计算的折旧率。为了正确计算分类折旧率，应当将使用年限大致相同的固定资产归为一类，进行计算。综合折旧率是指企业全部固定资产的平均折旧率。综合折旧率的计算，应当以分项固定资产的原价和应计折旧额为基础。其计算公式如下：

$$\frac{综合}{折旧率} = \frac{按分项固定资产计算的应提折旧额总和}{各项固定资产的原价总和} \times 100\%$$

为了保证折旧基金的按期提取，每个工业企业都应当正确地编制固定资产的折旧计划。在这里，正确地规定固定资产的折旧率有重要的意义。如果折旧率规定得太低，就不能保证固定资产的再生产，并且会使产品成本低于实际消耗的成本，造成虚假的盈利。反之，如果规定得太高，就会加大产品成本，减少企业的盈利。所以，折旧率的规定要力求适当，尽量和固定资产的实际磨损程度相适应。

工业企业在计算固定资产折旧费的时候，必须切实遵守国家现行计算折旧费的统一规定：企业对所有使用中的固定资产，除土地外都应当按照规定的折旧率计算和提取折旧费；未使用和不需用的固定资产，在按照规定程序报经批准以后，也可以不提折旧费；对于尚未提足基本折旧费、提前报废的固定资产，应当按照规定补提足额，以保证固定资产再生产的资金来源；对于已经提足基本折旧费而超龄使用的固定资产，一般可以不再提取基本折旧费，但是，为了保证大修理资金的来源，还应当继续提取大修理折旧费。企业提取的基本折旧基金，应当按照规定及时上缴给国家财政部门。大修理基金则由企业在银行中专户存储，专门用于大修理。工业企业的财务部门必须严格监督大修理基金的专款专用，反对把大修理基金挪用于基本建设或流动资金等违反制度的行为，以便从资金上保证机器设备的正常检修，使固定资产经常处于良好状态。

第三节　流动资金的管理

流动资金，是工业企业在产品的生产过程和流通过程中占用的周转资金。它是企业进行正常生产的必要条件。

工业企业的流动资金，一般包括储备资金、生产资金、成品资金、结算资金及货币资金等几个部分。这些资金，按照它们的不同用途和占用资金时间的长短，分别由国家财政部门和人民银行供应。按照现行的规定，凡是工业企业组织生产正常需要的、经常性的、最低限度的流动资金，全部由财政拨款，归企业支配使用。这部分流动资金，通常称做企业的自有流动资金，也叫定额流动资金。凡是生产过程中某些临时性的、季节性的资金需要和结算过程中所需要的资金，由银行贷款，企业要按章付息，定期归还。这部分流动资金，通常称做企业的借入流动资金，也叫超定额流动资金。

工业企业的流动资金是处于连续不断的循环和周转之中的。在工业企业购买原料、组织生产一直到制成产品、出售产品的整个过程中，流动资金不断地从储备资金转化为生产资金，再从生产资金转化为成品资金，最后转化为结算资金和货币资金。工业企业从购买原料、材料开始到出售产品、取得货款为止，完成一个生产过程，流动资金也就完成了一次周转。工业企业的生产是连续不断地进行的，流动资金也就处于连续不断的周转运动之中，并且同时采取储备资金、生产资金、成品资金、结算资金及货币资金这几种形态。流动资金周转一次所需要的时间越少，流动资金在一年内周转的次数就越多。这说明工业企业用同量的流动资金生产和销售了更多的产品。如果工业企业的产品数量不变，那么，企业就可以为国家节约许多资金，国家把这些资金用于发展其他迫切需要的事业，就能够将社会主义建设事业更迅速地向前推进。因此，在保证生产正常需要的条件下，尽可能地加速流动资金的周转，节约流动资金，具有十分重要的意义。

工业企业的财务管理，一方面必须及时组织流动资金的供应，保证企业生产正常周转的需要；另一方面，应当促使流动资金的合理使用，努力加速流动资金的周转。这就是说，必须管好和用好流动资金。

怎样才能管好和用好流动资金呢？

一　要正确地编制流动资金（指定额流动资金，下同）计划，组织和供应企业生产正常需要的、经常性的、最低限度的流动资金

社会主义工业企业的一切工作都是有计划的。要管理好流动资金，首先要有一个正确的流动资金计划。这个计划，应当贯彻执行节约的原则，保证生产正常需要的、经常性的、最低限度的流动资金，不能宽打窄用，有备无患。

编制工业企业流动资金计划的主要内容是：正确地计算流动资金需要量和确定流动资金的来源。

工业企业流动资金的需要量，是根据企业的生产任务和供、产、销条件，分别按储备资金、生产资金和成品资金来计算的。

（一）储备资金需要量的确定

储备资金，是指工业企业用于储备原料及主要材料、辅助材料、燃料等所占用的流动资金。储备资金需要量的确定，应当结合企业的年度物资供应计划来进行，即应当在确定原料及主要材料、辅助材料、燃料等储备量的基础上，计算企业对于这部分流动资金的需要量。在这个时候，除了要考虑原料及主要材料等的价格以外，还要考虑供应间隔日数系数。我们知道，按供应间隔日数计算的库存物资，是物资的最高库存量，就一种材料来说，只有购进材料的初期才会达到这个水平，随后每天发料，库存量是逐渐下降的，一直到第二批材料进货以前，库存量不会达到这个水平。同时，工业企业所需用的材料一般是多种多样的。各种材料的进货日期不可能完全相同，它们达到最高库存量的时间也并不一样。一种材料的库存量达到最高点的时候，另一种材料的库存量可能刚好接近于最低点。而各种材料的储备资金是可以相互挪用调剂的。这样，就决定了在供应间隔期内的流动资金并不等于各种材料每批供应额之和，而应当按照一定的系数加以压缩。这个系数就是我们所说的供应间隔日数系数。这个系数究竟按多少计算才比较恰当，需要进行具体的查定，一般说来，它可以按以下的公式计算：

$$供应间隔日数的系数 = \frac{各种材料每日平均占用额}{各种材料最高占用额}$$

综上所述，储备资金的需要量可以按照下面的公式来计算：

$$储备资金定额 = 原料及主要材料等物资的每日平均消耗量 \times 单位价格 \times 定额日数$$

$$定额日数 = 在途日数 + 供应间隔日数 \times 供应间隔日数系数 + 整理准备$$
$$日数 + 保险日数$$

储备资金定额，应当分别按各种原料、材料计算，最后再加以汇总。但是在原料、材料的种类很多的工业企业里，为了减少工作量，可以把一部分价值不大、耗用量比较小的材料，特别是辅助材料，按类或者按组归并以后再确定资金定额。采用这种方法时，可以先根据报告期的实际储备日数，并考虑计划期加速资金周转的条件和措施，确定计划期储备定额日数，再根据材料的每日平均耗用量确定资金需要量。

对于某些价值小、品种多又不经常使用的配件和低值易耗品，也可以根据报告期的实际结存额，结合计划期生产费用的增减情况和加速资金周转的条件、措施，来确定资金需要量定额。因为这部分资金的数额一般同生产费用的增减成正比关系。

（二）生产资金需要量的确定

生产资金，是指工业企业生产过程中半成品、在制品所占用的资金。影响生产资金需要量的因素主要是：工业企业生产规模的大小、产品生产周期的长短和在制品系数等。

自制半成品资金需要量，应当根据半成品的成本和经常储存在半成品仓库中等待加工的天数计算。

在制品资金需要量，可以按下列公式计算：

$$在制品资金需要量 = 计划期内每日平均支出的生产费用 \times 生产周期 \times$$
$$在制品系数$$

在制品系数是产品的每日生产费用累计数之和同产品全部生产费用之间的比率。因为按照每日平均支出的生产费用额乘以生产周期来计算在制品资金需要量，是产品生产完工后的全部成本，而实际上生产费用不是一次性投入，而是逐渐增加的，所以还应当乘以在制品系数。

（三）成品资金需要量的确定

影响工业企业成品资金需要量的主要因素是：工业企业的商品产量、

产品成本水平和成品资金定额日数。成品资金定额日数，包括从产品入库起到发运给购货单位并取得货款（或者银行结算贷款）为止所需要的天数。这段时间主要由商品库存天数、发运天数和结算天数构成。成品资金的需要量可以按下面的公式计算：

成品资金需要量 ＝ 每日平均出产的产品工厂成本 × 成品资金定额日数

把以上各个部分资金的需要量汇总起来，就是工业企业在计划期内对全部定额流动资金的需要量。

工业企业在编制流动资金计划时，不仅要正确确定对定额流动资金的需要量，而且要计划这些资金的来源。工业企业定额流动资金的来源，一般有以下几个方面：

（1）企业上年度的自有流动资金。这是最主要的来源。

（2）企业的定额负债。定额负债是指应付工资、应付费用、应付税款和预提费用。这部分费用的形成时间比支出时间早，工业企业能够经常占用，因此，可以把它们看做同企业的自有流动资金一样，作为计划期流动资金的一个补充来源。

（3）对于有基本建设任务的企业来说，还可能在基本建设完工时转来一部分流动资金。

工业企业在确定了计划期对定额流动资金的需要量以后，应当把它同以上这些来源进行平衡。如果这些来源还不能满足需要，那么，工业企业可以向国家申请增拨自有流动资金。反之，如果这些来源大于需要，那么，在计划得到批准以后，工业企业就应当把多余的流动资金如数上缴给国家。

二　要按期编制贷款计划，按照规定向人民银行申请贷款，以保证企业对超定额流动资金的需要

上面说的只是定额流动资金的计划，也就是工业企业生产所需的最低限度的流动资金的计划，这部分资金是由国家财政拨款来满足的。除此以外，企业生产中还有一部分临时性的、季节性的资金需要，这部分资金（超定额流动资金）是由银行贷款满足的。所以，工业企业除了要编好流

动资金计划以外，还要编制贷款计划。

工业企业的贷款计划，应当按照上级主管机关颁发的贷款控制数字，结合企业的实际需要来编制。在贷款计划中要规定各个季度贷款的计划数额，并列出贷款的具体用途、归还日期和物资保证。贷款计划得到批准以后，银行按计划给企业贷款。工业企业从银行取得的贷款，只能用于补充生产和流通过程中流动资金的不足，而不能用做其他开支。工业企业在取得和使用这些资金时，必须接受银行的监督，并且要按章付息，定期归还贷款。

三　要监督流动资金的合理使用，加速流动资金的周转

工业企业的财务管理，不仅要正确编制流动资金计划和贷款计划，而且要监督企业合理使用流动资金，努力加速流动资金的周转。

为了做到这一点，必须注意以下几点：

（一）要保证流动资金的完整无缺

社会主义工业企业的流动资金，是国家的财产。在国家核定并拨足企业的流动资金以后，如果在企业运用的过程中发生了短缺，就不仅会影响生产的正常进行，而且也会使全民所有制的财产受到损害。保证流动资金在工业企业周转运用过程中的完整性，是合理地、节约地使用流动资金的前提。

工业企业的财务部门，必须协助企业有关部门加强物资管理，建立和健全物资的验收入库制度、领退料制度、盘点制度、出厂签证制度，以及使用物资的责任制度，等等，严格保证企业的流动资产不被浪费、损毁、挪用和盗窃。如果发现了资金短缺，必须查明原因，采取有效的措施，加以纠正，并且申报上级核销或者提出处理意见。

（二）要严格按照国家的规定和计划使用流动资金

流动资金计划经过上级核定以后，就是企业有计划地组织资金运用的依据。为了很好地执行流动资金计划，最重要的是要把流动资金计划做具体的安排、落实。一方面，应当按照资金定额编制分季、分月的流动资金使用计划，使年度计划能够结合企业各个时期的生产任务、供销条件进一步具体化；另一方面，还应当把流动资金计划具体落实到供、产、销各个环节。例如，储备资金要落实到采购计划，生产资金要落实到生产作业计划，成品资金要落实到销售计划，等等。只有这样，才能保证流动资金计划的贯彻执行，才能有计划地使用资金。

流动资金的使用，必须严格执行国家的有关规定。工业企业的流动资金只能用于产品的生产过程和流通过程，不能挪用基本建设和其他财政性的开支。工业企业必须严格遵守结算纪律，不拖欠货款和到期的贷款，不侵占应当上缴的款项。只有这样，才能保证流动资金得到合理的使用。

（三）要正确核算和分析流动资金的使用情况，采取有效的措施，加速流动资金周转

对流动资金使用情况进行全面的核算和分析，能够及时地发现问题，有利于采取措施改进工作。为了做到这一点，首先要有准确的物资管理的原始资料，要有健全的账簿、表册，记录和反映流动资金的增减变化和使用情况。账目要记得清清楚楚，如实反映资金使用中存在的问题。财务部门的金额账应当同供销部门和仓库的实物账经常核对，避免脱节。

在正确组织流动资金核算的同时，必须对流动资金的使用情况进行全面的检查和分析。要分析流动资金周转率计划的完成情况，检查银行贷款指标是否超过，有没有挪用流动资金和拖欠货款、贷款、财政款项的情况，以及是否保证了流动资金的完整无缺，等等。

流动资金周转率，是反映工业企业流动资金管理工作质量的综合指标。因此检查和分析流动资金的使用情况，必须好好分析流动资金周转率的完成情况。工业企业的流动资金周转率，既要按全部流动资金计算，又要按定额流动资金计算，以便和计划规定的资金周转指标进行比较。在分析流动资金周转率指标的同时，还必须对流动资金的各个项目、各种主要物资的储存占用情况进行具体分析，以便发现流动资金使用中存在的问题和进一步加速资金周转的潜力。

对流动资金使用情况进行核算和分析的目的，是要采取措施加速流动资金的周转，提高流动资金运用的效果。在社会主义工业企业里，加速流

动资金周转的方法是很多的。主要的有以下几个方面：

（1）改进物资供应工作，尽可能组织就地、近地的供应，以便缩短运输距离，减少物资储备，降低采购费用；

（2）做到合理储备，及时处理超额储备和呆滞物资，避免积压资金；

（3）改进仓库管理工作，尽可能缩短原料、材料的卸货、验收、入库的时间和生产前准备所需要的时间，杜绝保管过程中物资的损失和浪费；

（4）节约使用原料、材料、燃料，降低物资消耗，并且根据需要和可能，积极采取合理的材料代用措施；

（5）提高劳动生产率，改进劳动组织和生产组织，缩短生产周期；

（6）组织有节奏的生产，保证成套地生产产品，加速成品入库、包装、发运等工作；

（7）订好销售合同，密切产销关系，改进结算工作，保证产品尽可能快地销售出去，并且及时收回货款；

如此等等。

每个工业企业，都应当根据自己的具体情况，针对流动资金管理中存在的问题，采取切实的措施，加速流动资金的周转。

四　要做好流动资金的归口管理和综合平衡工作

管理流动资金，不仅是财务部门的事情，而且要依靠各个职能部门和各个车间的共同努力才能做好。在厂部的统一领导和统一计划下，实行流动资金的归口管理，是组织企业各个职能部门共同管理流动资金的一个好办法。

实行流动资金的归口管理，就是在厂部统一集中的领导下，确定先进的、合理的、切实可行的流动资金定额，然后，把各个环节的流动资金定额分别交给各职能部门负责掌握和控制。例如，可以由企业的物资供应部门负责掌握和控制储备资金，以保证在组织各种物资的供应工作的时候，严格执行储备定额，不超额储备，不多占用流动资金，在一旦发生超额储备的时候，能主动地提出处理意见，使企业储备物资所占用的流动资金经常保持在国家核准的范围之内。也可以由生产计划部门负责管理生产资金，销售部门负责管理成品资金，等等。在实行流动资金的归口管理时，企业财务部门负责资金的全面综合管理和平衡调度工作，对于各部门流动资金的使用，要经常进行指导、协助、检查和监督。

第四节 专用基金的管理

工业企业为了进行生产，除了需要一定的固定资金和流动资金以外，还需要一些用以满足企业特殊需要的基金。例如，为了实现技术组织措施，进行新产品试制，需要有一定的基金；为了改善职工的生活而需要采取的各种文化福利设施，为了奖励先进生产者和先进的集体，也都需要有一定的基金，等等。这些基金，通常叫做专用基金或者特种基金。对于工业企业的专用基金，也必须进行很好的管理，保证它得到合理的、节约的使用。

工业企业的专用基金，一般来说，主要有以下几种：

（1）国家按计划拨给工业企业用于技术组织措施、新产品试制、劳动安全保护设施和零星固定资产购置的专款，也就是通常所说的四项费用。

（2）工业企业在完成国家计划以后，按照一定的比例，从计划利润和超计划利润中提取的奖励基金。

（3）工业企业在固定资产折旧中摊提的大修理基金。

（4）工业企业按照规定比例提取的工资附加费。

下面，分别说一说这几种主要专用基金的管理。

一 技术组织措施、新产品试制、劳动安全保护措施和零星固定资产购置等四项费用的管理

要管理好工业企业的"四项费用"，必须注意以下几个问题：

（一）要按现行规定的范围使用"四项费用"

工业企业的"四项费用"，按照规定有一定的使用范围。技术组织措施费，主要是用于采取技术组织措施添置小量的固定资产所需的费用；新产品试制费，是企业为试制国家批准试制的新产品需要添置固定资产所需的资金和一部分试制费用；劳动安全保护费，是用于改善劳动条件，防止工伤事故、预防职业病和职业中毒等的措施，需要增添一部分固定资产的专款；零星固定资产购置费，是指在上述三方面的专款之外，企业用来添置必要的零星小量固定资产的费用。工业企业必须按照这些范围来使用"四项费用"，不能把"四项费用"用于基本建设，也不允许把属于"四项费用"的项目，或者把"四项费用"的超支部分挤入生产成本，也不能把应当在"四项费用"开支的挤入基本建设。只有这样，才能够既保证属于"四项费用"开支范围的需要，又不致妨碍企业基本建设的管理和产品成本的管理。

（二）使用"四项费用"必须有具体的计划

工业企业的"四项费用"，是由国家按计划拨给的。工业企业应当根据上级行政主管机关颁发的控制指标编制"四项费用"计划，呈报上级主管机关审批。企业在编制"四项费用"计划的时候，不能只考虑需要，同时要考虑国家财力、物力的可能，应当在国家下达的指标之内，权衡轻重缓急，节约使用。企业的"四项费用"计划经过批准以后，企业的财务部门要督促企业有关部门严格按照计划执行。

（三）要注意"四项费用"的经济效果

企业的财务部门不仅要督促"四项费用"计划的具体执行，而且要充分注意"四项费用"的经济效果，要及时了解新措施是否达到预期的经济效果，如果达不到，应当会同有关部门，立即进行研究，分析其原因，采取进一步改进的措施。

企业还必须定期向上级主管机关报告"四项费用"的使用情况和收效情况。

二　企业奖励基金的管理

企业奖励基金，是工业企业在全面完成国家计划任务以后，根据完成任务的情况，按照一定的比例，在企业利润中提取的。企业提取的奖励基金只能用于：（1）发给先进工作者和先进集体的奖金和社会主义劳动竞赛奖金；（2）对困难职工进行临时补助；（3）改善职工物质文化生活的各种福利设施。工业企业应当按照规定的比例和程序提取企业奖励基金，不能自行提高提取的比例或者在年度、季度终了以前提取。企业奖励基金的使用，应当编制计划，应当根据节约的原则，把奖金用在职工生活福利最需要的地方上去。计划制定好了以后，要提请职工代表大会讨论决定执行，并且要按照规定编制决算报告，定期向职工群众公布，接受职工群众的监督。

三 工资附加费的管理

工业企业的工资附加费，是根据企业全部在册人员工资总额的一定比例提取的。它主要用于医药卫生补助、福利补助费、企业直接支付的劳动保险金、工会经费和企业直接支付的劳保费用，等等。其中，工会经费和劳动保险金，是交给工会掌握使用的；福利补助金和医药卫生补助金，是由企业自己掌握使用的；至于企业直接支付的劳保费用，是按实际发生数直接计入产品成本的。实际上，它已经不是企业专用基金了。因此，企业的财务会计部门除了协助工会管好用好劳动保险金和工会经费以外，应当着重管好用好福利补助金和医药卫生补助金。对于福利补助金的开支，应当做出计划。要精打细算，节约使用。医药卫生补助金，主要是用于职工的疾病预防和治疗费用，以及职工家属的一部分治疗费用。为了加强管理，防止浪费，企业应当经常整理职工劳保卡片，审查享受半费治疗待遇的职工家属名单。职工外出就医，应当有一定的手续。使用药物要注意疗效，防止浪费。

关于大修理基金的管理，在"固定资金管理"一节中已经说过，这里不再重复。

第五节　企业盈利

企业盈利，是工业企业的销售收入扣除成本以后的余额。它是企业所创造的剩余产品的货币表现。企业盈利是社会主义资金积累的主要源泉。我们国家的财政收入，绝大部分来自国营企业缴纳的税收和利润。因此，企业盈利问题，是直接关系到社会主义建设发展的规模和速度的一个重要问题。每一个社会主义工业企业，都应当在国家的统一计划下，努力增加盈利，扩大社会主义积累。这是企业的主要任务之一。少数经过国家批准的在一定时期内需要补贴的工业企业，也必须精打细算，力求减少补贴，并且争取尽早地变为盈利的企业。

企业盈利，也是反映工业企业生产经营活动质量的一个重要指标。它对于促进企业改善经营管理，提高工作水平，有重要的作用。如果企业生产的产品越多、越好、越符合社会的需要，在生产和销售产品的过程中，劳动的消耗越少，物资的使用越节约，产品的成本越低，企业的利润就越多，反之，企业的利润就会减少。因此，在国家的集中领导和统一计划下，努力增加企业盈利，就可以促使企业精确地计算劳动消耗和生产成果，充分发掘生产潜力，努力改善经营管理工作。

社会主义的工业企业，在任何时候都应当重视企业盈利，而不应当忽视企业盈利。在国家的统一计划下，为国家增加盈利，为社会主义积累资金，这是每个工业企业的光荣职责。大手大脚、铺张浪费，不能完成国家规定的上缴利润的任务，甚至发生亏损，这在社会主义工业企业里是不能允许的。

但是，社会主义工业企业讲究盈利同资本主义企业是根本不同的。这一点在前面已经反复说过了。这里不再重复。

社会主义工业企业，为了能够增加盈利，很好地完成国家规定的上缴利润任务，必须做好利润的计划工作和分配工作。

工业企业的利润计划，要规定企业计划期的利润总额以及产品销售利润和利润率等指标。工业企业的利润总额，是由企业的生产利润和营业外收益两个部分组成的。工业企业的生产利润，又可以分为产品销售利润和其他销售利润两个部分。产品销售利润是指企业出售自制成品、半成品和对外提供工业性作业所取得的利润；其他销售利润则是企业出售多余的材料、包装物和对外提供非工业性作业等所取得的。营业外收益是指与企业的工业生产无关的盈余。例如，利息收入超过支出的数额；暂时出借给其他企业单位使用的固定资产所得的租金收入，等等。在工业企业的利润总额中，产品销售利润是最基本的部分，它是工业企业生产经营活动的主要财务成果。编制利润计划，最主要的就是要确定产品销售利润的绝对额和利润率指标（包括成本利润率和资金利润率）。

在产品品种比较单一的工业企业里，产品销售利润指标可以用直接计算法来确定。这就是：先按各种产品的销售价格和成本分别计算利润，然后加以汇总。计算公式如下：

产品销售利润 = 产品销售收入 − 产品销售成本 − 应纳税金

这种计算利润的方法比较简单，并且可以分析每种产品的利润水平。但是，采取这种方法，要求有计划期应销产品的品种、成本、税金和价格等资料，如果企业的产品品种比较多，用这种方法来计算利润，工作量就很大。所以，在多品种产品生产或者不具备上述这些资料的工业企业里，一般采取分析计算法来确定利润指标。

分析计算法是按可比产品和不可比产品分别计算利润，然后汇总。可比产品的利润，是以上一年利润率的水平为基数，然后考虑计划期有关因素的变动来确定的。它的具体步骤是：

（1）确定上一年度的实际成本利润率；

（2）根据上年实际成本利润率和计划期的可比产品产量的增长情况计算利润；

（3）根据计划期内可比产品成本降低的情况以及品种改变、价格和税率的变动等因素，修正上面计算的结果；

（4）计算期初、期末可比产品库存量的变化，确定计划期可比产品的生产量和销售量的差异，并依此对计算出来的利润再进行调整。

不可比产品的利润计划，可以直接根据这些产品的销售数量、成本和销售价格进行计算。

上述两部分产品利润的总和，就构成工业企业产品销售利润总额。确定了产品销售利润额以后，就可以进一步计算计划期的成本利润率和资金利润率。

工业企业编制利润计划的过程，就是发动群众积极寻求增加盈利的途径的过程。在社会主义工业企业里，增加企业盈利的途径是很多的。一般说来，主要有以下几个方面：

第一，增加生产。工业企业产品产量的增加，不仅可以增加产品销售的数量，增加销售收入，而且可以相对地节约固定费用，降低单位产品成本，从而增加企业的盈利。

第二，改进产品品种、花色。工业企业的产品品种、花色越是符合社会的需要，销路就越广阔，企业也就有可能更迅速地实现产品销售利润。在生产多品种产品的工业企业里，各种产品的利润水平往往是不同的。有的产品利润水平比较高，有的产品利润水平比较低，因此，产品品种的变动也会影响企业的利润水平。但是，社会主义工业企业的产品品种是由国家计划规定的，工业企业一定要按照国家规定的品种进行生产，绝不能够为了多获利润，而破坏国家规定的品种计划。

第三，提高产品质量。提高产品质量，减少和消灭废品损失，是降低产品成本的一个重要途径。同时，在国家实行按质论价的价格政策下，用同样的人力、物力，生产的产品质量越高，企业的盈利就越多；反之，企业盈利就越少。

第四，降低产品成本。这是工业企业增加盈利的最根本的途径。在产品价格不变的条件下，成本越低，盈利就越多。社会主义工业企业的产品品种、质量和数量都是国家统一规定的，工业企业在全面完成国家规定的产品品种、质量和数量的同时，只有尽可能地节约人力和物资，不断降低成本，才能够有效地增加盈利，为国家积累更多的资金。

在社会主义工业企业里，增加盈利有十分有利的条件。财务部门必须在厂部的统一领导下，充分发动群众，从各个方面发掘潜力，努力提高企业的盈利水平。

社会主义工业企业所实现的利润，是属于全体劳动人民所有的。它必须按照国家的规定进行分配。除了按照一定的比例扣除应当提取的企业奖励基金以外，工业企业的绝大部分利润都要上缴国家，由国家集中支配，统一使用。每个工业企业都应当按期地如数地完成国家规定的上缴利润任务，不能拖欠，不能把应当上缴国家的利润挪做别用。工业企业的财务部门要对企业完成国家规定的上缴利润任务进行监督。

第六节　财务计划的编制和组织执行

上面分节说明了工业企业财务管理的几个主要内容。这些内容都是相互联系的。它们同企业的生产技术活动的关系也非常密切。为了把工业企业的财务活动有效地组织起来，为发展企业的生产服务，就必须很好地编制财务计划，并且认真地组织执行财务计划。

社会主义工业企业的财务计划，是企业进行日常财务管理、实行财务监督的依据，也是国家对企业实行财政监督的重要工具。它对于促进企业改善经营管理，实行全面的经济核算，有重要的作用。

工业企业的财务计划是企业生产技术财务计划的一个有机的组成部分。它用货币形式综合反映着其他各种计划的结果，同时，又对其他各种计划的编制和执行起积极的促进作用。企业财务计划的主要内容是：固定资产折旧计划、定额流动资金计划、销售利润计划、预算外资金（包括企业奖励基金、大修理基金和工资附加费等）收支计划和财务收支计划总表。前面四个部分，我们在以上有关的章节中已经说过，这里只说一说财务收支计划总表。

财务收支计划总表是工业企业财务计划的汇总表。它集中反映着企业在计划年度内各种资金的来源和运用情况；反映着企业经营的财务成果，以及企业与国家预算之间的拨款和交款的关系。财务收支计划是由以下四个部分组成的。即：预算收入和预算支出，预算外资金收入和预算外资金支出。它所反映的经济内容，主要是企业固定资金的动态、流动资金的需要与来源、企业的利润和利润分配、"四项费用"和其他事业费的支出与资金来源等。财务收支计划总表的格式（见表 25 – 1）如下：

财务收支计划总表中的各个项目，是根据财务计划中其他各个部分的计划和有关的财务指标确定的，因此它同财务计划的各个部分都有密切的联系。

工业企业财务计划的编制，要体现企业各项计划的积极因素，并且必须建立在供产销平衡的基础上。在编制财务计划的过程中，必须考虑到生

表 25 – 1　　　　　　　　　　　财务收支计划总表

收方				付方			单位：元
顺序号	项　目	上年预计完成	本年计划	顺序号	项　目	上年预计完成	本年计划
1	2	3	4	1	2	3	4
1	本年利润			1	四项费用		
2	补缴上年利润			2	其中：新产品试制费		
3	销售税金			3	技术组织措施费		
4	基本折旧基金			4	本年四项费用结余		
5	提存大修理基金			5	流动资金不足额		
6	上年结转大修理基金			6	计划亏损		
7	固定资产变价收入			7	应提企业奖金		
8	多余流动资金			8	大修理支出		
9	上年结转四项费用结余			9	本年大修理基金结余		
10	其中：新产品试制费结余			10	工资附加费支出		
11	技术组织措施费结余			11	其中：企业直接支付的劳动保险费用		
12	提存工资附加费			12			
13	上年结转工资附加费结余			13	本年工资附加费结余		
14				14			
15				15			
16	收入合计			16	支出合计		
17	预算拨款			17	预算缴款		
18	四项费用拨款			18	解缴税金		
19	增拨流动资金			19	解缴利润		
20				20	解缴基本折旧基金		
21				21	解缴固定资产变价收入		
22				22	解缴多余流动资金		
23	收入总计			23	支出总计		

产计划、供应计划和销售计划的平衡，考虑到物资和资金的供应能否保证生产的需要；必须考虑到计划期内企业产销增长情况与成本降低情况、利润增长情况是否相适应；必须考虑到生产增长与流动资金定额增长以及资金周转速度的加快是否相适应；还要考虑到企业的基本建设、技术组织措施、新产品试制等与企业的生产、财务状况是否相适应，等等。只有同企业生产技术财务计划的各个部分密切联系起来编制财务计划，进行多方面的、反复的、精确的平衡计算，才能保证工业企业制定的财务计划有切实可靠的基础，使财务指标达到先进合理的水平。

要搞好工业企业的财务管理，不仅需要编制一个好的财务计划。而且必须认真地组织和执行财务计划。在这个方面，主要应当做好以下几个方面的工作：

一　要在正确编制年度财务计划的基础上，制定季度财务计划和月度财务收支计划，使财务计划进一步具体化，成为具体指导企业日常财务活动的依据

季度财务计划是年度财务计划的具体化。它可以根据企业各个季度生产、供应和销售的具体情况，安排资金运用和财务成果的指标，使财务计划同生产计划、供应计划和销售计划更紧密的结合起来，因而有利于财务计划的具体执行。

月度财务收支计划，又是季度财务计划的具体化。通过月度财务收支计划，可以具体地组织企业日常的财务活动，平衡货币收支，合理调度资金，以便保证企业进行生产所需要的资金和完成各项上缴任务。同时，月度财务收支计划中所规定的收支指标，又可以作为企业财务部门对其他有关部门的工作进行财务监督的依据。

二　要对货币收支进行日常监督，保证贯彻执行财务计划

工业企业的日常财务活动，主要是货币的收入和支出。控制企业的货币收支，是促使企业实现财务计划所规定的各项任务的重要条件。例如，通过对商品销售价款和材料采购价款结算工作的监督，可以督促企业认真执行结算纪律，努力改善财务状况，及时完成加速资金周转和上缴利润、折旧及税金的任务，等等。

三 要对财务计划的执行情况定期进行检查和分析，及时发现和解决执行计划中存在的问题

对工业企业财务计划的执行情况，应当进行全面的分析。在流动资金方面，要根据企业生产、供应和销售计划的完成情况，检查和分析流动资金的运用是否合理，找出流动资金管理中存在的问题，并提出进一步改进流动资金运用状况的意见和措施；在固定资金方面，除了要分析固定资金的增减变化以外，还要对设备的利用情况、基本折旧基金的提存和上缴情况、大修理基金的提存和运用情况进行分析，找出进一步改善固定资金利用的途径；在企业盈利方面，要分析企业利润计划的完成情况，分析企业的利润是怎样取得的，是否符合国家的政策，应当检查企业是否及时完成了上缴利润任务，并且，要寻求进一步提高企业盈利的途径。

工业企业对财务计划执行情况的分析，应当定期地有系统的进行。在年度和季度终了时，要对年度和季度财务计划的执行情况，进行全面的检查分析；每到月末，应当根据月度财务收支计划中的主要指标进行重点的检查。

表 25－2　　　　　　　　　资　金　平　衡　表

表式单位

资　金　运　用	年初数	期末数	资　金　来　源	年初数	期末数
一　固定资产： 固定资产原价 减固定资产折旧			一　国家基金 　1. 固定基金 　2. 流动资金		
固定资产净值 二　定额流动资产： 　1. 原料及主要材料 　2. 辅助材料 　3. 燃料　　　　　定额 　4. 包装物 　5. 修理用备件 　6. 低值易耗品			合　计 抵充流动资金的定额 负债定额： 二　定额流动资产 　银行借款： 　1. 超定额借款 合　计 三　其他银行借款：	计划数	

资　金　运　用		年初数	期末数	资　金　来　源		年初数	期末数
1—6 项小计				1. 结算借款			
其中：在途材料				2. 特种借款			
7. 工业在制品及 　自制半成品	×			合　计			
8. 待摊费用				四　基本折旧基金：			
7—8 项小计				本年提取数			
9. 产成品				加：年初欠缴数			
10. 外购商品				减：已缴数			
9—10 项小计				期末欠缴数			
11.				五　固定资产变价收入：			
12.				本年发生的固定资产 变价收入			
合　计				加：年初欠缴数			
三　货币资金：				减：已缴数			
1. 库存现金				期末欠缴数			
2. 银行结算户存款				六　利润：			
3. 其他货币资金				本年实现利润（亏损以（一） 号表示）			
合　计				加：年初欠缴数			
四　发出商品：				减：已提企业奖励基 　金及已缴利润数			
1. 已办理托收手续的发出商品				期末欠缴数			
2. 购买单位拒绝承付的发出 　商品				七　清算负债：			
合　计				1. 应付供应单位款			
五　清算资产：				2. 其他应付款			
1. 应收购买单位款				合　计			
2. 其他应收款				合　计			
合　计				八　待处理财产盘盈			
六　待处理财产盘亏和毁损：				1. 固定资产			
1. 固定资产				2. 流动资产			
2. 流动资产							

续表

资 金 运 用	年初数	期末数	资 金 来 源	年初数	期末数
合 计			合 计		
七 专用基金资产：			九 专用基金：		
1. 大修理银行存款			1. 大修理基金		
2. 四项费用银行存款			2. 四项费用拨款		
3. 企业基金银行存款			3. 企业基金		
4. 大修理储备物资					
5. 四项费用储备物资					
6. 大修理未完工程					
7. 四项费用未完工程					
合 计			合 计		
总 计			总 计		

工业企业在分析企业财务计划执行情况的时候，要很好地利用财务报表，特别是要很好地利用"资金平衡表"。"资金平衡表"，是企业最主要的会计报表。它以货币形式总括地反映企业在一定时期全部资金来源和资金运用的情况。至于其他财务报表，对"资金平衡表"来说，则具有明细和补充说明的作用。

第七节 财务管理的组织机构和责任制度

工业企业的财务管理工作，是一件十分复杂和细致的工作。没有健全的财务管理机构和财务管理方面的责任制度，是不可能做好财务管理工作的。

每个工业企业，都应当建立财务工作机构，企业内部的各个车间和有关的部门，也要根据工作需要设置财务工作机构或者配备专职的财务人员，专门负责有关财务管理的各项工作。有些企业把财务部门和供销部门合并，使掌握资金和管理材料的工作集中在一个部门，这种做法不能够有效地监督流动资金的合理使用，容易造成物资积压，对生产不利。

工业企业必须根据精简的原则，配备财务部门的干部，并且使财务人员稳定下来，给他们顺利地进行工作创造良好的条件。同时，应当加强对财务人员的思想教育，积极帮助财务人员提高思想政治水平和业务水平。

每个工业企业，都应当建立严格的财务责任制。要明确规定财务部门和财务会计人员的职责，并且赋予他们相应的职权。一般来说，企业的财务会计人员应当具有如下一些职责：

（1）切实做好记账、算账、对账、报账工作；

（2）通过会计工作，严格执行国家批准的计划和预算；

（3）严格执行国家规定的信贷、结算和现金管理等制度；

（4）通过会计工作，保护国家财产不受损失；

（5）按时检查分析本单位的经济活动和财务收支情况，向上级报告；

（6）向上级部门派来的查账人员，提供资料，答复各项问题；

（7）会同本单位的有关部门，组织职工群众参加经济核算工作，促进增产节约措施的实现；

（8）财务人员调动工作，必须负责办理交接手续。

为了使财务人员能够正确地履行自己的职责，必须赋予财务人员如下一些权限：

（1）财务人员有权要求本单位的有关人员，正确地执行国家批准的计划、预算和各项财务会计制度，并且按照会计手续办事；

（2）财务人员有权参与本单位各项有关的计划、预算和定额的制定；

（3）财务人员有权监督本单位财产物资的调拨；

（4）财务人员有权要求本单位有关人员提供资金和物资使用情况的资料；

（5）财务人员有权检查本单位各有关部门的凭证和账目，对于检查中发现的问题，有权查明原因，报请本单位负责人和上级机关处理；

（6）财务人员对于违反国家计划和国家财政纪律的事项，有权拒绝付款、拒绝报销或者拒绝执行。

财务人员在行使自己的权限时，如果与企业领导人的意见不一致，应当一面依照领导人的决定执行，一面向上级机关和财政部门反映。但是属于明显违反国家财经纪律的，财务人员必须坚决拒绝执行，并向上级机关报告。

为了加强企业的财务管理工作，凡是有条件的工业企业，都要在厂长领导下，设立总会计师，实行总会计师制度。没有条件设置总会计师的企业和小型企业，可以先设置副总会计师或者指定专人行使总会计师的职权。

工业企业的总会计师在厂长领导下，对企业财务管理和经济核算工作负全部责任。他直接领导企业的财务会计机构，并且在业务上指导全厂各部门、各车间有关经济核算和财务管理机构的工作。根据企业实际工作的需要，总会计师可以配备必要的助手，协助总会计师办理日常工作。

工业企业总会计师在厂长领导下，履行下列职责：

（1）组织、推动企业有关部门实行经济核算，加强财务管理和会计监督，协同有关部门建立、健全企业经济核算和财务、会计制度（包括财务管理、资金管理、成本管理、定额管理、会计核算、经济活动分析等方面的制度），并监督其贯彻执行。协助厂长建立、健全企业各部门、各级的经济责任制，使企业的各项经济核算和财务会计工作都有明确的分工和专人负责。

（2）协助有关副厂长和总工程师，组织有关部门，计算和审查向上级提供的产品方案、生产规模方案以及产品设计、技术措施的经济效果，并对这些方案、措施的经济效果的实现情况进行检查。

（3）组织有关部门提出企业财务成本计划、产品的定价和调价方案，参与审查企业的生产技术财务计划、增产节约方案，以保证各项计划、措施的相互协调、相互衔接。

（4）监督本企业认真贯彻国家的有关财务、会计工作方面的政策、法令和财务、会计、信贷、结算等制度，严格执行国家批准的财务、成本计划，促使计划的圆满实现。

（5）监督企业流动资金、工资基金、大修理基金、企业奖励基金以及各项专用拨款的合理使用，保证各项资金的专款专用。根据保证生产和节约资金的原则，组织、监督全厂资金的收支平衡工作，促使企业不断地挖掘资金潜力，加速资金周转，提高资金的使用效果。

（6）监督企业合理使用财产、物资，严格执行财产、物资的验收、领退、调拨制度和保管制度，组织定期和不定期的财产清查，对于财产物资的超储积压、盘盈盘亏、损失浪费，应当查明原因，提出改进措施。

（7）监督企业严格执行关于成本开支范围和费用划分的规定，正确计算成本、利润，保证成本、利润数字真实可靠。督促有关部门采取各项有效措施，在生产、供应和销售等各个环节上力求节约材料、工资和费用，不断降低成本，增加盈利。

（8）监督有关部门认真按照会计手续和会计制度的规定，做好记账、算账、报账工作，如实地反映企业的经济活动和财务收支情况。

（9）负责组织、推动群众性的经济核算工作，充分发动群众参与有关的经济指标和技术经济定额的制定、修改、考核和评比，促使增产节约措施的实现。

（10）具体组织全厂的经济活动分析工作，健全厂部、车间、小组的经济活动分析制度，协助厂长定期召开经济活动分析会议，协同有关副厂长组织有关部门对各项计划、措施的执行情况进行全面的或者分项的综合研究和分析比较，找差距、挖潜力，不断地提高企业的经营管理水平。

为了使总会计师能够正确地履行自己的职责，必须保证总会计师的相应的权限。总会计师的权限如下：

（1）企业内部各职能科室、各车间在经济核算和财务会计工作上，必须服从总会计师的统一组织和业务领导。企业有关经济核算、财务管理和会计核算等方面的一般业务性制度、办法，应当由总会计师审查批准。带有重要原则问题的制度、办法，应当由总会计师审查后，提交厂长或者厂务会议决定。

（2）企业上报的财务成本计划、银行贷款计划、产品定价和调价方案、会计报表，都应当由总会计师签署或者会签。对外签订的重要经济合同，应当抄送总会计师一份。

（3）对于企业各有关部门提出的不符合经济核算原则和国家制度规

定的各种计划、方案、措施、合同，总会计师有权向有关部门提出意见。对于任何人违反财经政策、法令、制度，不执行国家计划、预算，不遵守财政纪律，弄虚作假、营私舞弊、欺骗上级等违法乱纪行为，总会计师有权进行检查并加以制止，制止无效时，除及时向厂长报告外，并有权越级上报。

（4）企业财务会计人员的任免，必须先征求总会计师的意见。财务会计主管人员或者财产物资主管人员调动工作办理交接时，应当由总会计师或者由总会计师指定人员监交。

（5）对于切实遵守经济核算原则，认真执行计划、预算和财务会计制度，取得显著成绩的单位和人员，以及对于不讲求经济核算，有意违反财经纪律和财务会计制度，不执行计划、预算，因而使工作遭受损失的单位和人员，总会计师有权提出意见，报厂长或者厂务会议决定后，分别给予应有的奖励或者处分。

工业企业以总会计师为首的财务工作人员，应当恪尽职守，很好地履行自己的职权。在工作过程中，财务工作人员必须依靠党的领导，依靠群众，认真贯彻群众路线；必须深入实际，做好深入细致的调查研究工作，真正起到作为企业负责人的助手的作用；必须关心企业的全面工作，注意加强企业的经济工作同生产、技术工作之间的配合；必须注意做好财务工作的业务建设工作，做到账卡相符、账实相符、账账相符；必须以身作则，一丝不苟地坚持原则、坚持制度，和各种违反政策、违反财政纪律的现象作斗争。工业企业的各级行政负责人，应当重视财务工作，督促和支持财务人员履行自己的职责。财务人员做得对的，应当给予积极的支持；做得不对的，应当及时帮助改正；失职的，应当给予批评教育。凡是工作积极负责、很好地完成了任务的财务人员，应当给予表扬或者奖励；凡是工作不负责任、没有完成任务的财务人员，应当给予批评或者处分。只有这样，才能很好地贯彻财务工作的责任制度，调动广大财务工作人员的积极性，做好财务管理工作。

第二十六章
社会主义工业企业的技术组织措施

前面各章叙述了社会主义工业企业的计划、技术、劳动、供销和财务等各个方面的管理工作。这些管理工作，是相互联系地进行的。在进行这些工作的时候，不仅要有指标、有要求，而且还要有相应的技术组织措施来保证。工业企业的各项技术组织措施，是实现各种计划指标的保证。从编制计划的程序上来说，工业企业在编制生产计划和其他各项计划以前，首先需要编制技术组织措施计划。但是，工业企业的技术组织措施的内容，涉及前述管理工作的各个方面。因此，为了叙述的方便，我们把有关技术组织措施方面的问题，放在这一章，即在讨论了工业企业各项专业管理工作的问题以后，再来加以讨论。这一章，分以下三节来说：

一、技术组织措施的作用；

二、技术组织措施计划的编制和执行；

三、技术组织措施经济效果的评定。

第一节　技术组织措施的作用

任何一个社会主义工业企业，为了多快好省地完成和超额完成国家计划，都需要采取一系列的正确的完成任务的具体方法。毛泽东同志早就说过：我们不但要提出任务，而且要解决完成任务的方法问题。我们的任务是过河，但是没有桥或没有船就不能过。不解决桥或船的问题，过河就是一句空话①。社会主义工业企业的技术组织措施，就是企业为了克服薄弱环节，发掘内部潜力，保证完成国家任务所采取的一些有效的方法。它正像过河的桥和船一样，是工业企业实现国家计划所不可缺少的重要工具。

在工业企业生产经营活动的各个方面，凡是能够挖掘潜力的地方，都需要采取相应的技术组织措施。因此，技术组织措施的内容是很广泛的。它包括生产技术方面的改进，例如，改进机器设备，改进工具，改进工艺方法和产品设计，等等；也包括生产组织和管理工作方面的改进，例如，改进生产过程的组织工作，改进劳动组织，改善劳动条件，改革不合理的规章制度，等等。这些技术组织措施，来源是多种多样的。有的来自工业企业的技术改造规划，有的来自上级行政主管机关的指示，也有的来自专业的科学研究机构的研究成果或兄弟厂矿的先进经验，等等。但是，工业企业技术组织措施的最主要的来源，是广大职工群众提出的各种合理化建议和技术革新的方案。工业企业在制定和实现各种技术组织措施的时候，必须广泛地发动群众进行技术革新，提合理化建议，并且把技术上的改进和组织上的改进结合起来。这样，技术组织措施才能发挥更大的作用。

那么，在工业企业里，技术组织措施的作用，具体地表现在哪些方面呢？

一　克服生产技术上的薄弱环节，保证完成和超额完成国家计划

工业企业生产技术的发展是不平衡的。经常会在这个方面或者那个方面存在薄弱环节。有的时候，这种或者那种生产设备的能力感到不足；有的时候，维修、运输等辅助生产的力量不能满足基本生产的需要；有的时候，生产技术准备工作不能适应生产的发展，如此等等。为了充分挖掘生产潜力，保证完成国家计划，企业必须及时地克服这些薄弱环节。而技术组织措施，正是克服生产技术上的薄弱环节的有力手段。

工业企业在根据国家下达的控制数字，编制生产技术财务计划的时

---

① 毛泽东：《关心群众生活，注意工作方法》，《毛泽东选集》第一卷，人民出版社 1991 年第 2 版，第 139 页。

候，必然会碰到这样或者那样的薄弱环节，需要在进行各种计划的综合平衡的过程中，制定出各种有效的技术组织措施，加以克服。这些措施，就是工业企业技术组织措施计划的内容。技术组织措施计划，是生产技术财务计划的一个有机的组成部分，同时也是确定企业各项计划指标的一种重要的依据。要实现生产技术财务计划中规定的各项指标，就必须很好地贯彻执行技术组织措施计划。

不仅如此。工业企业在执行计划的过程中，还会不断地出现新的薄弱环节，也会不断地出现新的潜在力量。这就要求工业企业不断补充和采用新的技术组织措施。只有这样，才能保证各项计划指标的完成和超额完成。

二 巩固和推广技术革新成果，不断提高工业企业的生产技术水平

工业企业中的技术革新，是经常不断地出现的。这些技术革新项目，是技术组织措施的重要来源。把职工群众的发明、创造、技术革新，经过科学实验、鉴定，确实成功的，纳入技术组织措施计划，有领导、有计划地加以实施和推行，这对于调动广大职工的积极性和创造性，巩固和扩大技术革新的成果，不断地提高工业企业的生产技术水平，有极重要的作用。

三 改善劳动条件，保证安全生产

随着工业企业生产的发展，企业的安全设施和劳动条件也要不断的改进。工业企业根据需要，采取和实现各种安全技术措施，对于不断改善劳动条件、劳动环境，改善安全卫生，保证安全生产，也有重要的作用。

四 改进企业管理，厉行节约，不断地提高企业经营的经济效果

工业企业在改进生产技术的同时，还必须采取有效的措施，改进各项经营管理工作。通过技术组织措施，可以促使企业进一步地节约人力和物力消耗，节约管理费用，提高企业管理水平，提高经济效果。

第二节 技术组织措施计划的编制和执行

工业企业的技术组织措施，同生产经营活动的各个方面都有密切的联系。为了充分发挥技术组织措施的作用，保证生产协调地发展，必须加强对技术组织措施的计划工作，使技术组织措施所要解决的问题，措施实现的时间和效果，以及实现措施所需要的人力、物力、财力，等等，都密切地和企业生产技术财务计划的各个部分平衡衔接起来。这个要求，是通过正确地编制和执行技术组织措施计划来实现的。

一　技术组织措施计划的编制

技术组织措施计划，是工业企业生产技术财务计划的一个重要组成部分。在技术组织措施计划中，要规定企业在计划期内必须实现的各项技术组织措施，确定这些措施预期达到的效果和对企业完成有关的计划指标的保证程度，还要规定实现这些措施所需要的原料、材料和劳动力，所需要的经费和这些经费的来源，等等（格式见表26－1）。

表 26－1　　　　　　　　　　　技术组织措施计划表

编号	措施的简单内容	采用措施实行的目的（措施实行后的结果）	措施执行地点（车间、工段）	建议人	负责执行者	执行期限		费用		拨款来源	节约额		收回期	附注
						准备工作	推行	支出的总额	其中划入年度成本应摊入计		假定年度的	计算至年终的		
1	2	3	4	5	6	7	8	9	10	11	12	13	14	15

工业企业编制技术组织措施计划的工作，大体上分做三个阶段来进行，即提出措施、审查措施和编制计划草案。

（一）提出措施

正确地提出措施，是编好技术组织措施计划的一个重要环节。为了做到这一点，必须首先明确技术组织措施计划的中心目标，确定挖潜力、提建议和搞革新的主要方向。

那么，工业企业技术组织措施计划的中心目标是什么呢？

工业企业技术组织措施计划的中心目标，应当是企业生产的关键。我们知道，在不同的时期，工业企业生产中存在的问题是不相同的，并且，这些问题当中的关键，也是不相同的。例如，有时产品质量方面存在的问题，可能是企业全面完成计划的关键；有时产品成本或者产品数量方面的问题，可能是全面完成计划的关键，等等。工业企业的技术组织措施计划，一定要抓住不同时期的关键，以解决生产关键问题为中心目标。这样，才能够有效地保证企业计划的全面完成。工业企业在编制技术组织措施计划的时候，应当进行深入的调查研究工作，充分地占有资料，仔细地分析报告期的生产经营活动，分析计划期完成任务的有利条件和存在的困难，发现生产中的潜在力量，找出已经存在的和可能产生的薄弱环节，找出生产关键。在这个基础上，确定出企业在计划期内采取措施的主要方向和具体任务。

技术组织措施计划的主要方向和具体任务明确以后，就要把它们交给群众，放手发动群众针对关键提合理化建议和革新建议。这是保证企业正确提出措施的根本条件。编制技术组织措施计划的整个过程，应当是有领导、有组织地发动广大职工群众挖潜力、提建议、攻关键的过程。经验证明，在这个过程中，生产的关键，措施的方向和目标，应当由企业生产行政领导人员和计划部门提出；各个专业方面的具体措施，应当由各有关职能科室根据企业领导人员指出的生产关键和措施方向，提出规划和方案，然后再有组织、有计划地交由群众讨论和补充。这样，才能真正做到领导和群众相结合，防止漫无边际地提建议，分散群众的力量；才能提出更多更好的技术组织措施。

（二）审查措施

在职工群众提出大量的合理化建议和技术革新方案以后，工业企业必须及时地对这些建议和方案进行审查。审查的目的，是要确定这些建议和方案在技术上是否成熟，在经济上是否合理，并且，要检查这些措施实现以后，能不能保证完成企业生产技术财务计划的各项指标。同时，只有通过审查，才便于企业根据轻重缓急进行合理安排，把有限的人力、物力、财力，集中地用到最需要、最有效的项目上去。

列入技术组织措施计划的建议、方案和措施，必须是经过科学实验并且鉴定合格的。对于那些还没有把握的建议和方案，可以先列入企业的科学研究和科学实验计划，以便组织力量进行研究实验。在实验成功并且鉴定合格以后，再纳入技术组织措施计划，加以实施和推行。至于某些建议，如果已经在同本单位条件类似的单位内行之有效，并且，经过严格审查，估计在本单位实施确有把握的，也可以先行列入计划。但是，在实施以前，仍然需要进行必要的实验和鉴定。

列入技术组织措施计划的建议、方案和措施，在经济上必须是合理的，必须保证企业能够获得良好的经济效果。工业企业应当经过仔细的计算和分析，评定各项措施的经济效果。对于那些虽然技术上已经成熟，但是经济效果不好的措施，不应当列入计划，而必须用能够取得良好经济效果的措施来代替这些措施。

如何计算和分析技术组织措施的经济效果，是一个比较复杂的问题。在第二十六章第三节将要做专门的讨论。

在计算和分析各种措施的效果的基础上，还要综合地计算这些措施对完成各项计划指标的保证程度。如果已经提出的技术组织措施，还不能够充分地保证计划任务的实现，还没有充分地发掘生产中的潜在力量，那么，就应当进一步发动群众，继续提出新的建议、方案和措施。

技术组织措施的审查工作，必须走群众路线，贯彻执行集中领导和分级管理相结合的原则。这项工作，应当在工业企业总工程师的领导下，由计划部门主持，会同有关技术、生产、供应、检验、财务等管理部门和有关车间的技术负责人、老工人等共同来进行。

经过审查以后，对于那些可以列入计划的措施项目，要明确其中哪些是全厂性的措施，哪些是车间或小组（工段）的措施，以便分别纳入各级的技术组织措施计划。

（三）编制计划草案

在对职工提出的各项技术组织措施进行认真审查的基础上，工业企业可以着手编制技术组织措施计划草案。

工业企业的厂部和车间，都应当编制技术组织措施计划，生产小组

（或工段）如果有条件，也可以编制。一般来说，车间和小组的措施计划，只是包括那些本单位力所能及的、在本单位内执行的项目。凡是需要由几个单位共同执行的，或者虽然是由某一个单位执行，但是关系全厂生产关键或需要比较多资金的重要项目，都应当列入全厂性的技术组织措施计划。

分级编制技术组织措施计划，有利于车间和小组根据本单位的计划任务，发动群众挖掘潜力，针对薄弱环节，有计划、有步骤地开展合理化建议和技术革新活动。分级编制技术组织措施计划，还可以保证把职工群众所提出的各种建议和方案，不论大小，只要经过科学实验和鉴定，证明是切实可行和确实有效的，全部纳入计划，并且分级负责地加以实行。这样，一方面可以防止某些小的措施，因为不能纳入全厂的计划而产生无人负责的现象；另一方面，也可以使厂部集中精力，抓好那些关系全厂生产发展和技术进步的重大措施。

技术组织措施计划同工业企业的其他计划一样，应当按年、季、月进行编制。这不仅是因为，编制季度和月度的计划可以将年度计划根据季度和月度的情况进一步具体化，便于贯彻执行，而且也是因为，年度技术组织措施计划只包括企业在编制年度生产技术财务计划时所确定的各项措施，和上年度没有实现而转到计划年度的措施，但是，在整个计划执行过程中，职工群众还会源源不断地提出各种新的措施。编制季度和月度的技术组织措施计划，就可以把这些新的措施及时纳入计划，有组织地加以实现。

工业企业的计划部门，在编制好技术组织措施计划草案以后，应当提交企业党委讨论决定，其中一些重大的技术组织措施项目，还要报请上级行政主管机关批准。

二　技术组织措施计划的组织执行

工业企业的技术组织措施计划经过上级主管部门批准以后，就必须认真地组织执行。在这方面，首先要做好实现各项技术组织措施的准备工作。

为了保证技术组织措施的顺利实现，必须做好多方面的准备工作。例如，物资供应部门，要及早准备好实现措施所需要的材料；技术部门，要准备好实现措施所需要的技术力量，等等。

由于在一个时期内，工业企业需要实现的措施项目往往很多，为了使每一项措施都有充分的准备，都能够顺利地实现，工业企业还必须编制技术组织措施的执行计划，明确地规定每项措施的准备工作的内容、执行单位和完成的期限（格式见表26－2）。

工业企业在组织执行技术组织措施计划的过程中，必须加强经常性的检查，以便掌握措施计划的执行情况，及时发现问题，解决问题。检查措施计划执行情况的工作，应当分别由负责实现各项措施的单位进行。小组（或工段）的措施，由生产小组长（或工段长）负责；车间的措施，由车间主任和计划员负责；全厂的措施，由企业计划部门负责主持检查。对于那些重大技术组织措施的执行情况，企业总工程师应当进行经常的检查。

在组织执行技术组织措施计划的过程中，必须注意做好思想政治工作。因为，列入计划的各项技术组织措施，虽然一般都已经经过了必要的科学实验和鉴定，但是在执行的过程中，难免会遇到一些困难，因此，必须经常教育职工鼓足干劲，克服困难，把敢想敢干的革命精神同实事求是的科学态度很好地结合起来，从而保证措施计划的顺利实现。

第三节　技术组织措施经济效果的评定

工业企业在编制技术组织措施计划的过程中，必须对各项措施所能获得的经济效果，事先做出评定。这样做，有以下三种作用：

第一，判别各项技术组织措施在经济上的合理性，为审查措施的工作提供依据。采取技术组织措施的目的，是为了保证完成和超额完成国家计划，提高企业生产经营活动的经济效果。因此，一项措施是不是应当采用，不仅要看这项措施在技术上是否成熟，而且要看它是否能够有效地改善企业的技术经济指标，带来良好的经济效果。对技术组织措施所能获得的经济效果，做出科学的评价，就可以为我们审查措施是否合理，决定是否采用这些措施，提供重要的依据。

表26－2

实现技术组织措施的执行计划（示例）

措施编号	措施内容	准备工作内容、执行单位和完成期限										措施费用预计（元）	预期效果
		设备的设计		工艺编制		工夹具设计		工夹具制造		材料准备			
		执行单位	完成期限	执行单位	完成日期	执行单位	完成日期	执行单位	完成日期	执行单位	完成日期		
85	手工操作机械化，在M115－98号零件加工上，设计和采用专用研磨设备，代替手工研磨	设备科	5月1日	设备科	6月5日	机修车间技术组	6月15日	工具车间	7月25日	供销科	7月5日	4000	节约7名钳工；提高零件加工质量；减少废品；降低零件成本
101	在第三车间组织丝锥加工的流水生产线	—	—	工艺科和第三车间技术组	2月2日	工艺科工夹具设计组	2月20日	工具车间	3月10日	供销科	2月15日	35000	提高零件加工的效率一倍；降低产品成本；缩短生产周期
	余略												

第二，比较各种不同的措施和方案的经济效果，为选择效果最好的技术组织措施提供依据。在工业企业里，为了解决生产技术和管理工作中的某一个问题，往往可以从不同的角度提出几种不同的措施方案。这些方案，有的效果可能大一些，有的效果可能小一些；也可能各有所长，各有所短。只有通过具体的分析、比较和权衡它们在技术上和经济上的优劣利弊，才能选优去劣，采取一种比较先进、比较合理的技术组织措施方案，或者，取长补短，综合各种方案的优点，产生一种新的更好的方案。

第三，核算全部技术组织措施对企业完成各项计划指标的保证程度，为技术组织措施计划同生产技术财务计划的其他部分进行平衡提供依据。工业企业在计划期内所采取的各种技术组织措施，必须能够保证生产技术财务计划各项指标的实现，为了判明已经提出的各项措施，能否做到这一点，就需要对每项措施所能取得的效果，进行具体的分析和计算，并且，在这个基础上，把影响每项计划指标的所有措施的效果加以汇总，核算它们对于实现计划指标的总的影响。这实际上就是把技术组织措施计划同生产技术财务计划的各个部分进行平衡的过程。通过这种平衡，如果所采取的措施还不足以保证完成任务时，企业就应当进一步提高原有措施的经济效果，或者，再提出新的有效的技术组织措施。

由此可见，正确地评定技术组织措施的经济效果，有很重要的作用。那么，在社会主义工业企业里，应当怎样来正确地评定技术组织措施的经济效果呢？

社会主义工业企业，评定技术组织措施经济效果的出发点，同资本主义工业企业是根本不同的。

在资本主义工业企业里，评价一项技术改进和管理办法改进的出发点是：能否给资本家带来更多的利润。资本家对于改善劳动条件和提高工人物质文化生活的改进方案，是根本不关心的；对于有利于整个社会但是不能给企业带来利润的改进，也是毫无兴趣的。

与资本主义根本相反，在社会主义工业企业里，评价技术组织措施的经济效果，首先必须从整个国民经济的利益出发，在讲求整个国民经济效果的前提下，讲求企业的经济效果。社会主义的工业企业，不仅要注意那些有利于企业发展生产、增加盈利的措施，也要注意那些有利于改善职工劳动条件，保证安全生产，提高职工文化福利的措施；不仅要注意那些能够改善企业的技术经济指标的措施，同时要注意那些虽然不能直接提高企业的经济效果，但却有利于整个国家的措施。例如，有些时候，某些技术组织措施，对于企业本身来说，可能会暂时地提高产品成本，减少企业盈利，但却可以改善产品的使用性能，延长产品的使用寿命，给用户带来方便。像这样一些从国民经济角度来看是有利的措施，企业就应当采用。总之，在社会主义工业企业里，评价技术组织措施的经济效果，必须从全局观点出发，反对片面的盈利观点和本位主义倾向。

当然，这并不是说，社会主义工业企业可以不必关心技术组织措施对于本企业的经济效果。恰恰相反，社会主义工业企业，必须在国家的集中领导和统一计划下，注意本企业的经济效果。这样做，是符合社会整体利益和国家利益的。只有每个工业企业都能认真地讲求经济效果，并且把企业的经济效果服从于国民经济的效果，才能够促进社会主义建设事业多快好省地发展。

在工业企业里，应当从哪些方面来衡量技术组织措施的经济效果呢？

不同的技术组织措施项目，解决的问题是不相同的。对于这些措施的效果，当然要用不同的指标来衡量。我们知道，采取技术组织措施的目的，是为了保证全面完成和超额完成企业的生产技术财务计划。因此，一般来说，衡量技术组织措施经济效果所包括的方面，应当同计划指标所包括的内容一致起来。也就是说，措施的经济效果，应当包括发展品种、提高质量、增加产量、提高劳动生产率、节约原料材料、降低成本、加速流动资金周转等方面。只有这样全面地计算和分析技术组织措施的效果，才能了解整个措施计划对完成计划指标的保证程度。有一种意见认为，技术组织措施的经济效果只是指工时节约、材料节约和降低成本，而不包括其他的许多方面。这种意见，是不全面的。按照这种意见来评价措施的经济效果，就不可能全面地反映技术组织措施的作用，也不可能了解技术组织措施计划对完成各项计划指标的保证程度。

工业企业在评定各项技术组织措施的经济效果的时候，凡是能够通过具体地计算，把措施的效果用数字表现出来的，就应当尽可能进行具体的计算。但是，在不少场合下，技术组织措施的经济效果，往往不能够用数字计算出来，那就应当对措施的效果进行全面的分析，采用文字说明的方式。

目前，在计算技术组织措施的经济效果的时候，在节约物资消耗和降低成本方面，常用的数量指标有两个：假定年度节约额和当年节约额。

假定年度节约额，是指措施实现后每年能够节约的数额。

当年节约额，是指措施实现后在计划年度内所能提供的节约数额。当年节约额又称计划年度节约额。由于实现措施的时间不一定是在年初，所以当年的节约额往往不是全年的节约数额。

假定年度节约额和当年节约额，可以用货币来表现，也可以用实物和工时来表现。用货币表现，可以核算技术组织措施计划中全部措施对完成成本降低任务的保证程度；用实物和工时来计算节约额，可以了解技术组织措施计划对生产技术财务计划其他有关部分的保证程度。

当年节约额所反映的经济效果的大小，是工业企业在计划年度内可拿到手的效果。也就是说，它是直接影响到企业计划年度指标的那一部分。因而，编制生产技术财务计划的时候，主要采用的是这一数量指标。它的计算公式如下：

$$当年节约额 = \frac{在单位产品}{上的节约数} \times \frac{措施实现后到年底}{为止的计划产量}$$

在计算措施对成本降低的影响程度的时候，还要减去由于实现措施所发生的应当分摊到计划年度的费用和损失。

由于当年节约额的计算是为了核算措施计划对完成计划指标的保证程度，因而这一效果数额的大小，不完全取决于措施本身，还取决于措施推行的日期，所以不能利用它作为评定和比较不同措施的经济效果的依据。为此，就要计算假定年度节约额。它的计算公式是：

$$\frac{假定年度}{节约额} = \frac{在单位产品}{上的节约数} \times \frac{措施实现后一年}{内的计划产量}$$

假定年度节约额，还用做计算合理化建议和创造发明奖金的依据。

对于那些实施起来费用比较大或者需要投资的技术组织措施，必须联系实现这些措施的支出和投资来评价经济效果。这样做，便于更好地比较不同措施方案的好坏。回收期便是用来解决这个问题的指标之一。回收期是措施生效后的货币节约额同实现这项措施所需的投资或者费用的比例，它反映收回实现措施所需的费用和投资，所需要的时间。回收期的计算公式如下：

$$回收期 = \frac{实现措施的费用}{假定年度节约额}$$

实现措施的费用，是指在实现措施时发生的一次性费用，如措施的试验费、发给合理化建议者的奖金、购置机器设备的投资和由于贯彻措施后将报废的专用设备尚未摊完的折旧额等。至于由于运用措施而要经常发生的费用，是不包括在内的。

计算出的回收期的长短是否合适，可以从以下几方面来判别：回收期是否超过这种产品的生产期限；回收期是否超过这种装备和设备的使用年限；回收期是否同技术进步的状况相适应，等等。

选择措施的时候，还要考虑到措施实现的速度问题。效果虽然相同，但可以在生产中迅速见效的措施，应当优先采用。

很明显，节约额和回收期，并不是评价一切技术组织措施的效果都适用的。有些技术组织措施的经济效果，不能够用计算它的节约额和回收期来表示，在这种情况下，工业企业就应当根据情况采取其他相应的指标或者用文字说明来表示它们的经济效果。

正确计算技术组织措施的效果，对于落实计划指标、改善企业的生产技术和经营管理，都有很大的关系。因此，这种计算要力求正确。

首先，在计算措施效果的时候，必须采取实事求是的态度，不夸大，不缩小。如果人为地"夸大"或者"缩小"措施效果，就会发生计划指标过高或者过低的现象。

其次，要保证计算措施效果所用的各种原始资料的准确。

再次，要充分估计到措施实现以后对企业生产经营活动中可能发生的某些不利的影响。例如，在机械厂采取精密铸造方法制造零件时，可以节约机械加工能力，提高产量，但却会提高毛坯成本。因而，在计算成本降低的效果的时候，必须扣除这一反面的因素。

最后，也是最重要的，计算措施的经济效果，必须同广大职工群众密切结合，在计算和分析的过程中，必须广泛征求群众的意见，措施的效果评定以后，要及时公布，以便职工群众审查和进一步鼓舞他们的积极性。

第二十七章
社会主义工业企业的思想政治工作

在前面各章中，详细地讨论了社会主义工业企业在计划管理、技术管理、劳动管理、物资供应、产品销售和财务管理等方面的问题。这些，对于办好社会主义工业企业，无疑是很重要的。但是，如果只注意企业管理的各项业务工作，而忽视思想政治工作，那是非常错误的。毛泽东同志教导我们：政治是统帅，是灵魂，是一切工作的生命线。社会主义工业企业要很好地完成自己的任务，就必须依靠党的领导，通过强有力的思想政治工作，使人的思想革命化，使现代化的企业革命化，并且把这项工作放在首要的地位。只有不断地提高广大职工的社会主义觉悟和阶级觉悟，引导职工走革命化的道路，才能使他们经常保持旺盛的革命精神、革命干劲，推动生产多快好省地发展，实现我国社会主义建设的大发展。

这一章，将讨论社会主义工业企业思想政治工作的主要问题。分以下三节来说：

一、社会主义工业企业思想政治工作的根本任务——实现人的革命化、现代化企业的革命化；

二、社会主义工业企业思想政治工作的基本内容；

三、社会主义工业企业思想政治工作的主要方法。

第一节　社会主义工业企业思想政治工作的根本任务
——实现人的革命化、现代化企业的革命化

政治是统帅，是灵魂，是一切工作的生命线，这是马克思列宁主义的一条普遍真理。它是放之四海而皆准的。

列宁曾经说过："政治是经济的集中表现……政治同经济相比不能不占首位。不肯定这一点，就是忘记了马克思主义的最起码的常识。"[①] 他又说："一个阶级如果不从政治上正确地处理问题，就不能维持它的统治，因而也就不能解决它的生产任务。"[②]

毛泽东同志一再地教导我们：政治工作是一切经济工作的生命线[③]。没有正确的政治观点，就等于没有灵魂[④]。

正是根据毛泽东同志的一贯思想，我们党在领导中国革命和建设的过程中，始终坚持政治挂帅的原则。无论在什么时候，做什么工作，我们党总是在群众中进行深入细致的思想政治工作，切实掌握群众的思想动态，用马克思列宁主义、毛泽东思想教育群众，提高他们的阶级觉悟，振奋起他们的革命精神，从而引导他们去克服一切困难，战胜一切敌人，把我国的革命和建设事业从胜利推向胜利。

我们党在长期的革命和建设中，积累了对群众进行思想政治工作的丰富经验。在这个方面，中国人民解放军的政治工作经验，是我们党成功地进行思想政治工作的一个突出的范例。

社会主义工业企业的广大职工要学习解放军，学习解放军的思想政治工作，要像解放军那样，高举马克思列宁主义、毛泽东思想的伟大旗帜，在一切工作中用马克思列宁主义，毛泽东思想挂帅，使自己更加无产阶级

---

① 列宁：《再论工会、目前局势及托洛茨基和布哈林的错误》，《列宁选集》第四卷，人民出版社1972年版，第441页。

② 同上书，第442页。

③ 《严重教训》一文的编者按语，载《中国农村的社会主义高潮》上册，人民出版社1956年版，第123页。

④ 毛泽东：《关于正确处理人民内部矛盾的问题》，人民出版社1957年版，第23页。

化，更加战斗化，把自己锻炼成为一支革命化和现代化的产业大军。有了这样一支高度革命化的产业大军，我们就一定能够在阶级斗争、生产斗争和科学实验三项伟大革命运动中，不断地取得新的胜利，我们就一定能够在比较短的历史时期内，把我国建设成为一个具有现代农业、现代工业、现代国防、现代科学技术的伟大的社会主义强国。

社会主义工业企业的中心任务是发展社会主义的生产。毛泽东同志早在1949年召开的党的七届二中全会的报告中，就强调地指出过：城市的一切工作，都应当围绕着生产建设这一个中心工作并为这个中心工作服务。在这以前，他在1942年写的《抗日时期的经济问题和财政问题》一书中还说过：一个工厂的党支部、行政、工会的工作，应当以搞好生产作为共同的目标。因此，社会主义工业企业的思想政治工作，一定要为多快好省地发展社会主义生产建设服务。

为了多快好省地发展社会主义生产，必须全心全意地依靠工人阶级，不断地提高广大职工群众的阶级觉悟，充分地调动他们的劳动积极性。一方面要经常教育职工，个人利益服从国家利益，局部利益服从整体利益，目前利益服从长远利益，正确地处理个人同国家的关系；另一方面，要贯彻执行各尽所能、按劳分配的社会主义工资奖励政策，贯彻执行劳动保护和劳动保险政策。实行政治挂帅和物质鼓励相结合的原则。

要不断地提高工人阶级的觉悟，充分地发挥工人阶级的劳动积极性，社会主义工业企业必须加强思想政治工作，用马克思列宁主义、毛泽东思想武装职工的头脑，发扬无产阶级的革命精神，抵制和克服资产阶级思想的影响，不断地提高广大职工群众的阶级觉悟，使他们的思想革命化，使现代化的企业革命化。社会主义工业企业的思想政治工作，归根结底，要起这样的作用：经常振奋起人们的革命精神，保证我们的队伍永远不变质，世世代代干革命，把革命进行到底；把精神力量变成物质力量，保证世世代代都能够多快好省地发展生产力。只有加强思想政治工作，引导广大职工群众坚决地走革命化的道路，才能使广大职工群众经常保持充沛的革命精神和旺盛的劳动热情，从而彻底地完成社会主义革命，多快好省地完成社会主义建设，在将来条件成熟的时候，胜利地过渡到共产主义。

　　为什么社会主义工业企业必须做好思想政治工作，实现人的革命化、企业的革命化呢？

　　社会主义工业企业之所以必须做好思想政治工作，实现人的革命化、企业的革命化，是因为，只有这样，才能很好地进行阶级斗争，很好地进行社会主义革命斗争。

　　马克思列宁主义告诉我们，社会主义国家的实践也告诉我们，社会主义社会是一个很长很长的历史阶段，这个历史阶段需要几十年以至几百年的时间，在这整个历史阶段中，贯穿着资产阶级和无产阶级的阶级斗争，存在着资本主义和社会主义两条道路。谁战胜谁的问题，存在着资本主义复辟的危险。

　　社会主义时期的阶级斗争，同样在社会主义工业企业中表现出来。

　　工人阶级不是从天上掉下来的，也不是同社会隔绝的。他们生活在社会之中。我们的社会还存在着资产阶级和旧社会的习惯势力，它们总要为自己寻找市场，总企图从各方面包围工人阶级，侵蚀工人阶级。特别是随着社会主义建设的发展，我国工人阶级的队伍有很大增长。许多非无产阶级出身的人加入到工人阶级的队伍中来，他们带来了很多非无产阶级的思想意识和作风习惯。在原有的职工队伍中，也还有一部分人没有改造好。这样，在工人阶级内部的各类成员中间，有些人就难免会程度不同地存在着旧的思想和旧的习惯。在工业企业里，还有一些被改造的小业主、资产阶级分子，以至四类分子，而且，由于资产阶级的侵蚀和小资产阶级自发势力的影响，在工人阶级队伍中，还会产生一些蜕化变质分子，即新的资产阶级分子，例如，贪污盗窃分子、投机倒把分子，等等。还必须看到，被推翻的反动统治阶级不会甘心于灭亡，他们总是企图复辟。在国外，还有帝国主义的包围和修正主义的影响。在这种情况下，资产阶级思想和无产阶级思想的斗争，社会主义和资本主义两条道路的斗争，在社会主义工业企业里是不可避免的。正确地认识和领导职工进行这种斗争，是使工业企业沿着社会主义道路前进的根本保证。

　　为了做到这一点，就必须进行深入细致的思想政治工作，用无产阶级的思想教育职工，提高职工的阶级意识、阶级觉悟和阶级警惕性，抵制和克服形形色色的资产阶级思想影响，使职工群众的思想革命化。只有这样，才能够把工人阶级的队伍高度地组织起来，使他们在复杂的政治形势中，始终有坚定正确的政治方向，高举无产阶级革命的旗帜，在社会主义革命和社会主义建设中，充分发挥领导阶级的作用。

社会主义工业企业必须做好思想政治工作，还因为，只有坚持政治挂帅的原则，引导广大职工走革命化的道路，才能很好地进行生产斗争。

我们知道，工业企业是一个生产单位。企业进行生产，也同军队进行战争一样，包括人和物两方面的因素。在战争中，武器是重要的，但是更重要的、决定战争胜负的因素是人，而不是武器。在工业生产中，当然必须有一定的物质条件，如厂房、机器、工具、原料、材料，等等，但是，决定生产的好坏，决定生产发展的快慢，不仅是这些物质条件，更重要的是掌握和使用这些物质条件的人。厂房、机器、原料、材料等这些物质条件，归根结底是通过人的劳动创造出来的。而且同样的机器设备，同样的原料、材料，掌握在不同的人的手中，由不同的人来使用，发挥的作用是大不相同的，得到的结果，也是大不相同的。无论在什么时候，无论科学技术多么发达，工业企业的技术装备多么先进、多么复杂，充分发挥人的作用，总是不断改进技术装备和充分发挥各种技术装备作用的前提，总是推动生产发展的诸因素中的首要因素。

怎样才能充分发挥人在生产中的作用呢？怎样才能把职工群众的生产积极性充分地调动起来呢？

人的行动总是由一定的思想支配的。人们的生产积极性和主动性，也首先取决于他们的思想觉悟程度。在一定的生产技术条件下，人们有什么样的思想状态和精神面貌，就有什么样的生产干劲，就有什么样的生产结果。这是一条定律。

在人剥削人的制度下，在资本主义制度下，劳动群众处于被压迫、被奴役的地位。他们的生产积极性受到了严重的束缚。在那里，劳动群众的革命思想和阶级觉悟，同他们的生产积极性之间存在着对抗性的矛盾。劳动人民越是认识到剥削制度的本质，越是革命化，就越是不甘心受剥削阶级的宰割和奴役，要起来进行反抗和革命。正因为这样，历史上一切剥削阶级总是对劳动群众实行"愚民"政策，竭力用各种反动的、落后的思想腐蚀劳动人民，企图阻止他们的革命觉醒，巩固自己的统治和剥削。

同一切剥削制度根本相反，在社会主义制度下，劳动群众是国家的主人，企业的主人。他们的政治觉悟同他们的生产积极性是完全统一的。他们的阶级觉悟越高，思想越是革命化，他们的生产积极性也越大。他们就会朝气蓬勃，干劲十足，忘我地进行劳动；就会刻苦钻研生产技术，努力学习，勇于实践，大胆地进行创造；就会精心管理机器设备和节约原料、材料，千方百计地发挥一切物质条件的作用；就会创造出高度的劳动生产率。我们常常可以看到，工资级别和技术水平相同的工人，在相似的生产技术条件下，却有极不相同的生产效率。有的生产效率很高，有的生产效率不高。甚至有的生产条件比较差的工人，创造了比生产条件好的工人更高的生产效率。这是什么原因呢？最根本的原因，就是他们的思想觉悟程度不同，对待社会主义劳动的态度不同，因而在生产中表现了不同的革命干劲。

由此可见，在社会主义工业企业里，要充分调动职工群众的积极性，领导和组织好生产，就必须首先做好思想政治工作，做好使人革命化、使企业革命化的工作。

在社会主义工业企业里，所以必须做好思想政治工作，实现人的革命化、企业的革命化，还因为，只有这样，才能很好地进行科学实验。

社会主义工业企业，不仅是工人阶级进行阶级斗争和生产斗争的重要基地，也是工人阶级进行科学实验的重要基地。

有计划地组织科学实验，是建设社会主义的一项伟大的革命运动。没有广大职工群众思想的革命化，要在工业企业中蓬蓬勃勃地展开科学实验的革命运动，是不可能的。科学实验，是人们探索和掌握事物客观规律的过程。它要求人们破除迷信，解放思想，充分发扬敢想、敢说、敢干的革命精神，勇于实践，敢于创造，不怕困难，经得起各种失败和挫折的考验；它同时要求人们有严格的科学精神，采取科学的态度，运用科学的方法，实事求是，扎扎实实地做工作，要进行周密的调查，占有丰富的第一手的资料，进行反复的分析研究、反复的试验，并且善于总结经验，不断提高自己的认识。所有这些，如果没有坚强的思想政治工作，如果不用马克思列宁主义的科学的革命的认识论来武装职工的头脑，克服他们中间存在的资产阶级的世界观和方法论的残余，克服他们中间存在着的机械唯物论和形而上学的观点、方法，使他们的思想革命化，那是不可能做到的。

由此可见，做好思想政治工作，实现人的革命化，实现企业的革命化，是工业企业做好其他一切工作的根本保证。只有通过经常的、长期的、艰苦细致的思想政治工作，使广大职工群众革命化，使广大职工群众都明确地意识到自己是在干革命，自己所做的平凡的工作，就是革命工作的一部分，才能振起广大职工群众的革命精神。有了革命精神，人们在阶级斗争中就会掌握正确的方向，在生产斗争中就会坚强有力，在科学实验中就会勇往直前。有了革命精神，人们就会斗志昂扬，精神焕发，干劲冲天，克服前进道路上的任何困难。有了革命精神，人们就会有大无畏的革命气概，发愤图强，自力更生，艰苦奋斗，勤俭节约，多快好省地建设社会主义。有了革命精神，人们就会团结一致，亲密无间，互相帮助，互相促进，热火朝天地开展"比、学、赶、帮"运动。总之，有了革命化，振起了人们的革命精神，工业企业就会朝气蓬勃，就有最旺盛的生命力。这样，我国的社会主义建设事业就会多快好省地向前发展，对国际主义的义务也将会作出更大的贡献。相反，如果没有这样的革命化，没有人们的革命精神，工业企业就不能很好地完成自己的任务，甚至有蜕化变质的危险。

要不要引导职工群众走革命化的道路，要不要使现代化企业革命化，这是能不能够办好社会主义工业企业的一个根本问题。资本主义有现代化的企业，我们也有现代化的企业。我们的企业同资本主义企业的一个根本差别，就在于我们实行了生产资料所有制的社会主义革命，就在于我们是用革命精神来办企业，使现代化的企业革命化。

社会主义工业企业要搞好生产，就必须坚持政治挂帅，这是任何时候都不能动摇的。同时，工业企业的思想政治工作要充分发挥它的强大威力，真正成为企业一切工作的生命线，就必须同生产紧密结合，从生产的实际出发，为生产服务。

毛泽东同志说，政治工作是要结合着经济工作一道去做的，不能孤立地去做①。我们的政治工作和经济工作是统一的。我们的思想政治工作是完成经济工作的保证，它们是为经济基础服务的。社会主义工业企业是一个生产单位，它的根本任务是完成和超额完成国家计划，增加社会产品，扩大社会主义积累。企业思想政治工作的好坏，最终要在生产上得到反映。绝不能设想，一个企业的思想政治工作做得很好，但是，它却完不成国家所给予的生产任务。因此，工业企业的思想政治工作，必须围绕生产进行，在生产上发挥作用。思想政治工作必须做到生产活动中去，做到科学实验中去，做到日常生活中去，了解人们在干什么、想什么。要透过生产和工作，分析人们的思想活动，用正确思想把人们武装起来，给人们指出正确的方向，给人们以勇气和力量，鼓舞人们去战胜困难，成为同自然界作斗争的胜利者。这样，工业企业的思想政治工作才能有的放矢，生动活泼，才能把政治与技术、政治与经济统一起来，精神力量就会变成物质力量，在生产上发挥巨大的威力。

如果不是这样，如果工业企业的思想政治工作不是密切结合生产，为生产服务，而是离开了生产去进行，那么，这种政治工作就会脱离实际，软弱无力，不解决问题。这样，工业企业就不会有真正的政治挂帅，不会有真正的革命化。因此，我们要把政治工作和经济工作统一起来。既要反对脱离政治的单纯技术观点、业务观点，也要反对不问技术，不问业务的空头政治家。这样，才能做好工业企业的思想政治工作，实现革命化。

第二节 社会主义工业企业思想政治工作的基本内容

前一节说了工业企业思想政治工作的根本任务，是要实现人的革命化、企业的革命化。为了实现这个任务，就必须不断地用马克思列宁主义、毛泽东思想武装全体职工的头脑，组织职工学习马列和毛泽东同志的著作，不断用正确的思想克服错误的思想，培养广大职工树立革命的作风，等等。这些，就是工业企业思想政治工作的基本内容。

---

① 《严重的教训》一文编者按语，载《中国农村的社会主义高潮》上册，人民出版社1955年版，第124页。

一　不断地用马克思列宁主义，毛泽东思想武装全体职工的头脑，组织职工学习毛泽东同志的著作

革命精神来自马克思列宁主义、毛泽东思想。工业企业要做好思想政治工作，实现人的革命化，最根本的问题，就是要用马克思列宁主义，首先是用毛泽东思想来武装全体职工的头脑，使他们逐步地树立起共产主义的世界观。马克思说过：要使共产主义思想普遍化，必须使人们普遍发生变化，这种变化只有在实际运动中，在革命中才有可能实现，工人阶级只有在革命中才能抛掉自己身上的一切陈旧的肮脏东西[①]。用马克思列宁主义、毛泽东思想来武装职工的头脑，就是要解放广大职工群众的思想，使共产主义思想普遍化，使广大职工群众的革命精神焕发起来，从而大大推动生产力的发展。

广大职工一旦掌握了毛泽东思想，他们的精神面貌就会发生巨大的变化，他们的政治觉悟就会提高到一个新的境界。我们有许多工业企业，在条件十分困难的情况下，广大职工能够始终保持旺盛的革命精神，干劲十足，自力更生，艰苦奋斗，终于克服了重重困难，在生产上做出了巨大的成绩。根本的原因，就是由于他们始终高举毛泽东思想的旗帜，经常持久地组织职工学习毛泽东同志的著作，使毛泽东思想真正成为职工行动的指南。

二　经常地、系统地对职工进行社会主义教育

以毛泽东思想为指导，对职工进行社会主义教育，才能不断提高职工的阶级意识，阶级觉悟和阶级警惕性，使他们对于阶级斗争，对于两条道路的斗争，在思想上有明确的认识，使他们在复杂的政治形势中能够站稳立场，辨明是非，坚定社会主义方向，沿着社会主义建设总路线所指明的道路奋勇前进。

阶级斗争是现代社会变革的强有力杠杆[②]，没有这条杠杆，社会翻转不过来。我们正处在伟大的社会主义革命和社会主义建设时期，我们必须用事实向职工反复地说明，在社会主义社会中，在社会主义工业企业中，

---

①　马克思：《德意志意识形态》，《马克思恩格斯全集》第3卷，第78页。

②　马克思：《给倍倍尔等人的信》，《马克思恩格斯文选》（两卷集）第二卷，第485页，莫斯科外文出版社1955年版。

确实存在着阶级斗争，并且，这种阶级斗争是复杂的，时起时伏的，有时甚至是很激烈的。

我们还必须用事实反复地向职工说明，在社会主义阶段，不仅要警惕旧有的资产阶级和反动势力的复辟，还要特别警惕从工人阶级内部新生长的资产阶级分子同原来的敌对阶级分子勾结起来进行复辟活动。动员和组织广大职工坚决同一切资本主义势力进行斗争，维护社会主义的全民所有制，完成社会主义革命和社会主义建设的伟大事业。

我们还必须用事实反复地向职工说明，在社会主义阶段，资产阶级思想一定会在工人阶级队伍中反映出来，工人阶级队伍中的资产阶级思想影响，是思想战线上的阶级斗争在工人内部的反映，如果不加警惕，不坚决克服，就有产生新的资产阶级分子的危险，就有产生修正主义的危险。因此，必须加强阶级教育，使广大职工坚决地抵制和克服资产阶级思想和修正主义思想的影响。

我们必须教育全体职工，使他们充分地认识工人阶级的历史使命，振起他们的革命精神，努力学习，努力工作，做一个坚强的无产阶级革命战士，为全人类的解放，为共产主义事业奋斗到底。

对职工要进行爱国主义、国际主义的教育，要进行形势教育、政策教育和革命传统的教育。使职工群众关心国家大事，关心世界人民的革命斗争，在国内外复杂的政治形势中，能够保持清醒的头脑、明确的方向。使职工群众充分地认识到党的社会主义建设总路线、发展国民经济的总方针，以及党的其他各项方针、政策的正确性和强大的威力，并且自觉地把党的路线、方针、政策贯彻到自己的行动中去；任何时候都高举社会主义建设总路线的伟大红旗，发愤图强，自力更生，勤俭节约，艰苦奋斗。使职工群众永远保持和发扬我国工人阶级的光荣革命传统，热爱党，热爱毛主席，热爱祖国，热爱自己的工作；关心集体，发扬阶级友爱，团结互助，努力搞好生产。

三　帮助职工解决具体的思想问题，不断地用正确的思想克服错误的思想

思想政治工作是做人的革命化的工作。人是具体的，不是抽象的。人的思想也是具体的，而不是抽象的。在工业企业的职工中，有青年工人、老工人、职员技术人员和领导干部等各种不同的人，由于他们的出身、经历、工作岗位和生活条件不同，他们的思想状况和思想问题也是不同的。即使在同一类人员中，由于各人政治觉悟和认识水平不同，每个人的思想也不完全一样。每个人各个时期的思想也不完全一样。在每一个时期，职工中会存在一些共同的思想问题，而这些共同的思想问题表现在不同人的身上，又会有各自的特点。只有掌握职工的思想情况，对症下药，及时地深入细致地帮助职工解决具体的思想问题，企业的思想政治工作才能做到每个人的心坎上，触动每个人的思想深处，才能有效地提高职工的思想觉悟；思想政治工作的强大威力，也才能充分地显示出来。相反，如果不掌握职工的具体思想，思想政治工作就会空空洞洞，隔靴搔痒，不能解决职工的具体问题。这样的思想政治工作，是不会有生命力的。

进行思想教育工作，必须深入地、具体地了解职工的思想。这就要求我们的干部、党员，深入生产活动中去，深入职工群众的生活中去，和群众打成一片，同群众交知心朋友，谈知心话。思想是精神的东西，它同物质的东西是不同的。物质的东西，可以直接看出来，或者，可以借助仪器仪表用物理的、化学的方法测量出来。但是，思想则不同，它在每个人的头脑里，既不能用肉眼看出来，也不能用什么仪器、仪表测量出来。只有深入群众中去，同群众共甘苦，了解每个职工的出身和经历，熟悉每个职工的脾气和爱好，了解他们在生产和生活中碰到的问题，了解他们的心思和要求，才能真正洞悉职工的内心世界，有的放矢地进行思想教育工作。

生产活动是职工最基本的活动。职工的思想情绪、思想动向、思想问题，同他们的生产活动有密切的联系。生产中出现的问题，碰到的困难，会影响职工的思想，而职工的思想状况，又会影响生产。所以，深入生产第一线去，深入职工的生产活动中去，同群众一起参加生产，这是进行思想教育的基本环节。在这里，干部按照规定参加劳动，以普通劳动者的姿态和群众同吃、同住、同劳动、同工作，是最根本的方法。企业的各级干部，都要参加生产劳动，掌握第一手材料，及时发现问题，解决问题。遇到困难，挺身而出，和群众共同战斗。对于落后的单位和职工，要及时给予具体帮助；对于先进经验和先进思想，及时给予表扬和推广。这就可以大大减少官僚主义，把思想政治工作做得有声有色，生动活泼。

进行思想教育工作，还必须深入职工的日常生活中去。大家知道，职工除了从事生产劳动和工作以外，还有自己的日常生活。职工的日常生活同他们的思想活动也有密切的关系。一方面，职工的思想状况和精神面貌，会在他们的日常生活中表现出来；另一方面，社会生活的各个方面也会通过日常生活影响职工的思想。所以，关心职工的生活，把思想政治工作做到职工的日常生活中去，这也是一个很重要的环节。我们的干部、党员，应当经常深入到职工食堂、集体宿舍、家属宿舍和文化娱乐场所去，在生活上同群众保持密切的联系，了解职工怎样安排业余时间，怎样进行业余学习，怎样处理家庭关系和安排家庭生活，怎样教育子女，怎样处理恋爱婚姻问题；了解他们喜好什么文娱活动，爱读什么书，爱看什么电影和戏剧；了解他们在生活中存在什么困难，关心什么问题，有什么意见和要求，等等。善于通过职工在日常生活中的表现，发现职工的思想问题，掌握职工的思想动向，给予及时的帮助和教育。

进行思想教育工作，不仅要深入群众，掌握群众的思想情况，而且要对职工的思想进行认真的、细致的分析。应当把了解到的各种情况联系起来想一想，把职工的思想动向同国内外的政治经济形势和企业的生产动态联系起来进行研究，分清其中什么是实际问题；什么是思想问题，什么是思想认识问题，什么是工作方法问题；什么是一般性的思想落后，什么是政治思想上的反动；什么是个别人、局部性的问题，什么是多数人、全局性的问题。只有这样认真地分析研究，才能够弄清楚职工思想的来龙去脉，从个别的、分散的思想情况中，及时发现那些重大的、带有普遍意义的思想问题，既善于抓住群众中的积极因素和先进思想，用典型指导一般，又善于抓住某些错误思想和不良倾向的苗头，做到事先教育，加以预防；即使问题发生了，也能有准备地进行工作，避免被动，取得主动。

四　培养职工树立革命的作风

以毛泽东思想为指针，对职工进行思想教育，必须培养职工树立革命的作风。培养一个好作风，是办好社会主义工业企业的一个重要问题。

首先要有坚定正确的政治方向。这对于工业企业来说，就是办工业、办企业、办一切事业，必须以毛泽东思想为方向，以党的鼓足干劲、力争上游、多快好省地建设社会主义的总路线为方向，以社会主义为方向。

其次是要培养艰苦朴素的工作作风，这对于工业企业来说，就是要继承和发扬党的艰苦奋斗的优良传统，勤俭办企业、勤俭办一切事业，同广大群众同甘共苦。

再次就是要在战略上蔑视困难，在战术上重视困难，发挥创造性，善于根据不同的时间、地点和条件，采取灵活机动的方式方法，战胜困难。这就是说，一切工作要从实际出发，把革命干劲同科学态度结合起来。

在工业企业中要造成团结、紧张、严肃、活泼的浓厚气氛。团结，就是同心协力，就是要加强干部同工人之间、干部同干部之间、老工人同青年工人之间，以及企业同企业、企业同其他单位之间的团结、协作，养成无产阶级的团结互助的作风。紧张，就是干劲冲天、雷厉风行、斗志昂扬、意气风发，力争上游、力争高速度。反对松松散散，拖拖拉拉。严肃，就是高度的原则性，就是当老实人、说老实话、做老实事，坚持真理，改正错误，实事求是，反对浮夸和自由主义。活泼，就是革命的乐观主义，就是心情舒畅、精神焕发、朝气蓬勃，反对甘居中游，暮气沉沉。

树立和培养革命作风，要靠教育，靠锻炼，靠干部传带。逐步为广大干部和工人自觉掌握，形成风气。

作风是看不见、摸不着的，但却是经常起作用的。它是职工的思想觉悟在具体行动中的表现。一个企业，如果没有一个好的作风，或者好的作风还没有形成为广大群众的习惯，那么，即使有正确的政策，有好的计划，有完善的规章制度，有充分的物资和足够的人力，这个企业也是办不好的。相反，如果有一个好的作风，那么，同样一个企业，就会产生完全不同的工作效果。因此，经常对职工进行革命作风的教育，这是引导职工走革命化道路的一个重要的环节，是企业思想政治工作的一个重要内容。

革命的作风，靠命令是不能形成的，光靠制度也是不解决问题的。而是靠长期的、艰苦的思想政治工作，逐渐地培养和形成的。要使我们的社会主义工业企业形成一种既有集中，又有民主，既有纪律，又有自由，既有统一意志，又有个人心情舒畅、生动活泼的政治局面，干部爱护工人，工人尊重干部，团结友爱，同心协力，把企业办好，把生产搞好。

要在社会主义工业企业中形成这样一种政治局面，工业企业的各级干部必须认真执行党政干部三大纪律、八项注意。

三大纪律是：（1）认真执行党中央的政策和国家的法令，积极参加社会主义建设。（2）实行民主集中制。（3）如实反映情况。

八项注意是：（1）关心群众生活。（2）参加集体劳动。（3）以平等的态度对人。（4）工作要同群众商量，办事要公道。（5）同群众打成一片，不特殊化。（6）没有调查，没有发言权。（7）按照实际情况办事。（8）提高无产阶级的阶级觉悟，提高政治水平。

在社会主义工业企业里，应当教育和培养职工当老实人，说老实话，做老实事。这就是说，要教育职工树立全局观点，不要犯本位主义和分散主义的毛病，不要只图自己方便，不顾别人的困难，而应当是把困难留给自己，把方便让给别人；要教育职工无论什么时候都必须如实反映情况，不要夸大成绩，也不要隐瞒缺点，编计划、要投资、要材料、要人员，都要实事求是，不宽打窄用，更不弄虚作假；要教育职工扎扎实实地做工作，要一件事、一件事去处理，一个问题、一个问题去解决，每一件事、每一个问题都是有始有终，一丝不苟，经得起检查，不要粗枝大叶，马马虎虎，凑合了事。

在社会主义工业企业里，还应当提倡严格的要求，严密的组织，严肃的态度，严明的纪律。这就是说，要教育职工严格地按照党的政策和上级的指示办事，在生产中听从指挥，服从调度，严格遵守各项规章制度和劳动纪律，永远保持和发扬无产阶级高度的革命纪律性和组织性。要坚决反对那些不遵守制度，自由散漫，无组织、无纪律的行为。

工业企业中对职工进行作风教育的内容是多方面的，每个企业都要按照自己的情况，提出具体的要求。干部特别是领导干部，以身作则，身教、言教，日复一日、年复一年地坚持下去，凡是好的作风，就加以表扬，加以提倡；凡是坏的作风，就加以批评，加以抵制。这样，革命的作风就会在广大职工群众中牢固地树立起来。

上面说的这几个方面，是社会主义工业企业思想政治工作的基本内容，它们是相互联系、相互促进的。所有这些方面的思想教育工作，都必须密切结合每个企业生产任务和职工的思想实际来进行，不能一般化。只有这样，企业的思想政治工作才有成效。

所有这些方面的思想教育工作，不仅要做到全体职工中去，而且要做到职工家属中去。我们知道，职工除了在工厂工作的时间以外，其余的大部分时间是在家庭中生活的。家庭不是同社会生活隔绝的孤岛，它同社会各阶级、阶层，有着千丝万缕的联系。职工家属"顶着半边天"，家庭生活和家属的思想状况，对职工的思想和生产有着很大的影响。职工的工作、学习、思想，同家庭生活，同职工家属的思想，有密切的联系。职工的思想觉悟提高了，通过他们对家属的教育，可以促进职工家属的思想进步。但是，这并不能代替对职工家属的工作。在职工家属中进行思想政治工作，当然比对职工进行教育更加困难，更加艰巨。但是，我们必须克服各种困难，做好职工家属工作。如果我们把思想政治工作做到职工家属中去，不断提高职工家属的思想觉悟，那么，通过他们对职工的影响，可以使职工在工厂所受到的教育，所取得的进步，更加巩固，甚至可以有力地促进职工思想觉悟的提高。相反，如果我们不去做职工家属的工作，那么，社会生活中存在的旧的思想意识和习惯作风，就会通过职工家属影响职工思想，抵消他们在工厂所受的教育，以致使职工在思想上受到不良思想的侵蚀。职工家属是企业思想政治工作的一个重要阵地。无产阶级的思想不去占领，资产阶级的思想就会去占领。企业的思想政治工作要发挥自己的威力，就必须去占领这个重要阵地。

只有这样全面地、深入地进行思想政治工作，才能有力地促进职工群众思想的革命化，成为推进生产、全面完成国家计划的强大动力。

第三节　社会主义工业企业思想政治工作的主要方法

在社会主义工业企业里，思想政治工作的任务十分重大，内容十分丰富，因此，要做好思想政治工作，就必须有正确的方法。在这方面，认真地学习人民解放军的政治工作经验，把解放军的经验同工业企业的具体情况结合起来，具有重要的意义。前面说过，人民解放军在长期的革命斗争中创造了一套以毛泽东思想为指针的行之有效的政治工作方法，这些方法的基本精神，不仅适用于军队，而且也适用于其他方面，当然也适用于工业企业。几年来，有不少工业企业，就是由于认真地学习人民解放军的经验，并且把它同本企业的情况结合起来，因而把思想政治工作做得生气勃勃，取得了巨大的成绩。

那么，在工业企业里，进行思想政治工作的正确方法是什么呢？

一　坚持说服教育、以理服人的原则

我们的思想政治教育是摆事实、讲道理，以理服人的。社会主义工业企业思想政治工作的对象，是广大的职工群众。他们的思想觉悟，比较起来虽然有先进、中间和落后的区别，但是，他们一般都有政治责任感和荣誉感，好学上进，追求真理，这是他们思想中的主流。只要我们坚持真理，相信群众，从多数人的水平出发，逐步提高，同职工群众一起摆事实，讲道理，把情况向他们讲清楚，把事情为什么是这样而不是那样的道理讲得合乎实际，并且能够以身作则，身体力行，不是讲空道理，那就能够启发职工的自觉，提高他们的觉悟，使先进的更加先进，使处于中间和落后状态的同志，也能够逐步提高到先进的水平。毛泽东同志经常教导我们，处理人民内部矛盾，解决思想问题，必须坚持"团结—批评—团结"的公式，采取说服教育的方法，而不能采取强制压服的方法。他说：凡属于思想性质的问题，凡属于人民内部的争论问题，只能用民主的方法去解决，只能用讨论的方法、批评的方法、说服教育的方法去解决，而不能用强制的、压服的方法去解决①。只要切实按照毛泽东同志的这个指示，把工作做到家，道理总是能够说通的。相反，如果不去进行艰苦的耐心的思想工作，只是简单的强制压服，那就不能真正解决职工的思想问题，而且容易挫伤群众的积极性，不利于团结。这样的思想政治工作，是不会取得成效的。

---

①　毛泽东：《关于正确处理人民内部矛盾的问题》，人民出版社 1957 年版，第 6 页。

在社会主义工业企业中,对广大职工群众进行思想政治工作的时候,要很好地坚持说服教育、以理服人的原则,一般应当注意以下几点:

第一,采取与人为善的态度。在对职工进行思想教育,帮助职工解决思想问题的时候,必须从团结的愿望出发,实事求是地分析职工的思想,和风细雨地进行帮助,肯定他们的优点和正确的方面,指出错误的方面、错误的性质、原因和改正的办法,使之心悦诚服,帮助他们逐步改正错误。在批评和帮助同志的时候,应当允许被批评的同志提出不同的意见,并且要耐心地听取,具体地分析。只有这样,才能使被批评的同志明辨是非,解决问题,提高觉悟。相反,如果只从主观印象出发,不实事求是地进行分析,而采取简单粗暴的方法,那是不能达到解决职工思想问题的目的的。

第二,针对不同的人,采取不同的方法,真正做到"用一把钥匙开一把锁"。人的思想情况是很复杂的。不同的人有不同的思想问题。而且,由于他们各方面的情况不同,接受教育、提高思想的途径也不一样。在对职工进行教育,帮助他们解决思想问题的时候,就必须仔细分析每个人的特点,根据他们存在的不同问题,产生这些问题的不同原因,以及各个人不同的个性、脾气等,采取不同的方法。只有这样,才能有效地解决职工的思想问题。

第三,有耐心,要一帮到底。人们的思想进步,是一个艰苦的过程,是先进的思想同落后的思想进行反复斗争的过程。因此,解决思想问题,常常不是轻而易举的。旧的思想问题解决了,新的思想问题又会在新的条件下产生。同样一个问题,在这样一部分人中间解决了,在另一部分人中间又可能重新发生。同样一种思想,在这件具体事情上解决了,在那件事情上又可能再暴露出来。对于思想改造、思想进步的这种长期性和艰巨性,必须有充分的认识。绝不能企图一劳永逸,绝不能有急躁情绪,而应当耐心地做工作,经常地做工作,不厌其烦。

第四,抓住苗头,把工作做在前面。职工群众的思想变化是有一定的规律的,只要我们经常地进行调查研究,就能针对群众的思想动向和可能发生的问题,提高预见性,把工作做在前面。这样,可以在事前加强教育，使广大职工，有充分的思想准备，即使发生了问题，也容易解决。对于有思想问题的职工，也可以防微杜渐，不致把小问题变成大问题。

二 表扬先进，树立榜样

表扬先进，树立榜样，这是一个极其重要的领导方法和教育方法，是毛泽东同志一贯提倡的方法。劳动模范、好人好事，是活生生的革命化的榜样，是最能感染群众，最有说服力，也是群众最愿意和最便于学习的。在工业企业的工作中应当时刻注意去发现和表扬群众中的好人好事，发扬积极因素，依靠先进的部分，改造落后的部分。应当从正面教育入手，从积极方面入手，进行表扬、鼓励。要定期总结工作，发动群众，肯定成绩，肯定进步，找出缺点，发现问题，总结经验，提出措施，通过这些工作，使先进的更加先进，不满足于已有的成绩；使落后的不安于现状，争当先进。这是发动群众，鼓足干劲、力争上游的好办法。这样做，就可以大大激发每个人的上进心，使正气始终占上风，邪气生长不起来，从而充分调动积极因素，不断地发扬成绩，不断地克服缺点和错误。

表扬先进、树立榜样的工作要做得好，必须采取严肃认真的态度，充分走群众路线。对于被表扬的先进人物和先进事例，一定要实事求是，有充分的根据。同时，不但领导方面要表扬先进，更重要的是发动群众相互表扬先进；不但要拿具体的事例来表扬，而且要提到政治思想的高度来表扬。只有这样，才能真正发挥革命化榜样的示范作用。

三 用全面的、正确的观点来看待每个职工

一个同志先进或者落后，必须看他各个方面的表现。既要看他在社会活动中的表现，又要看他在生产和工作上的表现；既要看他在比较顺利的时候的表现，又要看他在比较困难的时候的表现；既要看他平时的表现，又要看他在阶级斗争的严重关头或者个人利益和集体利益发生矛盾时候的表现，等等。不能只看表面的现象，而要看本质；不能只看一时的表现，而要从长期的表现深入到本质去观察。

即使对于真正落后的职工，也要用发展观点和全面观点去估量。任何事物都是不断发展变化的。人的思想认识和政治觉悟也是不断变化的。不能把落后的人看得一成不变、永远落后。而且任何事物都是一分为二的，

不能把落后的职工看得一无是处。对于落后的职工，绝不能采取歧视的态度，而要更加接近他们，了解他们落后的原因，满腔热情地帮助他们。在帮助他们的时候，既要指出他们的缺点，也要肯定他们的优点，对于他们的进步，哪怕是很小的进步，都要欢迎和鼓励，以便使一时落后的职工充分体会到集体对他的关怀，树立信心，不断进步。

四　把解决思想问题同解决实际问题很好地结合起来，而以提高思想为主

对职工进行思想政治教育，要从实际出发，抓好两头。一头抓党的政策和上级关于形势、任务的指示；一头抓职工的思想动态和实际存在的问题，把这两头很好地结合起来。职工存在的思想问题，往往是同他们在生产、工作和生活等方面所碰到的实际困难和问题联系在一起的。因此，在解决职工思想问题的时候，必须对具体问题进行具体的分析，不能千篇一律。应当很好地区分哪些是思想问题，哪些是实际问题。既不能把由于实际困难而引起的思想不安当做思想错误，把合理的要求当做个人主义，也不能光是注意解决实际问题，而忽视思想教育。对于职工的实际困难，要满腔热情地去关怀，在条件许可的范围内，尽力帮助解决。对于那些暂时不能解决的实际问题，也要恰当地进行解释。但是，在解决职工生产和生活上的实际困难的时候，必须进一步对职工进行思想教育，提高他们的思想。只有这样把解决思想问题和解决实际问题密切结合起来，而以提高思想为主，才能更好地解决思想问题，也才能更好地解决实际问题。

五　采取灵活多样的形式，充分地运用活教材、活方法

前面说过，不同的职工有不同的思想问题。适应这种情况，工业企业的思想政治工作，也要采取多种多样的形式。概括地说来，这些形式主要有：

（1）针对一定时期职工中具体存在的思想问题，由各级领导作报告，自上而下地对职工进行正面教育；

（2）通过经常的党、团、工会的生活会和总结会、座谈会等其他的会议，进行群众性的自我教育；表扬先进，帮助落后，开展批评和自我批评。

（3）针对具体的思想问题，通过个别谈话等形式，进行个别教育；

（4）请老工人讲厂史、家史，通过回忆对比，对职工进行教育；

（5）在上级领导下，开展群众性的思想教育运动，对职工进行集中的、系统的教育；

（6）有领导地开展职工的政治学习，等等。

工业企业进行思想教育工作的形式是很多的。重要的是，要善于根据生产的条件和职工群众的需要，灵活地运用各种形式对职工进行教育。在这里，充分地运用活教材和活方法有特别重要的意义。

人们认识一个问题，接受一个真理，往往是要反复地通过自己的切身经验，不断地通过对具体事物的实际感受，经过一个由感性到理性的认识过程。因此，在思想教育中，要善于运用职工的切身经验，运用他们自己在现实斗争中所接触到的大量事实，运用采自社会、来自群众的各种现实材料，采取生动活泼的方法，来进行教育。例如，通过回忆对比，组织到先进单位去参观访问，请老工人讲家史、厂史，请老干部、老战士讲革命历史，等等，就都是用具体的人、具体的事、具体的材料对职工进行教育，有名有姓，有血有肉，有情有节，因而职工的感受就比较亲切，比较容易接受，也容易和自己联系对比，他们受到的教育也往往更加深刻。

列宁说过："当人们看到他们的父母在地主和资本家的压迫下怎样生活的时候，当他们自己分担那些开始同剥削者作斗争的人们所受的痛苦的时候，当他们看到为了继续这一斗争以保卫已经取得的成果，付出了多大的牺牲，看到地主和资本家是多么疯狂的敌人的时候，——他们就在这种环境中被培养成为共产主义者。"① 我们要使广大职工，特别是年轻职工，理解阶级斗争，接受共产主义，就需要对他们进行革命传统的教育和阶级斗争史的教育。

在进行思想政治工作的形式上，还要善于把自上而下的教育和自下而上的群众性的自我教育很好地结合起来。对职工进行教育，帮助职工解决思想问题，要有自上而下的教育，也要有群众性的自我教育。特别是职工

---

① 列宁：《青年团的任务》，《列宁选集》第四卷，人民出版社 1972 年版，第 355 页。

在日常生产和生活中出现的大量的思想问题，应当主要是依靠党团员、积极分子，通过组织生活、个别谈心等方法，运用群众的力量去解决。这样就能够最及时、最实际地解决职工中的思想问题。

在思想政治工作的形式上，还要把思想教育运动和经常性的思想教育工作结合起来。

进行思想教育，基本形式不外两种：一种是一定时期的思想教育运动，另一种是经常的思想教育工作。这两种形式，应当交替运用，互相补充，相互结合。职工群众的思想情况，总是围绕着国内外政治经济形势的变化发展和企业生产状况而活动的，并且常常随之形成一个时期带有普遍性的思想活动的焦点，成为一个时期为了顺利推进生产所必须解决的关键问题。遇到这种情况，在上级统一领导下，组织群众性的思想教育运动，集中时间和力量，求得在较短时间内，打好思想战线上的"歼灭战"，是必要的，也是有效的。否则，思想工作就会落后于形势的要求，造成工作上的损失。但是，思想教育运动只能解决一个时期的主要问题，不可能解决所有问题。因此，社会主义工业企业还应当加强经常的思想政治工作。这是由于在运动中取得的成果，还需要通过经常的思想政治工作来巩固和提高。运动过后，随着情况的发展，又会产生新的问题，需要通过经常的思想政治工作来解决。同时，思想教育运动要取得应有的效果，除了运动本身以外，也要依赖于平时思想政治工作所建立起来的思想基础。所以，工业企业在抓好一定时期的思想教育运动的同时，还必须注意抓紧经常性的思想教育工作。只有这样，才能充分发挥思想政治工作的威力。

六　建立和健全政治工作机构，依靠群众，做好思想政治工作

思想政治工作，是一项十分复杂和细致的工作。工业企业要做好思想政治工作，必须在党委领导下，建立起健全的政治工作机构，来管理思想政治工作。

在社会主义工业企业里，设置专职人员做政治工作，无疑是十分重要的。但是，如果以为企业的思想政治工作，只是依靠政治工作人员来做，那是不对的。企业的政治工作机构，要做好思想政治工作，必须充分依靠群众，广泛地发动群众。不仅各级党组织要做思想政治工作，工会、共青

团等群众组织要做思想政治工作,而且,各级行政组织也要做思想政治工作;不仅政治工作人员要做思想政治工作,行政工作人员和技术人员也要做思想政治工作;不仅干部要做思想政治工作,广大职工群众也要做思想政治工作;不仅党员、团员、积极分子要做思想政治工作,老工人和一般职工也要做思想政治工作。一句话,人人都要做思想政治工作,企业的思想政治工作,一定要有广泛的群众基础。政治工作要依靠党的各级组织,依靠干部和党员,发动广大群众来进行,做到人人开口、人人监督、互相鼓励、互相帮助。

群众的思想问题,群众之间相互了解得最快、最清楚,依靠群众的许许多多眼睛来看,许许多多耳朵来听,许许多多脑子来想,许许多多嘴巴来讲,把问题弄清楚,把道理讲透彻,就能够使好人好事及时得到表扬,使不良倾向及时得到发现和纠正,蕴藏在群众中的丰富多彩的活教材、活方法,也就能够得到充分的运用。这样,不但群众能够互相帮助,共同提高,领导上也能够得到群众的帮助,受到教育。完全可以这样说,只有充分地依靠群众,企业的思想政治工作,才能越做越细致,越做越深入,越做越活跃。有的同志以为,思想政治工作只是少数领导干部、政治工作人员的事,或者,只是少数党员、团员、积极分子的事,这是不正确的。

上面说的这几个方面,是社会主义工业企业进行思想政治工作所必须认真注意的。只有很好地实现了这些要求,工业企业的思想政治工作才能做得生气勃勃,才能深入细致地解决职工的思想问题,提高职工的思想觉悟,出色地完成使职工的思想革命化,使企业革命化的光荣任务,从而保证多快好省地、全面地完成和超额完成国家计划,出色地完成上级为企业规定的各项任务。

结束语——社会主义工业企业
管理工作的群众路线

前面说了社会主义工业企业中的各项管理工作和思想政治工作，要做好这些工作，最根本的问题，一个是，加强党对企业工作的领导；一个是，企业的各级干部在进行工作的时候，坚决走群众路线。

毛泽东同志说：我们应当相信群众，我们应当相信党，这是两条根本的原理。如果怀疑这两条原理，那就什么事情也做不成了[①]。

毛泽东同志说的这两条马克思列宁主义的根本原理，对于社会主义工业企业管理，当然是完全适用的。在社会主义工业企业里，为了进行各项管理工作和思想政治工作，需要有一定的管理机构、政治工作机构，需要有一定的管理人员、政治工作人员。这是必要的。没有必要的管理机构、政治工作机构和专职的管理人员、政治工作人员，那是不行的。但是，如果缺乏党的坚强领导，如果不充分地依靠群众，不走群众路线，那么，即使有了必要的机构和专职人员，工业企业的管理工作和思想政治工作也是做不好的。在全国解放以前，在革命根据地里，我们党管理工业企业的经验，早已证明了这一点。全国解放以后，我们党管理全国现代工业企业的经验，更加证明了这一点。

关于工业企业中党的领导问题，我们在这本书的第一章、第二章、第

---

① 毛泽东：《关于农业合作化问题》，人民出版社 1955 年版，第 9 页。

三章、第四章、第二十七章以及其他各章的有关部分中，已经做了详细的讨论。这里要说的，是社会主义工业企业管理工作的群众路线问题。

群众路线是我们党的根本路线。任何时候，任何部门，做任何工作，都必须贯彻执行群众路线。毛泽东同志说：我们历来主张革命要依靠人民群众，大家动手，反对只依靠少数人发号施令[①]。他又说：从群众中集中起来又到群众中坚持下去，以形成正确的领导意见，这是基本的领导方法[②]。从群众中来，到群众中去，想问题从群众出发而又以群众为归宿，那就什么都能好办[③]。我国革命和建设的伟大实践，证明了毛泽东同志这些论断是完全正确的。无论做什么工作，凡是贯彻执行群众路线的，工作总是做得好或者做得比较好的。即便出了某些偏差也容易及时得到改正。凡是违背群众路线的，工作总是遇到挫折，达不到预期的效果。群众路线，这是马克思列宁主义的领导方法，这是马克思列宁主义的工作路线。

管理社会主义的现代工业企业，当然也必须贯彻执行这条马克思列宁主义的工作路线——群众路线。

社会主义工业企业，是人类历史上一种新型的工业企业。它同资本主义的工业企业是根本不同的。资本主义社会的各种工业企业，尽管它们在技术上、经济上有许多差别，但是，都有一个共同的特点，这就是：在这些工业企业里，广大职工群众处于被压迫、被剥削、被奴役的地位，根本无权过问企业的管理工作。我国的工业企业，是社会主义的工业企业，它同资本主义的工业企业有本质的不同。这里，职工群众已经成为国家和企业的主人，他们不仅享有劳动权、休息权、教育权等权利，而且更重要的是享有参加管理国家和管理企业的权利。这种情况，反映了我们社会主义制度的优越性，它大大激发了广大职工群众高度的主人翁责任感和生产积极性。社会主义工业企业管理，要很好地发挥社会主义制度的优越性，使职工群众的主人翁责任感和生产积极性充分地发挥出来，就必须处处依靠

---

① 毛泽东：《对晋绥日报编辑人员的谈话》，《毛泽东选集》第四卷，人民出版社 1991 年版，第 1318 页。
② 毛泽东：《关于领导方法的若干问题》，《毛泽东选集》第三卷，人民出版社 1991 年第 2 版，第 900 页。
③ 毛泽东：《论合作社》，《毛泽东选集》，东北书店 1948 年版，第 891 页。

群众，认真地贯彻执行群众路线。

在我们社会主义工业企业里，领导干部和管理人员遇事必须同群众商量，倾听群众的意见。要创造一切条件，采取一切方法，使广大职工都能够充分表达自己对于企业工作的各种意见，并且使正确的意见能够尽快地付诸实施。企业的各项管理工作和思想政治工作，都应当遵循"从群众中来，到群众中去"的原则。无论是党的方针政策、国家计划和上级指示的贯彻执行，各项工作的部署，管理机构的设置，以及规章制度的制定和修改，等等，都应当广泛地征求群众意见，在正确地集中群众经验的基础上来决定，然后，再回到群众中去，指导群众的实践；而绝不可以由少数人单纯用行政命令来行事。这样做，就可以使职工群众深刻地认识到自己的主人翁地位，大大地激励和提高他们的革命热情和生产积极性。反之，如果在工业企业的工作中不执行群众路线，工业企业的领导干部和管理人员不是深入群众，依靠群众，而是高高在上，脱离实际、脱离群众，把自己主观的意志强加在群众身上，那就会妨碍职工群众用主人翁的态度对待企业的工作，从而在政治上、经济上给我们的事业造成损失。

有的人说，现代工业企业既然是技术复杂，分工很细，又要求集中统一的指挥和严格的管理制度，就只能由少数人来办，而不能采取群众路线。他们认为，党的路线、方针和政策的贯彻执行，计划的制定和贯彻，只是企业领导干部的事情；产品的设计和技术工作，也只是少数专家的事情；企业的生产行政工作，也只能由上而下地要群众按行政命令办事。他们认为，这些工作，都不需要考虑如何集中群众的集体智慧，如何依靠群众的积极性和创造性。这种看法，是主观片面的，是不正确的。

管理现代工业企业，必须有高度的集中领导，必须有科学的严格的管理制度，这是毫无疑问的。不这样，高度社会化的工业生产就无法顺利进行，国家计划就不能很好地完成。但是，社会主义工业企业的集中领导，同资本主义企业的专制独裁根本不同，它是建立在广泛的民主基础上的。社会主义工业企业的科学管理制度，是和广大群众相结合的。

实际上，一切好的领导方法，都必须包括集中领导和群众运动两个方面。这是领导工作这个统一体中的对立的两个方面。只有在集中领导的前提下，才能有广泛的群众运动，只有在充分贯彻群众路线、开展群众运动的基础上，才能有正确的集中领导。这两方面的关系，反映了领导和被领导的关系，党和群众的关系。这些关系处理得好，就能够使上下左右团结一致，心情舒畅，鼓足干劲，把工作做好。军队是最需要有高度的集中统一指挥的，可是我们的人民解放军从建军开始，就遵照毛泽东同志的指示，一贯注意充分发扬民主，认真地贯彻执行群众路线。正因为这样，我们的解放军始终保持了有效的高度集中的统一指挥，充分发挥了广大指战员的积极性，成为一支既有高度集中又有高度民主的强大的革命军队。这是解放军之所以战无不胜的一个重要原因。当我们的军队实现现代化的时候，这种高度集中与高度民主相结合的制度，不但没有妨碍军队的现代化，恰恰相反，它保证了我们军队的革命传统同现代化的要求相结合，使我们的人民解放军成为一支现代化的革命军队。军队如此，工业企业也是如此。实践证明，在社会主义现代化的工业企业里，一切真正有效的、正确的集中领导，都是建立在高度民主的基础上的，一切真正有效的、科学的管理制度，都是和广大群众相结合的。

　　道理很简单。现代工业企业所要求的集中领导，必须是正确的；现代工业企业所要求的严格的管理制度，必须是科学的。否则，就会给企业的生产造成损失。然而，在工业企业中，正确的领导意见和科学的管理制度，是怎么来的呢？马克思列宁主义的革命的科学的认识论告诉我们：人的正确认识，只能从社会实践中来。毛泽东同志说：人的正确思想是从哪里来的？是从天上掉下来的吗？不是。是自己头脑里固有的吗？不是。人的正确思想，只能从社会实践中来，只能从社会的生产斗争、阶级斗争和科学实验这三项实践中来①。人们在社会实践中积累了丰富的经验。开始是感性认识，感性的材料积累多了，就会产生一个飞跃，发展到理性认识，造成了一定的思想、理论、计划或者方案，等等，然后再把这种思想、理论、计划或者方案等应用到社会实践中去，指导社会实践，并且在实践中检验原来的认识是否正确。一个正确的认识，往往需要经过由实践

---

① 毛泽东：《人的正确思想是从哪里来的？》，人民出版社1964年版，第1页。

到认识，由认识到实践，即由物质到精神，由精神到物质这样多次的反复，才能够完成。劳动群众是社会实践的主体。从实践到认识，从认识到实践的过程，就领导方法来说，也就是从群众中来，到群众中去的过程。群众路线就是建立在马克思列宁主义认识论基础上的革命的科学的领导方法和工作路线。在社会主义工业企业中，只有遵循这条路线，善于经过调查研究，经过典型试验，把职工群众的意见集中起来，然后又善于把它化为群众的意见，见之于行动，坚持下去，并且考验这些意见是否正确。这样，经过多次反复，才能够形成比较正确的领导意见，才能够建立比较科学的管理制度。因此，越是认真地、充分地贯彻执行群众路线，就越是能够在工业企业中建立正确的集中领导和科学管理；反过来说，在现代工业企业中，越是需要有高度的集中领导和科学管理，就越是要注意认真地贯彻群众路线，否则，就容易产生官僚主义、命令主义和主观主义，形成错误的领导和指挥。

总之，社会主义工业化是千百万群众的事业。只有充分依靠群众，发挥群众的积极性和创造性，社会主义工业企业才能够办得轰轰烈烈、扎扎实实，生产才能够多快好省地向前发展；否则，就必然是冷冷清清、松松垮垮，这样当然就不可能办好企业。是把群众充分地发动起来，轰轰烈烈地办企业，还是脱离群众，冷冷清清地办企业？也就是说，用革命的精神办企业，还是用官僚主义的方法办企业？这个问题，是社会主义工业企业管理中，革命的无产阶级方法和资产阶级方法的一个根本分歧点。我们必须坚持革命的无产阶级办企业的路线。

我们的工业企业，根据党中央和毛泽东同志一贯的指示，在贯彻执行群众路线方面，已经取得了很大的成绩，积累了丰富的经验，在实践中创造了一套方法。诸如，在企业中发扬政治、生产技术和经济三大民主；实行领导干部、技术人员职员和工人的三结合，以及干部参加劳动，等等。这些重要的方法，运用在我国社会主义工业企业的管理工作和思想政治工作中，都已经产生了很大的作用。

一　发扬政治、生产技术、经济三大民主

在社会主义工业企业里，学习和运用毛泽东同志提出的在军队内部发扬政治民主、经济民主、军事民主的指示，结合企业具体情况，在企业中发扬政治民主、生产技术民主、经济民主，能够充分地调动广大职工群众的积极性。有的企业，在这方面做得很成功，收到了良好的效果。

在工业企业中发扬政治民主，就是要保障职工群众有向一切违反党的方针政策、国家的法律法令等现象作斗争的权利，保障每个职工在一定会议上有批评干部的权利，提高职工觉悟，调整内部关系，加强内部团结。无论在工作会议上、生活会议上，都要发扬民主，开展批评与自我批评，畅所欲言，密切干群关系。

在工业企业中发扬生产技术民主，就是要广泛地吸引职工参加生产管理和技术管理。要保障职工有讨论企业计划和实现计划的重要措施的权利，有讨论企业的技术革新、技术革命、技术组织措施的权利。组织职工讨论技术政策和重大的技术问题，在学术问题上，坚持百家争鸣的方针，广泛地征求职工群众的合理化建议，等等。

在工业企业中发扬经济民主，就是要组织职工参加经济管理、伙食管理等，包括吸引群众参加企业经济核算和经济活动分析，组织群众性的清仓查料活动，保证群众有审查和讨论企业奖励基金和有关生活福利经费开支的权利，以及坚持食堂的账目日清、旬结、月公布的制度，等等。

在社会主义工业企业里，发扬政治民主和发扬生产技术民主，经济民主，是互为条件和相互促进的。发扬政治民主，是要在政治上正确处理领导干部与群众的关系，使广大职工群众充分认识到他们在社会主义社会、社会主义企业中的主人翁的地位，大大激励他们的政治热情和政治责任心。只有这样，才能充分调动职工群众参加生产技术管理和经济管理的积极性，更好地发扬生产技术民主和经济民主。同时，发扬生产技术民主和经济民主，又是发扬政治民主的条件。工业企业是一个生产经营单位，广大职工每时每刻都在进行着生产、技术、经济活动。只有很好地发扬生产技术民主和经济民主，才能使群众的政治热情和政治责任心同日常的生产、技术、经济活动具体地结合起来，才能使政治民主有具体的内容和归宿，使它在促进企业不断改进工作、发展生产方面发挥巨大作用。因此，工业企业必须既在政治上，又在生产技术上和经济上广泛地发扬民主。在工业企业里，在集中领导下充分发扬三大民主，就能够使全体职工万众一心，大家想办法，出力量，挖掘企业潜力，克服各种困难，为完成和超额完成国家计划而努力。

在社会主义工业企业里，发扬三大民主，这体现了我国广大职工群众享有充分的参加管理国家、管理企业的权利。为了发扬三大民主，必须做好许多细致的工作，例如，健全日常的民主生活；开好职工代表大会和代表会议；把工厂面临的任务，提出任务的理由和完成任务的方法，以及可能发生的困难，向全体职工交代清楚，并且广泛地发动群众讨论；定期进行工作总结，发动职工群众深入地讨论企业的工作；组织职工群众广泛地参加各项管理工作，等等。

二 实行领导干部、技术人员职员和工人"三结合"

社会主义工业企业的领导干部、技术人员职员、工人相互结合，共同研究和解决企业生产技术和管理工作中的问题，是工业企业贯彻执行群众路线的一个重要的方法。

我们知道，在社会主义工业企业中，除了各级领导干部以外，还有众多的工人、技术人员和职员。在工业企业中贯彻执行党的群众路线，就是要把所有职工的积极性都充分地调动起来，并且把他们在实践中所积累的知识和经验很好地结合起来。"三结合"正是解决这个问题的一个好的方法。

不论在革命时期，还是在建设时期，有组织有觉悟的工农群众，始终是我们一切事业的主要依靠。在工业企业里，工人群众是直接生产者。他们的生产活动，为科学技术的发展和科学技术成就的运用提供了广阔的天地。他们在长期生产实践中所积累的经验，是改进工业企业管理工作和发展科学技术的基本源泉。因此，在工业企业中实行科学管理，必须在发动工人群众的基础上进行。特别是老工人，一般都有坚定的立场，有比较高的阶级觉悟，而且技术熟练，生产经验丰富。他们是生产中的骨干力量。在解决生产技术问题和管理工作问题的时候，一定要充分听取他们的意见，认真地同他们商量，这是在企业中贯彻执行群众路线的最主要的方面。实行领导干部、技术人员职员和工人"三结合"，就是充分调动工人群众特别是老工人积极性的一种有效方法。

充分发挥技术人员和职员的积极性，也是工业企业中贯彻执行群众路线的一个重要方面。现代工业生产有高度的技术性、科学性，管理现代工业企业，经常需要解决许多复杂的科学技术问题和专门业务问题。正确地解决这些问题，需要发挥工人群众的作用，也需要发挥技术人员和职员的作用，使技术人员、职员的科学技术知识和业务知识，同工人群众的生产实践经验很好地结合起来。

我们工业企业里的技术人员和职员，绝大多数是积极为社会主义建设事业服务，接受党的领导，并且愿意继续进行自我改造的。他们是解决工业企业中生产技术问题和管理业务问题的一支重要力量。依靠这种力量，充分发挥他们的作用，鼓励他们和帮助他们在继续进行思想改造的同时，在科学上、技术上、管理上作出更多更大的贡献，使他们更好地为工业生产服务，为社会主义建设服务，这是工业企业领导干部的一项重要的任务。要帮助他们同工人群众密切地结合起来，同生产实践密切地结合起来，进一步提高他们的政治水平和业务水平。同时，要信任技术人员和职员，在生产技术问题和企业管理问题上，要同他们进行同志式的商讨，尊重他们的职权，尊重他们的意见。实行"三结合"，就是达到上述这些要求的一个重要方法。

实行"三结合"的办法，还可以促使工业企业的领导干部深入群众、深入实际，具体地运用一般与个别相结合、领导与群众相结合的方法，发现问题，解决问题。同时，领导干部经常和工人、技术人员、职员一起研究问题，解决问题，也可以使他们更快地掌握必要的生产技术知识和业务知识，把领导工作做得更有成效。

由此可见，通过"三结合"，既可以把企业中广大职工的积极性通通调动起来，又可以使领导干部站得高，看得远，集思广益，对事物做出正确的判断。广泛地运用"三结合"的方法来处理问题，就可以在工业企业中更好地贯彻执行群众路线，提高企业管理水平，推动生产不断发展。

三 干部参加劳动

在社会主义工业企业里，能不能够有真正的群众路线，能不能够广泛地发扬三大民主，能不能够很好地运用"三结合"的方法，关键在于领导。而领导的关键，又在于干部能不能按照规定，认真地、持久地参加生产劳动。

干部参加劳动，是我们党联系群众、艰苦奋斗的革命传统之一。在长期的革命斗争中，我们党形成了干部和群众同劳动、共甘苦的优良作风，这是密切党和群众的联系，激励广大人民群众进行艰苦奋斗，从而取得中国革命胜利的重要因素之一。

全国解放以后，党要求我们的干部继续坚持和发扬这种和群众同劳动、共甘苦的优良作风，并且把它作为使干部避免脱离群众、脱离实际，避免主观主义和官僚主义，防止修正主义的一个有力措施。1957年党中央发布了《关于各级领导人员参加体力劳动的指示》，规定凡是能够参加体力劳动的干部，每年都应当抽出一部分时间，参加一部分体力劳动。1958年，党中央和国务院又发布了《关于干部参加体力劳动的决定》。几年来，工业企业的许多干部坚决执行党中央和国务院的决定，认真地参加生产劳动，在进一步密切联系群众、密切联系实际方面，取得了显著的成绩。

实践证明，干部参加劳动，具有极其伟大的革命意义。

干部认真地、经常地参加生产劳动，可以密切干群关系，群众就会把干部看做他们自己的"知心人"，对干部无话不说，无事不谈，彼此之间亲密无间。可以使干部保持劳动人民的本色，发扬艰苦朴素的作风，抵制资产阶级思想的影响；可以增强干部的阶级意识和阶级感情，更好地依靠工人阶级办好企业；可以在干部以身作则，积极参加劳动的影响下，有力地激发群众的劳动热情，鼓舞职工的生产积极性；可以使干部更加熟悉生产，领导生产就更具体、更踏实；可以使干部通过生产斗争、阶级斗争和科学实验，刻苦钻研，把自己锻炼成又红又专的干部；可以使干部在劳动中和群众打成一片，能够及时地宣传和更好地执行党的方针政策，很好地倾听群众的呼声，了解实际情况，有利于进一步发展民主生活，正确地解决工作中的问题。总之，干部参加生产劳动，这表示我们的干部，同样是普通劳动者，而不是骑在人民头上的老爷。干部参加生产劳动，这就能够同工人群众保持最广泛、最经常、最密切的联系，及时地了解群众的要求和生产中的问题，及时地同群众商量，通过群众路线，正确地解决问题，多快好省地发展生产。

相反，社会主义工业企业的干部，如果不积极参加生产劳动，群众就会把这样的干部看做"官老爷"，这些干部就要脱离广大群众，就会在思想感情上和劳动人民疏远起来，群众就不会对他们说知心话。这样，干部就听不到群众的呼声，了解不到群众的要求，出的主意就不能符合实际情况，就不能采取群众路线，很好地完成生产任务。

由此可见，干部按照规定的制度参加生产劳动，对于社会主义制度来说，是一件带根本性的大事。干部通过参加集体生产劳动，同劳动人民保持最广泛的、经常的、密切的联系，有助于克服官僚主义，防止修正主义和教条主义。这是在工业企业中顺利地进行生产斗争、阶级斗争和科学实验的重要保证。

在工业企业里，各级干部都应当按照国家的规定，经常地、认真地参加生产劳动。一般来说，工厂的党委书记和厂长，每年要有一定的时间，下去当工人，参加劳动；工厂的车间、工段的党支部书记、车间主任、工段长，应当经常参加劳动；其他各种管理干部，也要按照规定参加生产劳动。干部参加劳动的具体形式是很多的。例如，可以跟班劳动，也可以确定生产岗位，拜师学艺，逐步掌握操作技能；可以确定重点班组，定期下去或者长期蹲点，参加劳动，也可以针对关键，在最困难、最艰苦的时候，到有关班组参加劳动；可以几个干部合包一个工序，轮流参加劳动，也可以结合本部门的业务，到有关单位参加劳动，等等。无论采取什么形式，干部在生产劳动中必须放下架子，虚心学习，服从基层的指挥；并且必须把参加劳动和调查研究、组织生产、做思想政治工作结合起来。只有这样，才能真正发挥干部参加劳动的伟大作用。

怎样使干部参加劳动经常化、制度化，这是一个需要进一步探索解决的问题。最近有的地区的一些重点企业，推行了"三定一顶"的办法，效果很好。"三定"就是干部参加劳动，要固定时间、固定岗位、固定职责；"一顶"就是在干部参加一定时间的劳动，技术水平有了提高，能够独立操作以后，就顶替班组的定员。例如，学会了一定的操作技术的厂级领导干部、科室干部和车间干部编成"辫子"，组成小组，有的包一部机床，固定时间轮班劳动，在生产小组内承担生产任务；有的分别固定在生产小组，按月规定总的劳动工时，按工人定额承担任务，有的还规定每个干部每周要完成 8 个工时定额的任务，这些任务都要纳入生产小组的生产计划，等等。采取这种办法，干部就从不参加劳动到参加劳动，从参加一般性的社会劳动，到参加直接生产过程的劳动，从断断续续的参加劳动，到"三定一顶"的劳动，这是干部参加劳动制度的一个重要的发展，它基本上解决了干部参加劳动不经常、不持久，以及同主要生产过程脱节的问题，使社会主义工业企业中干部参加劳动的制度更加完善了。

为了使干部参加劳动经常化、制度化，大庆油田和其他一些工业企业，还实行了"干部上岗"的制度。"干部上岗"不但要同工人一道参加劳动，而且还要参加工人交接班，参加巡回检查，考察原始记录是否符合实际，同工人个别谈心，对工人的劳动情况做出评定，等等。工长、车间主任、支部书记等基层干部，每天都要有半天时间"上岗"，其他干部也都规定一定的时间"上岗"。这是把干部参加劳动同日常生产工作、政治工作结合起来的一种好的办法，也是使干部参加劳动经常化的一种好的办法。

有的同志说，干部参加生产劳动，在农村中，在人民公社中，可以做到，在现代工业企业里，由于生产技术复杂，不容易做到。这种说法，是不正确的。的确，现代工业生产的技术比较复杂，对于那些还没有掌握必要的生产技能和生产知识的干部来说，参加工业生产劳动是会碰到一些困难的。但是，这种困难，恰恰是这些干部所应当克服的，不然，他们就永远不可能使自己从"外行"变成"内行"，掌握必要的生产技术知识。事情正好相反，对于这些同志来说，不是不要参加劳动，而是必须参加劳动，以便在生产劳动中把本领真正学到手。

在工业企业里，为了很好地坚持干部参加劳动的制度，首先需要向广大干部反复地说清楚干部参加劳动的伟大革命意义，清除某些干部头脑中的剥削阶级思想影响，提高他们的革命自觉性。同时，"言教不如身教"，最重要的是企业领导干部自己带头参加劳动，做出榜样，这是教育全体干部的最好方法。干部参加劳动，也有许多实际问题需要解决。工业企业和上级行政主管机关，应当改进领导方法，精简不必要的会议和报表，保证干部有参加劳动的时间，并且帮助干部解决参加劳动的其他实际问题。总之，我们必须从思想上、组织上采取有效的措施，使干部参加劳动在工业企业中成为一项持久的制度，成为一种社会风尚。

综上所述，在工业企业中充分发扬三大民主，就可以在各项工作中调动广大职工群众的主动性、积极性；广泛地运用"三结合"的方法，就可以把各类人员的正确意见集中起来；而通过干部参加劳动，则可以使干部密切联系群众，深入了解生产情况，为很好地发扬三大民主和运用"三结合"的方法提供条件。这就说明，发扬三大民主、运用"三结合"方法和干部参加劳动，是相互联系、相互促进的。只有全面地做好这些工作，才能有效地在工业企业中贯彻执行群众路线。

我们社会主义工业企业，在党的坚强的领导下，真正做好了干部参加劳动、实行"三结合"和发扬三大民主的工作，真正贯彻执行了党的群众路线，我们的干部就会成为既懂政治、又懂业务，又红又专，同群众打成一片，受群众拥护的好干部；我们的工业企业里，就会出现一种既有集中又有民主，既有纪律又有自由，既有统一意志又有个人心情舒畅、生动活泼的政治局面。如果我们的全部工业企业都成了这样的企业，那么，我国社会主义工业化的进程就会大大加快，我们就一定能够在比较短的历史时期内，把我国建设成为一个具有现代农业、现代工业、现代国防、现代科学技术的伟大的社会主义强国！

后 记

《中国社会主义国营工业企业管理》一书，是"文化大革命"前夕出版的。粉碎"四人帮"之后，许多读者纷纷来信、来电，希望尽早再版这本书。这并不是由于这本书有什么新颖的见解，引起了读者的兴趣，而是因为这本书如实地记载了"文化大革命"以前我国工业企业管理的实际情况，初步地总结了我们国家管理工业企业的若干经验。十多年来，由于林彪、"四人帮"的疯狂破坏，我国工业企业的管理比"文化大革命"前已经达到的水平，大大后退了。大家企望尽快提高我国工业企业的管理水平，而目前我们还缺乏这方面的书。因此，"不得已而求其次"，很多人就想到这本书了。

在再版这本书的时候，我们不能不回顾它的辛酸的遭遇。这本书一问世，就遭到后来成为"四人帮"一伙的某些人的无理攻击。"文化大革命"一开始，林彪、"四人帮"一伙出于篡党夺权、破坏我国社会主义经济、复辟资本主义的需要，对这本书进行了有领导、有组织、有计划的"讨伐"，几位编者因此惨遭迫害，受到了残酷的斗争和无情的打击。

实践是检验真理的唯一标准。这本书从问世到现在，已经整整15年了。历史的实践证明，这本书的出版，对于我国工业企业的管理工作，曾经起过积极的作用。它的基本观点还是站得住脚的。但是，作为历史的见证，它毕竟只能反映当时的形势、当时的认识、当时的做法和当时的水平。有些内容随着时间的推移，现在可能已经不适用了；有些内容甚至是不妥的。为了如实地反映编者当时的认识和水平，为了争取时间，尽快地满足读者的需要，本书这次再版，对原书的内容除个别地方做了某些必要的删节之外，未做补充和改动。

现在，趁本书再版的时候，关于我国工业企业管理的历史和现状，再说一些话。

我们党抓工业管理工作开始于第二次国内革命战争时期。当时为了战争的需要，党中央、毛泽东同志在江西中央苏区号召发展工业生产。但那时的工业，只是一些农具、造纸、织布等军需民用的手工业。

革命根据地的工业开始有了较多的发展，是在抗日战争时期。从1938年起，陕甘宁边区就开始强调公营工业的建设和发展。到1942年，已有公营企业60多家，职工达4000人，取得了相当可观的成绩。对于这一点，毛泽东同志有很高的评价，他说：这个成绩，对于我们，对于我们民族，都是值得宝贵的，这就是说，我们建立了一个新式的国家经济的模型①。

抗战胜利以后，在解放战争时期，随着一些工业城市的解放，才逐步掌握了一些现代工业。

在整个民主革命时期，我们工业的发展，是同党领导的革命军队、革命根据地的建设和发展联系在一起的，是在革命战争中、在农村环境中成长起来的。因此，在这个时期形成的管理思想和管理经验，有以下三个显著的特点：

第一，具有优良的革命传统。由于革命根据地的工业是为着解决革命战争的军需和民用而发展起来的，是和党领导的革命军队和革命根据地一起建设和发展起来的，因此，它有许多优点，这就是：在党的领导下，革命和生产的关系十分明确，要把革命战争坚持下去，就必须努力发展生产；艰苦奋斗、因陋就简、自力更生的革命精神很强；革命队伍中的官兵一致、军民一致的革命作风运用到工业建设中来，实行三大民主（政治民主、经济技术民主、管理民主）。这也就是毛泽东同志后来所总结的党

---

① 毛泽东：《经济问题与财政问题》，解放社1944年版，第104页。

的领导、政治挂帅和群众路线。这些优良的革命传统，卓有成效地调动了广大职工群众革命和生产的积极性。

第二，实行供给制。由于当时的革命根据地处在被封锁的、经济条件十分困难的战争环境，军队和革命根据地的党政机关都实行供给制，所以工厂基本上也是实行供给制。虽然毛泽东同志提出了加强计划性，实行企业化，建立经济核算制等经济管理工作的指导方针，但是，由于那时物资很缺乏，只要生产出东西来就是好的，因此，当时的经济管理工作缺乏必要的经济核算，不大注意经济效果。

第三，小生产的经营管理方式。由于当时革命根据地的工业主要是手工业，又处于农村环境，一家一户就是一个生产单位的个体经济的影响相当大，商品经济很不发达，所以，小生产的管理方法，自给自足的"小而全"的经营方式，极其普遍。

长期以来形成的这三个显著的特点，一直对我们的经济管理工作发生着巨大的影响。如何发扬革命传统，去掉小生产的习惯势力的影响，把革命传统同现代工业生产条件很好地结合起来，是我国经济管理需要很好地解决的问题。

我们掌握的现代工业，最初是从敌人那里接收过来的官僚资本主义企业。为了使生产不致停顿，在一段时间里，保留了原有的企业机构，先进行监督，然后逐步进行改革。经过民主改革和生产改革，初步改变了企业的机构和经营管理制度，促进了生产的恢复和发展，迎来了有计划地进行大规模经济建设的高潮。

在恢复经济和第一个五年计划时期，国家在全国范围实行了经济财政工作的统一领导和统一管理，实现了财政平衡和物价稳定以后，在进行三大改造的同时，统一计划，统一行动，集中了大量的资金、人力和物力，兴建了156项重点工程。重点上去了，其他经济事业也跟着发展起来了。这个时期对发挥地方和企业的积极性有注意不够的地方，但是成绩是主要的。经济发展既迅速又平稳，人民生活逐步改善，心情舒畅。

这个时期，对于社会主义工业企业，我们学习苏联的经验，实行计划管理；对于私营工业企业，则进行社会主义改造，采取各种经济办法以及相应的行政办法，如在活动范围、税收政策、市场价格、劳动条件等方面进行恰如其分的有伸缩性的限制，最后经过公私合营，逐步改变为社会主义企业，也实行计划管理。这样，我们就在全国范围内采用了苏联的一套管理工业经济的办法，也就是它们 40 年代末 50 年代初的那一套管理办法。

对于这套办法，应当一分为二。它有科学的一面，例如：实行由国家集中统一领导的计划经济；主要依靠自己内部力量解决了高速度发展工业的资金问题；在独立自主、自力更生的原则下，引进国外先进技术；大量培养技术干部和熟练工人；开展社会主义劳动竞赛；实行新的劳动保护制度；实行各尽所能、按劳分配的政策；实行经济核算制，等等。

苏联当时的这一套办法，有些是符合客观经济规律的要求，体现了社会主义制度的优越性，反映了现代化大生产的客观要求，因而促进了苏联工业的高速度发展。我们学习苏联的这套办法，对于大规模的社会主义经济建设，起了积极的作用。这是主流。

但是，苏联的这套办法也有它的缺陷。就经济管理工作来说，主要是把一切经济活动都纳入国家计划，采取片面的行政命令来管理，而忽视采取经济方法来调节。在这方面，对我们影响很大，使得我们在掌握现代工业以后，没有能够比较快地把革命传统同管理社会化大生产结合起来，形成一套适合我国国情的经济管理办法。

前面回顾的一段历史告诉我们，解放初期我们管理经济的办法，是由多种因素组成的。一方面继承了革命根据地的革命传统和经验；另一方面也残存着旧企业的一些管理办法，同时，还学习了苏联的一套管理办法。

毛泽东同志及时总结了国内外正反两个方面的经验，提出了无产阶级管理社会主义经济的基本指导思想。1956 年在《论十大关系》的文章和以后的许多讲话里，提出了适合我国情况的多快好省地建设社会主义的思想，1958 年，党中央制定了社会主义建设总路线。1960 年 3 月，毛泽东同志关于"鞍钢宪法"的批示，对我国的工业管理和企业管理做了总结，把我党的革命传统同管理社会化大生产结合起来。1961 年，党中央和毛泽东同志批准颁布了《国营工业企业工作条例》，即"工业七十条"。这个条例是一个体现马列主义、毛泽东思想的好文件，对贯彻执行"调整、巩固、充实、提高"的方针，对改善企业管理，加速工业的发展，起了积极的作用。1963年年底发出了"工业学大庆"的号召。

我国工业战线的广大职工，遵照党中央的决定和毛泽东同志的思想，开展了工业学大庆的群众运动，逐步走出了一条既同资本主义国家做法有本质区别，又同斯大林时代的苏联的做法有所不同的发展工业和管理企业的道路。

这条道路，是在同各种"左"的和右的机会主义路线干扰和破坏进行斗争中走出来的，也是在不断总结经验、纠正和克服我们工作中的缺点和错误的过程中走出来的。

例如，1958年，放手发动群众，提出了一整套两条腿走路的方针，在生产技术、生产管理等方面做了不少创造和试验，打下了许多新工厂、新工业部门的基础，这是不可磨灭的巨大成绩。但是，在经济工作的指导上违背了客观规律，综合平衡、统一计划做得不够，发生了共产风、高指标、瞎指挥、弄虚作假的错误，分散现象严重，任意增加职工和建设项目，不顾生产的比例、质量和成本，造成的浪费和损失很大。1959年，又在党内不适当地开展了反对所谓右倾机会主义的斗争。加上三年自然灾害和苏联政府废止合同、撤走专家，使我国国民经济遭受了严重的挫折。经过及时总结经验，贯彻"调整、巩固、充实、提高"的方针，把破除迷信、解放思想和尊重客观经济规律正确地结合起来，把革命精神和科学态度很好地结合起来，把群众路线和管理上的分工负责很好地结合起来，把思想政治工作和物质鼓励很好地结合起来，保证了我国的社会主义经济的迅速发展。

在"文化大革命"中，林彪、"四人帮"推行极"左"路线，根本否定管理。本来毛泽东同志代表中央起草的关于"鞍钢宪法"的指示，是根据鞍山市委关于技术革新和技术革命运动开展情况的报告做出的，它既强调了革命化，也强调了现代化，并且明确指出，不能认为企业已经现代化了，就不需要再搞技术革命了。这个文件，把革命传统同管理社会化大生产结合起来，体现了政治和经济、技术的统一。但是，长期以来，林彪、"四人帮"对"鞍钢宪法"进行篡改，大肆歪曲，以封建法西斯反动的政治，来反对社会主义经济管理，反对技术革命，反对搞好生产，把我国革命和建设实践中总结出的一套行之有效的管理工业、管理企业的办法，全部破坏了，使我们的经济管理出现了严重落后的状态，甚至连50年代已经达到的水平都不如，给社会主义经济事业造成极大的破坏。

也应当看到，即使在"四人帮"最为猖狂的时期，我们也有许多企业全面贯彻了"鞍钢宪法"，坚持了企业的社会主义方向，坚持了技术革新和技术革命，促进了生产的发展。大庆就是一个典型。

党的十一届三中全会决定，从1979年起，把全党工作的着重点转移到社会主义现代化建设上来。为了更好地贯彻执行党中央的决定，加速实现四个现代化，我们不但要从国外引进先进的技术，而且要引进科学的管理方法。要实行两者同时并举的方针，这样才能充分发挥现有企业引进先进技术装备的效能。过去，有人认为技术装备是没有阶级性的，可以引进；而管理是有阶级性的，引进这种东西，就是搞资本主义。于是把引进国外的特别是资本主义企业的科学管理方法视为禁区。这种看法是不正确的。列宁和毛泽东同志多次讲过，要向资本主义托拉斯学习，要学习他们用人少、效率高、会做生意的长处。当然，要学习的必须是对我们有用的东西，而且一定要同我国的具体情况相结合。我们不能把外国的东西生吞活剥地接受过来，更不能鄙薄我们自己成功的经验。我们要把学习外国的先进经验同总结我们自己的经验相结合，创造出我们自己的一套来。

编　者

1979 年

主编著作目录

1. 《日本工业企业管理考察》，中国社会科学出版社 1979 年版。

2. 《对大庆经验的政治经济学考察》，人民出版社 1979 年版。

3. 《大庆工业企业管理》，人民出版社 1979 年版。

4. 《提高企业管理水平》，中国社会科学出版社 1979 年版。

5. 《美国怎样培养企业管理人才》，中国社会科学出版社 1980 年版。

6. 《中国工业经济管理》上下册，中国社会科学出版社 1980 年版。

7. 《中国经济结构问题研究》上下册，人民出版社 1981 年版。

8. 《国外企业管理的比较研究》，中国社会科学出版社 1982 年版。

9. 《现代中国经济事典》中、日文版，日本综合研究出版社、中国社会科学出版社 1982 年版。

10. 《中国工业经济问题研究》，中国社会科学出版社 1983 年版。

11. 《工业经济学》上、下，人民出版社 1984 年版。

12. 《经济与管理大辞典》(2 卷)，中国社会科学出版社 1985 年版。

13. 《当代中国丛书》，中国社会科学出版社、当代中国出版社 1985 年版。

14. 《中国社会主义经济结构研究丛书》（18 卷），山西经济出版社 1986—1990 年版。

15. 《中国经济与管理入门》，云南人民出版社 1986 年版。

16. 《论社会主义商品经济》，中国社会科学出版社 1987 年版。

17.《当代中国经济》，当代中国出版社 1987 年版。

18.《中国经济年鉴》，经济管理出版社、中国经济年鉴社 1987—2000 年版。

19.《经济社会管理知识全书》（4 卷），经济管理出版社 1988 年版。

20.《论企业买卖》，经济日报出版社 1988 年版。

21.《2000 年的中国》，中国社会科学出版社 1988 年版。

22.《中国大中型工业企业丛书》，中国城市经济社会出版社 1989 年版。

23.《金融知识百科全书》，中国发展出版社 1990 年版。

24.《中国工业经济效益问题研究》上、下册，中国社会科学出版社 1990 年版。

25.《中国通货膨胀研究》，改革出版社 1990 年版。

26.《现代管理百科全书》，中国发展出版社 1991 年版。

27.《中国地区发展与产业政策》，中国财政经济出版社 1991 年版。

28.《中国经济开发现在与未来丛书》（27 卷），经济管理出版社 1991—1999 年版。

29.《中国经济名都名产名号》，中国发展出版社 1992 年版。

30.《中国改革全书》，大连出版社 1992 年版。

31.《中国经济形势与展望》，中国发展出版社 1992—2004 年版。

32.《现代中国经济大事典》（4 卷），中国财政经济出版社 1993 年版。

33.《什么是社会主义市场经济》，中国发展出版社 1993 年版。

34.《市场经济与计划经济》，经济科学出版社 1993 年版。

35.《中国经济开发区投资管理指南》，中国统计出版社 1994 年版。

36.《中国经营大师》，中国发展出版社 1994—1999 年版。

37.《华南地区经济发展方向及与香港、台湾、日本经济关系展望》，海天出版社 1995 年版。

38.《中国市场发展报告》，中国发展出版社 1995—2004 年版。

39.《山西省经济开发》，经济管理出版社 1996 年版。

40.《中国发展研究》，中国发展出版社 1996—2007 年版。

41.《中国改革开放与跨世纪发展战略》，中央编译出版社 1997 年版。

42.《中国宏观经济分析》，南开大学出版社 1997—1999 年版。

43.《中国宏观经济政策报告》，中国财政经济出版社 1997—2001 年版。

44.《跨入新世纪的必由之路》，江苏科学技术出版社 1998 年版。

45.《东亚区域经济整合：地区发展的新机遇》，中国经济出版社 2006 年版。